運命を見る「命占術」、未来の出来事を占う「卜占術」
開運効果てきめんの「方位術」。
3つの術を使って、変化の波に乗る。

基礎からわかる

九星術の完全独習

鎗田宗准

日本文芸社

変化、変革の時代に合った占い

ここ数年来、世界の動きは激動、激変といっていいでしょう。よほどののんびりした性格の方であっても、きっとこのままではいけない。何か変わらなきゃいけない。そう思っているのではないでしょうか。

「九星術」という占いは、古代中国で生まれ、日本に伝わって1500年近い歴史があります。その間にさまざまな時代が巡りました。今と同じかそれ以上の激動、激変とともに歩んできました。先行きが見えないからこそ、今一度、九星術を見直し、基礎から学ぶ価値があるといえるでしょう。

暦《こよみ》によって万物を占える九星術《きゅうせいじゅつ》

九星術では、暦によって必ず盤（星の配置を表わした図）を作成します。人が生まれた年月日、物事が起きた年月日時、何か行動する予定の年月日時などに加え、占いを行う年月日時も加味して判断していきます。ここでいう暦は太陰太陽暦（旧暦）で、日本の文化や風土に長く浸透してきたもの。いわば自然の摂理に近く、九星術による運勢判断も自然の摂理に沿ったものです。それゆえに万物を占うことができるのです。

はじめに

皆さんは占いに何を求められるでしょうか。「自分がこの先どういう人生を歩むか知りたい」という方もおられるでしょう。「いま取り組んでいる仕事をうまく運ぶには、どうすればいいか教えて欲しい」という方もおられるでしょう。または「開運のための方法を知りたい」という方もおられると思います。

将来どういった人生を歩むか知ろうとする方は、四柱推命術《しちゅうすいめいじゅつ》や紫微斗数《しびとすう》推命術、西洋占星術などの鑑定を受けられるのがいいと思います。こういった未来を主に扱うのは「命占術《めいせんじゅつ》」といわれる、一生の運を見る分野です。プレゼンでライバル会社に勝つにはどうすればいいか、という場合は、易やタロットカードで占われるでしょう。こうした物事の原因、吉凶の結果を占う分野を「卜占術《ぼくせんじゅつ》」といいます。

最後に、開運のための方位を知るために、気学や奇門遁甲《きもんとんこう》などといった「方《ほう》位術《いじゅつ》」があります。

本書のテーマである「九星術《きゅうせいじゅつ》」という占いは、命占術、卜占術、方位術の3つの分野を備えているため、やや難解ですが、長い歴史に裏付けられた素晴らしい占いです。ぜひ多くの方に学んでいただきたいと思っています。「九星術」は奥が深く、私自身も一生をかけて学んでいる途中です。本書では「九星術」の占いを覚えたい、学びたいと思われている方に向けて、基礎となる部分を抽出して執筆いたしました。本書が九星術習得の一助になれば幸いです。そして「命、卜、方」を用いた占いにより、皆さまの人生がいっそう素晴らしいものになることを願ってやみません。

令和4年3月吉日

鎗田宗准

第一章 九星術の占いを知る

第二章 九星術に用いる盤と本命星について

Contents

第五章 命占術の傾斜法を学ぶ

Contents

第八章
鑑定実例
~筆者はいかに九星術を使ったか~

第九章
鑑定の練習問題

一白水星

第一章

九星術の占いを知る

① 九星術《きゅうせいじゅつ》の占いの仕組みについて

九星術とは、中国に古くから伝わる易《えき》や八卦《はっけ》といった占いをベースに発達した占いです。その歴史や成り立ちについては、後述しますが、ここでは九星術がどういった占いかを最初に理解してもらえればと思います。

まず九星術は、目的に合わせて複数の占い方を使い分けます。**大きく分けると人の一生の運や性格を占う「命占術《めいせんじゅつ》」。命占術だけではカバーしきれない部分を掘り下げる「命占術の傾斜法」。物事の原因や結果を予知、予測する「卜占術《ぼくせんじゅつ》」。運気をアップしたり、凶方位を避けるために用いる「方位術《ほういじゅつ》」があります。**さらに人相や家相、手相を見る「相術《そうじゅつ》」もありますが、筆者が九星術の相術を詳しく解説できるほど習熟していないため、本書では割愛させていただきます。

「命占術」、「命占術の傾斜法」、「卜占術」、「方位術」は、共通している部分もありますが、それぞれ独立した占いとして使えるため、占い方の流れや覚えるべきことが変わります。そのため難しいと感じるところもあるかと思いますが、九星術を習得できれば、多くのことを占えるようになります。もしどの占い方がいいか迷ったら、このページを再度見てください。

九星術の概要

必要な知識

陰陽《いんよう》
八卦《はっけ》
五行《ごぎょう》
十干《じっかん》
十二支《じゅうにし》

必要なもの

万年暦《まんねんれき》

本書で学べるのは命占術、命占術の傾斜法、卜占術、方位術の４つ。また九星術の占いには陰陽、八卦、五行、十干、十二支といった東洋思想の知識も必要なため、それらについても解説ページを設けています。必要な道具についても後述していますが、万年暦は必需品になるので、お持ちでない方は準備しておきましょう

人の一生を占う

命占術《めいせんじゅつ》

生まれた年から本命星《ほんめいせい》を出して、基本的な性格や相手との相性を占う。九星術の基本の占いであり、主に外面的な部分を占う

命占術をさらに深く見るための占い

命占術《めいせんじゅつ》の傾斜法《けいしゃほう》

生まれた年と月の後天九星盤《こうてんきゅうせいばん》を出して、それらの星の位置の動きを見る。また八卦の盤に当てはめた場合、動いた星がどの宮《きゅう》に入るかを見て占う。生年盤《せいねんばん》と生月盤《せいげつばん》で星の場所が変わる（角度が生じる）ため、傾斜法と呼ばれる。命占術だけでは見えない内面的な部分を占う

物事の原因、結果を知る。予知予測のための占い

卜占術《ぼくせんじゅつ》

占いたい人の生年月日で本命星の後天九星盤を出し、占いを行う年月日時を元に、年盤《ねんばん》、月盤《げつばん》、日盤《にちばん》、時盤《ときばん》の４つの盤を出す。これらを四盤《よんばん》掛けして出た結果を見て判断する

移動や転居によって運気を上げる占い

方位術《ほういじゅつ》

自分の本命星を出した後、年ごとに決まっている月盤を見て、盤上にある自分の本命星と、吉星《きちせい》、凶星《きょうせい》の関係性を見て、移動する方角を決める。吉運を取り入れたり、凶運を避けるために行う

※九星術には家相や人相といった「相術（そうじゅつ）」を含む場合もありますが、本書では割愛しています

九星術の占いの流れ

命占術

〚こういう場合に占う〛

- 自分もしくは、占いたい人の基本的な性格や一生の運を見る場合
- 自分と誰か、もしくは占いたい人と誰かの相性を見る場合

〚占いの流れ〛

❶生年月日から本命星を出し、後天九星盤を作る
❷本命星の解説から基本の性格を知る。占いたい事象（仕事運、恋愛運、健康運、金運など）は本命星の象意《しょうい》で判断する
❸自分と誰かの相性を占う場合は、相手の生年月日から相手の本命星を出す
❹自分の本命星と相手の本命星の相性（相生《そうじょう》、相剋《そうこく》、比和《ひわ》）を見て判断する

命占術の傾斜法

〚こういう場合に占う〛

- 命占術の結果をさらに詳しく知りたい場合
- 表層だけでなく、内面についても深く見たい場合など

〚占いの流れ〛

❶占いたい人が生まれた年と月の本命星を出し、後天九星盤《こうてんきゅうせいばん》を２つ作成する（生《せい》年盤《ねんばん》と生月盤《せいげつばん》）
❷生年盤の中央にある本命星が、生月盤ではどの位置へ移動しているかを見る。ちなみに本命星が移動することを飛泊《ひはく》という
❸生月盤に宮位盤《きゅういばん》を当てはめ、②で本命星が移動した場所が、乾《けん》、兌《だ》、離《り》、震《しん》、巽《そん》、坎《かん》、艮《ごん》、坤《こん》のどこに当たるかを見る。このとき、本命星が入った位置を傾斜《けいしゃ》宮《きゅう》と呼ぶ
❹この生年盤と生月盤で本命星の場所が変わることで、角度が生じる（＝傾斜が生まれる）ため、傾斜法という。またこの場合に用いる八卦《はっけ》の先天盤の宮も傾斜《けいしゃ》宮《きゅう》と呼ぶ
❺本命星が入った傾斜宮がもつ意味や象意から判断する

ここでは本書で学べる九星術の占いの流れを紹介します。手順の説明には専門用語が出てきますが、これらは次ページ以降で解説していくので、まずは気にせず読み進めてください。もし占いの流れがわからなくなったら、このページを見直して、正しい手順を確認するようにしてください。

方位術

〘こういう場合に占う〙

- 運気を上げたい、開運したい場合
- 引っ越しや移転で向かう方角が、吉か凶か知りたい

〘占いの流れ〙

❶方位を占いたい人の生年月日から本命星を出し、後天九星盤を作る
❷旅行や転居など予定が決まっている場合、実際に移動する月の月盤（257〜262ページを参照）を見て、①で出した本命星がどの宮に入っているかを見る
❸月盤の本命星が入っている宮から、移動したい方向の宮に入っている九星を見て、その九星と本命星の相性を五行の相生、相剋、比和で見る。相生、比和の場合は吉運、平運《へいうん》なので問題なし。開運のために方位術を用いる場合は、ここで吉運と出ている方角を選ぶ
❹③で見た結果、移動したい方向に相剋関係に当たる九星があったり、五黄殺、暗剣殺などの凶星がある場合は、挨星法《あいせいほう》（263ページ参照）を用いて判断し直す。挨星法でも凶星が複数重なるような場合は、可能であれば移動を中止するか、いったん別の方角へ移動し方位を取り直す方違《かたたが》えを用いて対処する

卜占術

〘こういう場合に占う〙

- いつ、どこで、何が起きるかを知りたい場合
- 何かしら出来事があり、その原因やそれが招く結果などを知りたい場合

〘占いの流れ〙

❶占おうと思ったときの年月日時から、「年盤《ねんばん》」、「月盤《げつばん》」、「日盤《にちばん》」、「時盤《ときばん》」の4つの後天九星盤を出す
❷年盤、月盤、日盤、時盤を四盤掛けする
❸四盤掛けの結果を五行の相生、相剋、比和に当てはめて、吉凶を見る。1〜2段掛けは原因や現在の状況を表わし、3〜4段掛けは対処法や未来のことを表わす
❹五行の相剋以外に、念のため五黄殺《ごおうさつ》、暗剣殺《あんけんさつ》、歳破《さいは》、月破《げっぱ》などの凶星の位置を見て、総合的に判断する（凶星が複数重なっていなければ、あまり気にする必要はない）

※現代では出張や転勤など、凶方位であっても移動せざるを得ないケースがあるため、本書では年盤の凶星である歳破（37ページ参照）は省略しています。また凶星が複数重ならない限り、気にしないことを推奨しています

②本書ではどこまで九星術を学べるか

九星術は奥が深く、筆者も長年研究を続けていますが、終わりがないと感じています。とはいえ、初心者が学ぶうえで目標は大切です。そこで、本書で九星術をどのくらいまで習得でき、実践できるようになるかをお伝えします。

まず命占術では生年月日から本命星を出し、後天九星盤を作成するところまでが基本です。次に本命星が持つ意味や象意から、性格や運勢、相性などを判断できるようになれば、及第点といっていいでしょう。

命占術の傾斜法は、生年盤と生月盤の後天九星盤を作り、本命星がどの傾斜宮へ入ったか把握します。次に傾斜宮に八卦の宮の象意を当てはめて判断できるようになりましょう。

ト占術は年盤、月盤、日盤、時盤を作成し、四盤掛けを行って、4つの判断を出せれば合格といっていいでしょう。

方位術は、本命星から見た吉方位と凶方位を把握でき、そのうえで最善の吉方位だけでなく、次点の吉方位も出せるようになれば十分です。

以上、4つの術の合格ラインを越えて、初めて九星術占いの初心者を卒業できると思ってください。もちろん、本書を読んでいただければ初心者卒業は間違いありません。

\ 計算機 /

生まれ年の西暦から九星の本命星を出したり、西暦を年号に直す際に、計算をするため、あると便利です。スマホのアプリでもまったく問題ありません

\ 筆記具 /

九星術では各種の盤《ばん》を作成するため、紙とペンは必須。筆者は市販のレポート用紙をよく使っていますが、初心者には後で見返す意味からノートをおすすめします

\ 万年暦《まんねんれき》 /

「まんねんごよみ」とも呼ばれます。開運や吉凶などを集めた暦で、別名は永代暦《えいたいれき》。基本的に日本の新暦と旧暦が掲載されています。発行元によっては中国の暦を用いている場合もあります

万年暦は必需品

九星術の占いを行うための必需品をあげるとすれば、まずは万年暦が外せません。神社暦《じんじゃごよみ》や高島暦《たかしまごよみ》などでも九星術の本命星がわかるので、命占術においては問題ないのですが、命占術の傾斜法や卜占術で占おうとすると、万年暦が必要になります。ちなみに筆者が使っている万年暦は『精解　吉象　万年暦』（東洋書院刊）です。旧暦や月の九星、月の干支（32〜33ページ参照）などが載っていて、九星術の他に易《えき》や紫微斗数《しびとすう》推命術《すいめいじゅつ》などの東洋占術全般に使えて便利です。他には筆記具、計算機があれば十分でしょう。

また、３１４〜３１６ページには命占術に使える占断書と、吉凶の方位を書き込める方位盤を用意したので、ぜひ使ってみてください。

③本来の九星術とは何か

　本書は「九星術」を基礎から独習することを目的にしたテキストなので、できるだけ余計な解説は減らし、要点を理解して気軽に九星術の占いを楽しんでいただけるように構成しています。とはいえ、九星術の成り立ちにふれずに進めるわけにはいかないので、ここで説明しておきましょう。

　筆者は高校時代に東洋の占いに興味を持ち、大学では東洋哲学を学びました。学んだからこそ、東洋哲学がいまいちパッとしないと思っています。その原因は、先人の理論を越えてはならないと決めている点だと思います。

　儒学者が尊崇する四書五経（中国の代表的な古典の総称。論語《ろんご》、孟子《もうし》、中庸《ちゅうよう》、大学《だいがく》、易経《えききょう》、書《しょ》経《きょう》、詩経《しきょう》、礼記《らいき》、春秋《しゅんじゅう》のこと）では、注釈の上にさらに注釈を書き、最後に「ここまで説明すれば、もう注釈は不要だろう」と、また注釈を入れて読者に説明しています。これでは新たな解釈による理論の発展が阻害されても仕方ないでしょう。

　ところが時代は進みました。特に2020年以降は社会の仕組みや日常のありようが大きく変わりました。これを読まれている方も、仕事や学業、日々の生活スタイルが以前とは変わっているのではないでしょうか。本書は古代中国から続く占術である易や八卦をベースにした九星術の入門書ですが、変革の時代においては先人の理論を伝えるだけでなく、現代的な解釈を積極的に取り入れて説明すべきだと私は考えています（これは本書を書くにあたって希望したことでもあります）。東洋哲学を学び、東洋の占術を研究している者だからこそ、多くの方に九星術を学び、親しんでもらうことで九星術が少しでも進歩するかもしれないという思いがあります。私はそうなることを望んでいます。

九星術と九星気学《きゅうせいきがく》は違う

最初に説明しておきたいのが、九星術と九星気学の違いです。まず「気学」という占いがあります。これは大正時代に園田真次郎《そのだしんじろう》先生が学んだ「九星術」をアレンジし、気学と改名して発表した占いといわれています。大正、昭和の時代には大いに流行ったのですが、平成、令和時代になると、気学と九星術が合体して「九星気学」と呼ばれるようになりました。もともと気学は九星術をベースにしているので、不思議な話です。

九星術の日本伝来はかなり古く、筆者が調べたところ、西暦５２２年（古墳時代後期）に中国から伝わり、長く秘伝の術とされていたようです。あくまで伝聞でしかないため、真偽のほどはわかりませんが、江戸時代になると多くの記録が残っているので、広まっていたのは間違いないでしょう。当時は開運のために方位や家相を見る術として、大衆の間で好まれていたようです。明治時代以降、一般向けに書かれた書物も多く残っています。現在、我々が知る「九星術」は明治時代に確立しました。

このように、本書でいう九星術と九星気学、あるいは、気学は同じ占いではありません。もちろん似ている部分は多いですが、細かいところで違いがあります。

筆者が皆さんに九星術をおすすめする理由は、九星気学よりも歴史が古いからです。これは占いにとっては重要なことで、**歴史があるというのは、占った結果がたくさんあるということです。結果がたくさんあるというのは、それだけ解釈の幅が広がることを意味しています。**将棋で強くなりたい方が、先人の棋譜《きふ》を見て学ぶように、占いでは先人の結果（専門的には占断《せんだん》といいます）を参考にして、解釈の幅を広げていきます。

さらに九星術の本場、中国から伝来した中には「干支《かんし》九星術《きゅうせいじゅつ》」というものがあり、これは九星気学とは様式がかなり異なります。本書では九星術を解説していますが、気学、九星気学もよく似た占いなので、興味があれば学んでみてください。きっと占える範囲や解釈の幅が広がることでしょう。

9つの星を使って占う

さて九星術というからには、9つの星を使った占いなのだろう、とおわかりでしょう。**九星術では一白水星《いっぱくすいせい》、二黒土星《じこくどせい》、三碧木星《さんぺきもくせい》、四緑木《しろくもく》星《せい》、五黄土星《ごおうどせい》、六白金星《ろっぱくきんせい》、七赤金星《しちせききんせい》、八白土星《はっぱくどせい》、九紫火星《きゅうしかせい》の9つの星を使って、さまざまなことを占っていきます**（九星の名前の由来については22ページで解説します）。

九星術の起源について

九星術の起源は、古代中国の瑞祥《ずいしょう》（めでたいこと）や受命（天の導きを受けること）などのシンボルとされた「河図《かと》・洛書《らくしょ》」にあるとされています。伝説では中国北部を流れる黄河《こうが》の支流、洛水《らくすい》という川に現れた亀の甲羅に、神秘的な図形が浮かび上がり、それが「河図・洛書」の元になったそうです。**九星術では定位盤《じょういばん》と呼ばれる数字を書き込んだ9マスの図を多用しますが、この図の原型が「河図・洛書」です。**

ただこれはあくまでも伝説で、実際、九星術には易や八卦といった占いをベースに、五行《ごぎょう》や十干、十二支などの要素を取り入れて発展してきました。ちなみに**九星術の基本になる「九星盤の基本形」と「洛書」は、数の並びが同じです。**下段右から6、1、8。中段右から7、5、3。上段右から2、9、4。この数字の並びには覚え方があります。

禄《ろく》（6）一《いち》（1）坊主に蜂《はち》（8）が刺した。

七五三《しちごさん》（7、5、3）と蜂が刺した。

どうりで憎《にく》（2、9）らし（4）い。

というものです。この並びは、縦、横、斜めの列の合計が15になる共通点があります。

洛書

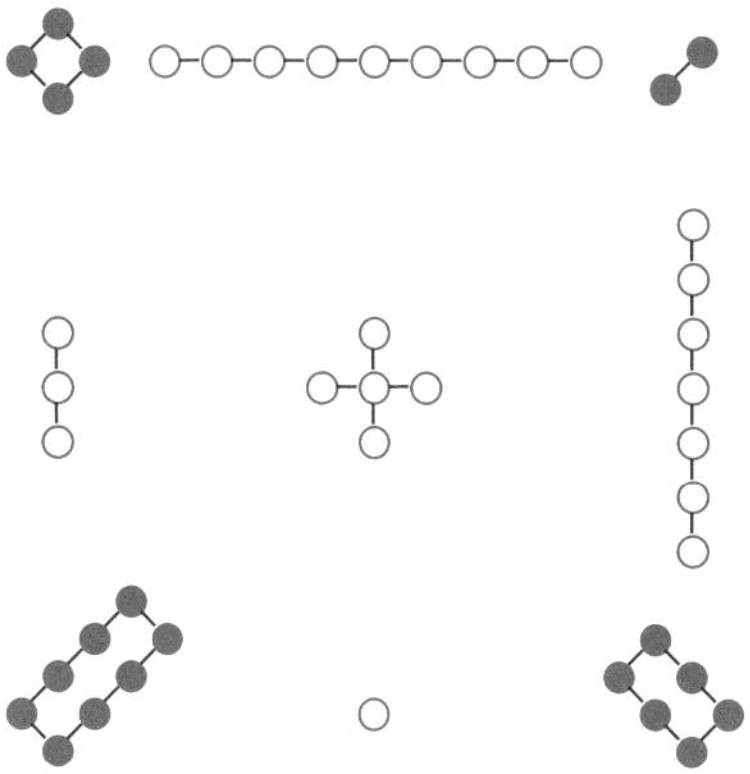

上図は「洛書」で、○と●が数字を表わしていて、第二章で解説する定位盤の数と一致します。河図は九星術に直接関係がないため、本書では省略しています

※先天定位盤の図は42〜43ページの解説をご覧ください

本命星《ほんめいせい》の名前の由来について

九星術で用いる一白水星、二黒土星、三碧木星、四緑木星、五黄土星、六白金星、七赤金星、八白土星、九紫火星の9つの星を「本命星」、もしくは単に「星《ほし》」と呼びます。

本命星の名称を3つに分解すると、最初に1~9の数字、次に色、最後に水、土、木、金、火のいずれかになります。**数字は定位盤（詳しくは42ページへ）のどこに入るかを示していて、色は星が持つ意味（象意《しょうい》といいます。詳しくは54ページへ）につながっています。最後の水、土、木、金、火は、五行《ごぎょう》（古代中国の世界観で万物を構成する5つの元素のこと。詳しくは28ページへ）と関係があります。**水星や土星という名前から、実在する天体のように思えますが、これらは五行の意味でつけられているので、空想の星（虚星《きょせい》）ということになります。西洋の星占いでは、12星座に実在する太陽系の星々が通過したり、止まったりすることで運勢を占いますが、九星術の場合は太陽系の天体とは関係がありません。

ちなみに昔は九星のことを「紫白星《しはくせい》」と呼び、紫と白がつく九紫火星、一白水星、六白金星、八白土星を大吉としていました。しかし現在の日本では、紫白星を大吉とする考え方は廃れており、使われていません。

九星術ではどんなことが占えるのか

九星術で占えることは多く、一般的な占いでできることは、おおむね可能だと思っていいでしょう。その中でも、とりわけその人が持つ性格や身体的な能力、将来に起きること、どういった人生を送りやすいかを占うのに向いています。また、年単位、月単位、日単位という時間経過でどう変化していくかを見たり、どういった運勢がどう変化していくかを予測したり、方角の吉凶を見ることができます。

もちろん占いなので、100%当たるわけではありませんが、九星術の「命占術」、「命占術の傾斜法」、「卜占術」、「方位術」を占いたい事柄に合わせて使い分けたり、二重に占うことで精度を高めることができます。

もともとは個人の運勢を占うだけでなく、古代中国では国家の行く末や、戦争の勝敗、天変地異の予測、豊作か凶作かといった大きな動きを見るのに用いられ、発展してきた占術なので、景気動向や事件、災害など、現代社会の大きな流れをつかむことも可能です。

ただし、これらを見るには十分な知識と経験が必要になります。そのためにも基礎となる個人の性格や運勢を占うところから始めるといいでしょう。

④九星術の根底にある東洋思想

九星術のルーツが中国にあるのは先に書いたとおりですが、古代中国にはさまざまな占術が存在していました。その中で現在も脈々と続くものの代表が「易《えき》（周易《しゅうえき》）」や「八卦《はっけ》」です。中国の占いはその結果を判断したり、結果が今後どのような影響を及ぼすか考えるために、いくつかの考え方を取り入れています。本項ではそれを「東洋思想」と表現します。

東洋思想は九星術にも取り入れられていて、具体的に書くと「陰陽《いんよう》」、「八卦《はっけ》」、「五行《ごぎょう》」、「十干《じっかん》」、「十二支《じゅうにし》」です。それぞれについて、順番に解説していきます。

陰陽について

「陰陽」とは、万物はすべて陰と陽に分類できるという考え方です。陰は静的で受動的なもの、陽は動的で能動的なものと覚えておきましょう。代表例をあげると、月が出ている時間は陰、太陽が出ている時間は陽。冬は陰、夏は陽。失敗は陰、成功は陽。低い場所は陰、高い場所は陽。女性は陰、男性は陽といった具合に対照的な2つを意味することが多いです。**この陰陽の考え方は、命占術の傾斜法や卜占術、方位術で「陰遁《いんとん》」、「陽遁《ようとん》」という判断要素として出てきます。**

陰陽というと「陰陽《いんよう》五行《ごぎょう》（陰陽と五行を組み合わせた占い）」をご存じの方も多いと思いますが、陰陽と五行を別々に知っておけば十分なので、本書では説明を割愛します。

八卦について

「当たるも八卦、当たらぬも八卦」という決まり文句や、筮竹《ぜいちく》を使って占う易者の姿を思い浮かべる方もいらっしゃるでしょう。**八卦というのは、下の図でもわかるように、陰陽の「太極《たいきょく》」から生じ、「両儀《りょうぎ》」、「四象《ししょう》」と分かれてきたものです。また、易で占った結果、表われる形（象《かたち》ともいう）を「卦《け》」と呼びます。いずれも基本形である「乾《けん》」、「兌《だ》」、「離《り》」、「震《しん》」、「巽《そん》」、「坎《かん》」、「艮《ごん》」、「坤《こん》」の8種類を指し、これらの総称が八卦です。**

八卦の成り立ち

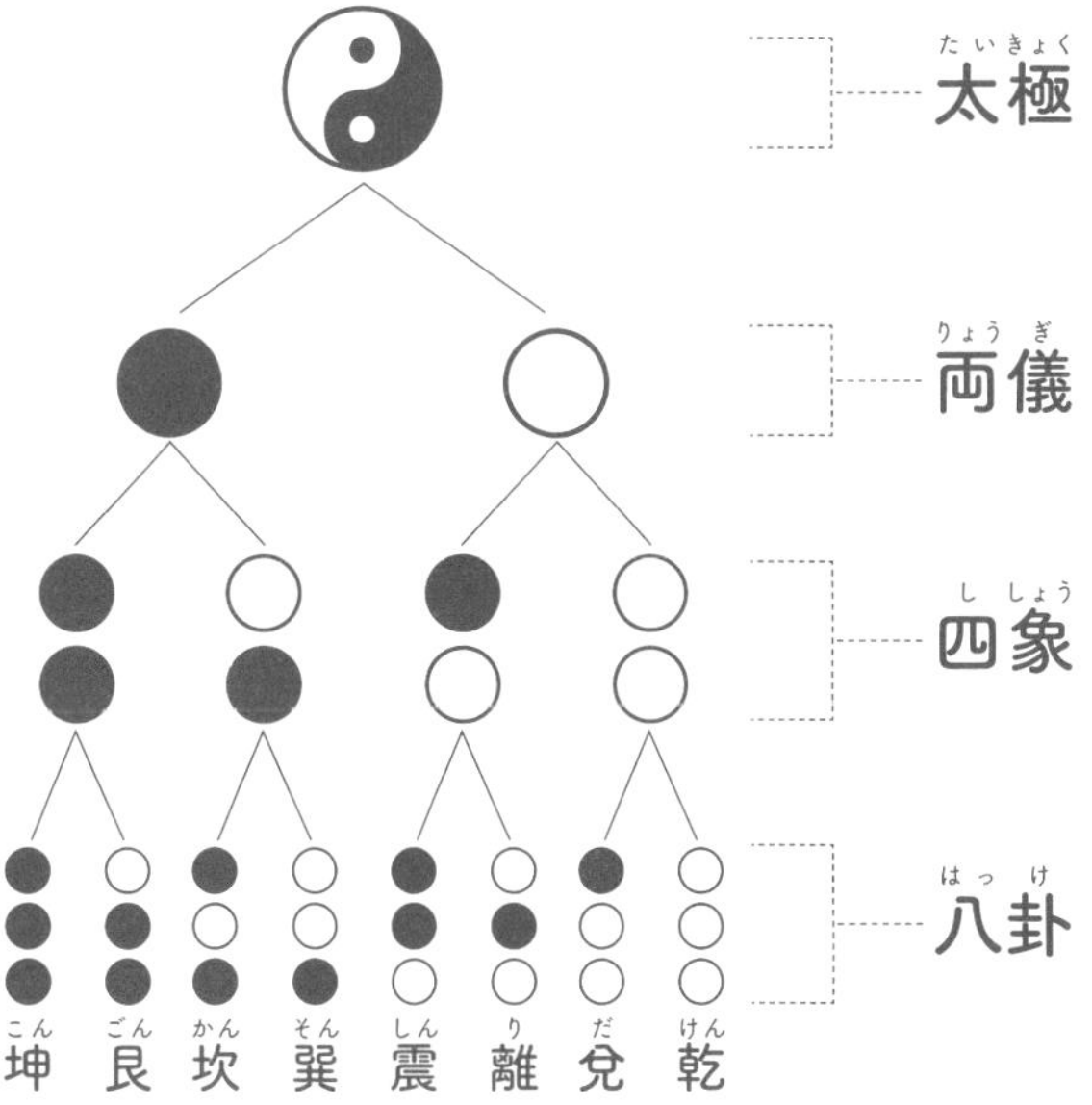

最初にこの世界、もしくは万物を表わした「太極」があり、次に天（陽）と地（陰）の2極に分かれた状態を「両儀」としました。両儀をさらに2つに分けた状態を「四象」と呼び、そこからさらに2つに分けると8通りの陰陽の組み合わせが生まれました。これが「八卦」の成り立ちです（●が陰、○が陽を表わしています）

九星術における八卦の役割

次に覚えていただきたいのは、九星術と八卦の関係性ですが、これはほぼ同じと思ってください。

九星の本命星には、それぞれ象意があると前述しましたが、八卦の卦《け》にも象意があります。覚えることがたくさんあって難しい……と、どうか嘆かないください。先ほど九星と八卦はほぼ同じと書いたように、象意もよく似ているので、九星の本命星がどの卦に当たるのか知っておけば大丈夫でしょう。左ページに相対表を載せているので、参照してください（八卦の詳しい象意は64～68ページに掲載）。

ここでひとつ注意があります。八卦には九星の五黄土星《ごおうどせい》に相当する卦がないので、象意もありません。第五章の命占術の傾斜法では「中宮《ちゅうぐう》」として判断する方法を解説していますが、基本的に五黄土星に相当する八卦はないと覚えてください。

八卦は方角も表わします

八卦の「乾《けん》」、「兌《だ》」、「離《り》」、「震《しん》」、「巽《そん》」、「坎《かん》」、「艮《ごん》」、「坤《こん》」を盤に書く場合、南が「離」、北が「坎」、東が「震」、西が「兌」というふうに、それぞれの場所が決まっています。つまり、八卦は方位も司っているわけです。

一般的には左ページのように八角形の方位盤で表わすことが多いのですが、**本書では、より簡単にするために、九星盤と同じ、９マスの正方形に置き換えて説明しています。**

八卦の方位は第五章の命占術の傾斜法や、第七章の方位術で占う場合に関係してくるので、ぜひ覚えておきましょう。

八卦が表わす方位

上の図は八卦が表わす方位を書いたもの。それぞれの卦の位置関係と司っている方角を覚えましょう。右図は八角形の上図を９マスの正方形に置き換えたもの。本書で解説していく九星盤と同じ形、同じ方位です

		南		
	巽《そん》	離《り》	坤《こん》	
東	震《しん》		兌《だ》	西
	艮《ごん》	坎《かん》	乾《けん》	
		北		

八卦と九星の名称、相対表

八卦	坎	坤	震	巽	なし	乾	兌	艮	離
九星	一白水星	二黒土星	三碧木星	四緑木星	五黄土星	六白金星	七赤金星	八白土星	九紫火星

上の表は八卦の「卦」と九星の「本命星」の相対をまとめたもの。五黄土星には当てはまる卦がないので注意しましょう

五行について

「五行」は自然界を「木《もく》」、「火《か》」、「土《ど》」、「金《きん》」、「水《すい》」の5つに分類した考え方で、九星術の4つの術すべてに関係してくる要素です。

五行も八卦の卦と同様に、九星の本命星と相対した関係にあります。たとえば一白水星は水。三碧木星と四緑木星は木。九紫火星は火。六白金星と七赤金星は金。二黒土星、五黄土星、八白土星は土。本命星の名称に、五行のいずれかの漢字が入っているので簡単ですね。

さらに説明をつけ加えると、**五行は八卦とも関係があり、八卦の占いでは「乾金《けんきん》」、「兌金《だきん》」、「離火《りか》」、「震木《しんもく》」、「巽木《そんもく》」、「坎水《かんすい》」、「艮土《ごんど》」、「坤土《こんど》」という名称も使われます。**つまり、一白水星は八卦では「坎」、五行で「水」というふうに、連鎖して覚えておくとスムーズに占えるようになります。五行も八卦も最初はとっつきにくいと思いますが、算数の九九のようなものだと思って丸暗記するのをおすすめします。

三碧と四緑の「木」の違い

ここまでの解説を読んで、同じ「木」なら三碧木星と四緑木星は同じ?と思った方は鋭いですね。**五行では三碧と四緑は同じ「木」ですが、九星術としての解釈では三碧は「芽生えて間もない若木」、四緑は「成長した木」という意味になります。これを八卦でいうと、三碧が「震木《しんもく》」、四緑が「巽木《そんもく》」になります。**同様に六白と七赤の「金」や二黒、五黄、八白の「土」も、それぞれ意味が異なります。詳しくは左ページの五行が表わす象意の一覧と分類を見てください。

五行が表わす象意の一覧

	五行の木	五行の火	五行の土	五行の金	五行の水
象意	樹木、植物	太陽、明かり、熱	大地、土、地球	鉱物、貴金属	雨、海や湖沼、河川
季節	春	夏	春夏秋冬にある土用	秋	冬
時刻	朝	昼	朝、昼、夕、夜の間	夕	夜
色	緑、青	赤、朱色	黄、黄土色	白、光った色	黒
九星	三碧木星 四緑木星	九紫火星	二黒土星 五黄土星 八白土星	六白金星 七赤金星	一白水星

五行が表わす象意と色は木、火、土、金、水の漢字から連想されるものが多く、季節と時間帯も順番に並んでいるので、比較的覚えやすいでしょう

自然界を表わす五行の分類

木、土、金のように複数の本命星が該当する場合、性質が変わることを理解しておきましょう。木の場合は三碧木星が若木や若葉、四緑木星が成木や老木。土の場合は二黒土星が作物を育てる大地、五黄土星が土全般や地球、八白土星が樹木を育てる山の土。金の場合は六白金星が原石や鉱石、七赤金星が加工された金属製品や宝飾品を示すとされています

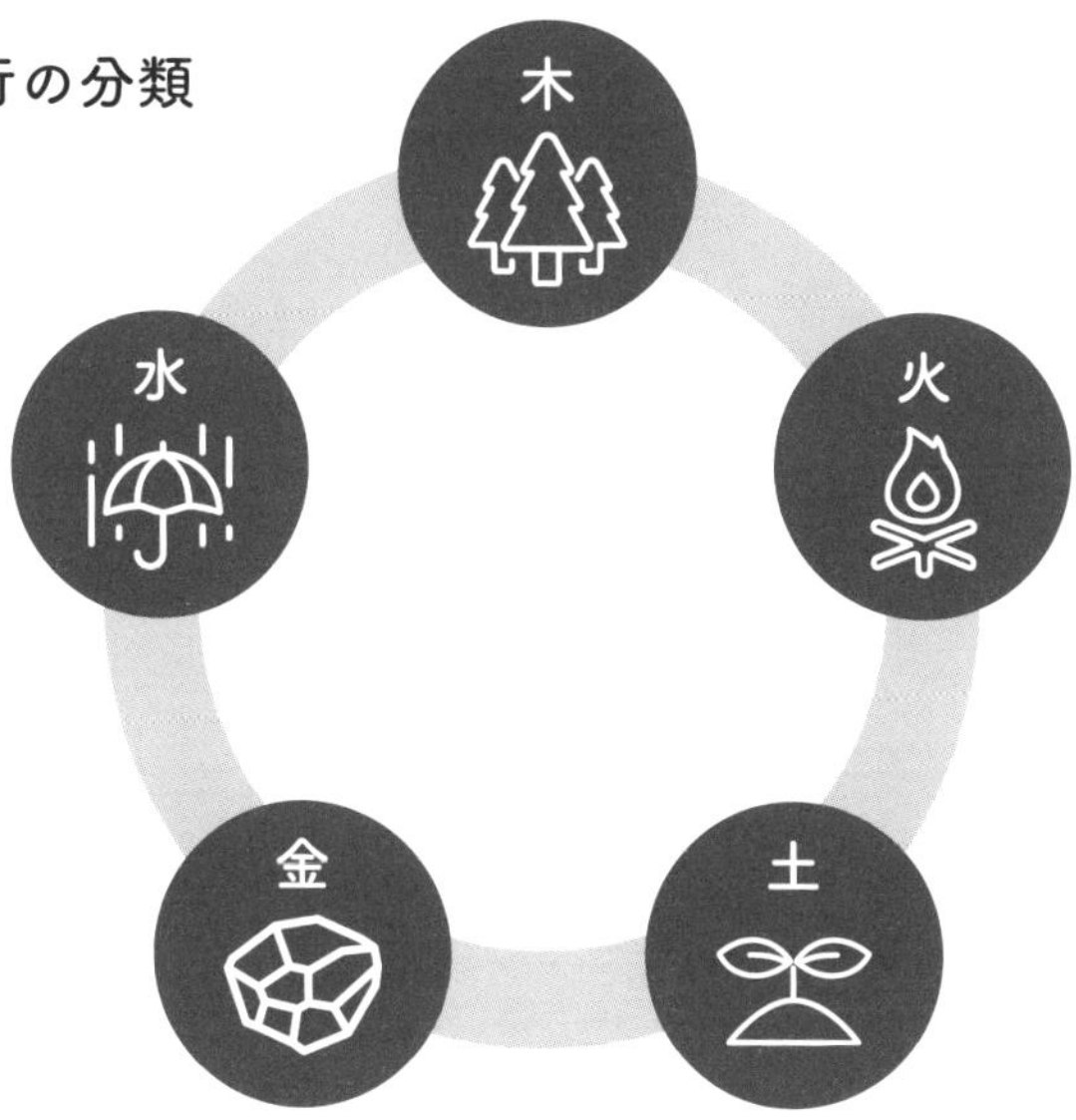

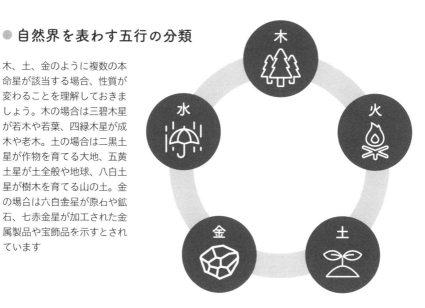

五行には相生《そうじょう》、相剋《そうこく》、比和《ひわ》の関係性がある

九星術では相性《あいしょう》の関係性を「相生」、「相剋」、「比和」という言葉で表現します。これは五行の関係性に基づいたものです。まず相生は吉、相剋は凶、比和は平運《へいうん》（吉でも凶でもない状態）と覚えてください。

相生は自然界の一般的な流れと覚えましょう。水が木を育て、木が燃えると火になり、火はやがて灰になって土に還り、土からは金（鉱石）が採れます。金から水が生じるというのは、鉱山に湧き水が多いことや、金属は冷えると表面に水滴がつくと理解できます。

相剋も自然界の一般的な流れですが、相手を傷つける関係にあります。木は土から養分を吸収し、土は水を濁らせます。水は火を消し、火は金（鉱物）を溶かし、金（オノやノコギリなど）は木を切り倒します。

また相生、相剋には「する側」と「される側」があり、判断に影響します。相生する側を「退気《たいき》」といい、自分のエネルギーを使うので小吉。相生される側を「生気《せいき》」といい、エネルギーをもらうので大吉になります。次に相剋する側を「殺気《さっき》」といい、相手にダメージを与えるので凶。相剋される側を「死気《しき》」といい、ダメージをもらうので大凶になります（流派によって逆になることもあります）。最後に同じ性質がそろうことを比和といい、2倍のパワーが出て吉という考えもあれば、同調してマンネリになるため凶という考え方もあります。本書では平運と判断しています。

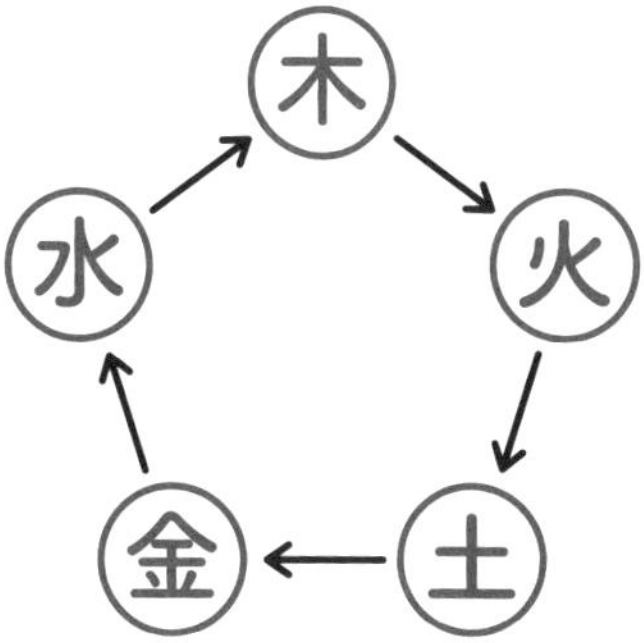

相生の関係

相生の関係性は自然の摂理に適ったもので、与える側、与えてもらう側と考えられています。たとえば水は木を育て、木は燃えてと火になる……という具合にスムーズに進むため、人間関係や方位を見る場合に「吉」と考えます。ただし与える側は自分の力が弱まります。これを「退気」と呼び「小吉」。与えてもらう側は「生気」と呼び「大吉」と判断します。水と木の場合は、水が「退気で小吉」、木が「生気で大吉」になります

相剋の関係

相剋の関係性は相手にダメージを与えるものと考えられています。たとえば木は土から養分を吸い上げ、水は火を消してしまいます。このように相手にダメージを与える側を「殺気」と呼び「凶」、ダメージを与えられる側を「死気」と呼び「大凶」と判断します。木と土の場合は、木が「殺気で凶」、土が「死気で大凶」になります

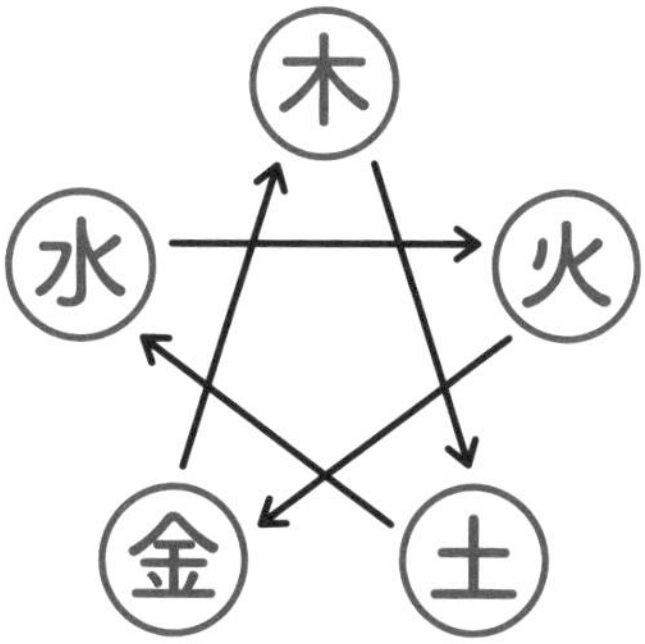

比和の関係

比和の関係性は、同じ性質どうしが一組になるため、パワーが増すと考えられています。ただし「生気」ほどパワフルではないため「中吉」と判断されることが多くなります。流派によっては、同一の性質がそろっても変化が起きないため、平運と考えるケースもあります。方位の場合は特に問題はありませんが、人間関係を占った場合は親しみやすい関係性であると同時に、なあなあの関係になりやすいため、一概に平運とはいえないかもしれません

十干《じっかん》と十二支《じゅうにし》について

古代中国では月の満ち欠けによって1カ月が約30日であるとし、それぞれ10日ずつに3等分して、上旬、中旬、下旬と表現しました。このときに用いられた数え方が「十干」です。**十干は「甲《こう》」、「乙《おつ》」、「丙《へい》」、「丁《てい》」、「戊《ぼ》」、「己《き》」、「庚《こう》」、「辛《しん》」、「壬《じん》」、「癸《き》」の順番になっていて、甲《きのえ》、乙《きのと》、丙《ひのえ》、丁《ひのと》、戊《つちのえ》、己《つちのと》、庚《かのえ》、辛《かのと》、壬《みずのえ》、癸《みずのと》と訓読みする場合もあります。**

この十干は陰陽と五行にも関連していて、甲が陽の木、乙が陰の木。丙が陽の火、丁が陰の火。戊が陽の土、己が陰の土。庚が陽の金、辛が陰の金。壬が陽の水、癸が陰の水となっています。訓読みで「と」がつけば陰、「え」がつけば陽と覚えておくといいでしょう。

次に**「十二支」は「子《ね》」、「丑《うし》」、「寅《とら》」、「卯《う》」、「辰《たつ》」、「巳《み》」、「午《うま》」、「未《ひつじ》」、「申《さる》」、「酉《とり》」、「戌《いぬ》」、「亥《い》」のことです。古代中国の人々にとって、十二支は季節や時間の推移を表わすものでした。**

まず月の満ち欠けを基準にして1カ月を決め、12カ月で1年が巡ることから、各月に十二支を当てはめたとされています。最初の子を12月に当てはめた理由は冬至があるためで、古代中国では、冬至が終わると新しい1年が始まると考えられていました。季節は「初春」、「春」、「晩春」という具合に1つの季節を3つに分け、春夏秋冬を12に分けました。時刻は、「子《ね》の刻《こく》」が23時~翌午前1時というふうに2時間ごととし、24時間を12等分しています。詳しくは左ページの図にまとめたので、参照してください。

十二支が表わすもの

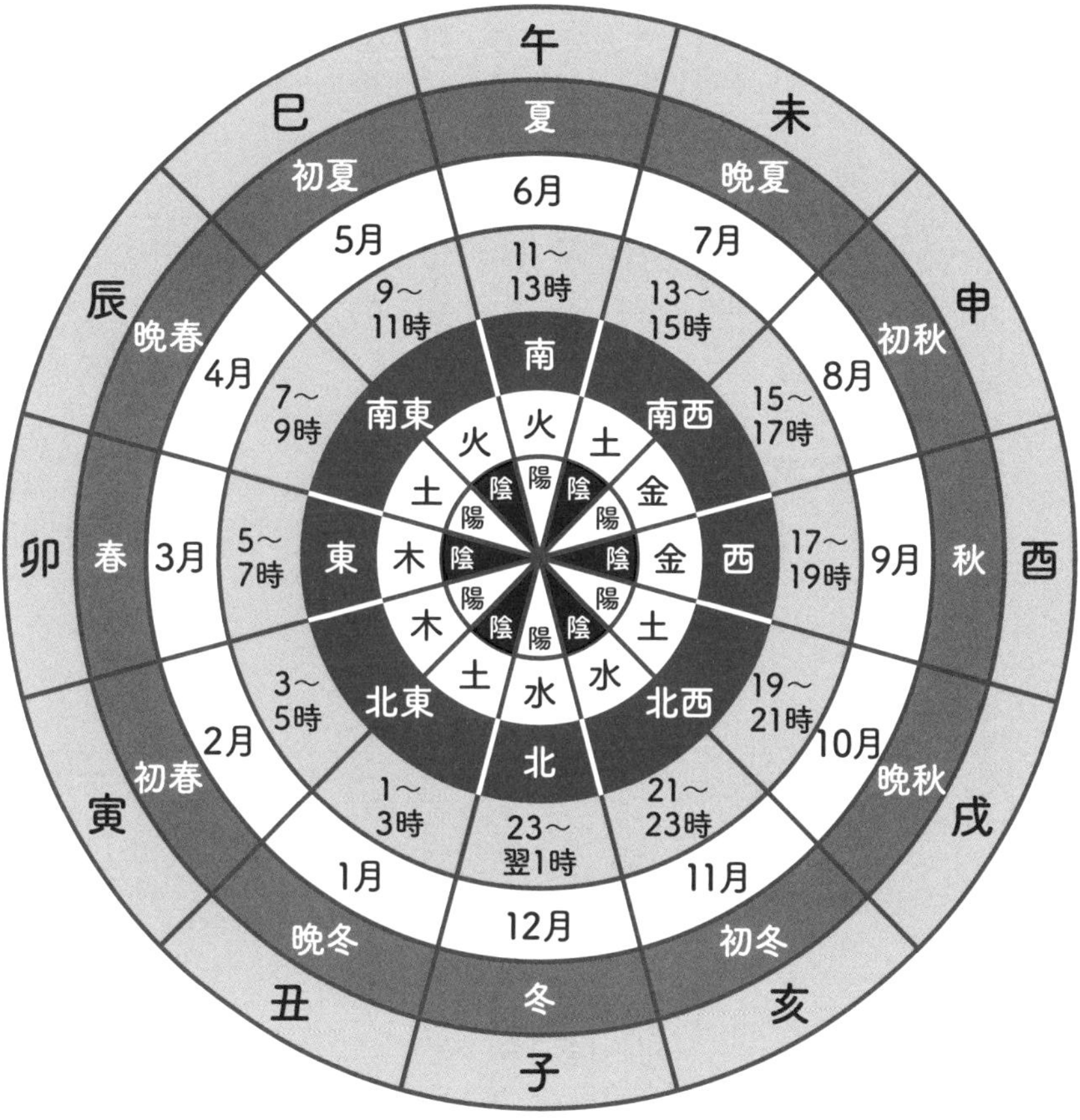

古代中国では約２時間を一刻（いっこく）とし、１日を十二刻としていました。日本でも江戸時代までは十二支を時刻の表現に使っていたのをご存じの方も多いでしょう。十二支には季節や時間の推移のほかに、陰陽、方位、五行の意味もあります。「子は陽の水で北」、「丑は陰の土で北東」、「寅は陽の木で北東」、「卯は陰の木で東」、「辰は陽の土で南東」、「巳は陰の火で南東」、「午は陽の火で南」、「未は陰の土で南西」、「申は陽の金で南西」、「酉は陰の金で西」、「戌は陽の土で北西」、「亥は陰の水で北西」となっており、これらは変わることがありません

⑤ 方位盤の仕組みと吉凶の方位

九星術の占いの1つである方位術では、方角を司る方位盤を用います。これは特別なものではなく、九星術の命占術や卜占術で使う九星盤（盤の詳しい説明は42ページを参照）が、方位も表わしているので、方位術でも同じものを使います。

方位によって開運を行う方位術は第七章で解説していますが、ここでは基本となる盤上の方位の取り方について、整理しておきましょう。

九星術で用いる各盤は、南を上にして書きます。これは古代中国の時代から変わらない決まりごとで、一説によると昔の中国の王様が、家臣たちの前に出るときに必ず南を向いて座ったため、軍議に使われる地図や方位盤は、王様の位置から見た状態で作成されるようになったそうです。**その名残りで現在も中国発祥の占いの多くは、方位を書く際には南を上にしているのです。南が上になると北は下、西が右、東が左になります。この並びを四正《しせい》といいます。**

次に、四正の間にある南東、南西、北西、北東の四隅の位置も決まります。次ページの上図のように、本書では方位を9マスの正方形の図で表現しているので、四正と四隅の関係性はわかりやすいでしょう。**この9マスには九星の星を表わす1〜9の数字や、八卦を表わす乾、兌、離、**

震、巽、坎、艮、坤の8つの卦が入ります。

最後に方位の境界線の決め方ですが、360度を45度ずつ8等分する方法と、四正の角度を30度、四隅の角度を60度とする方法（30×4、60×4で合計360度）があります。これらはどちらを選んでもいいのですが、本書では30度・60度の方法で解説しています。

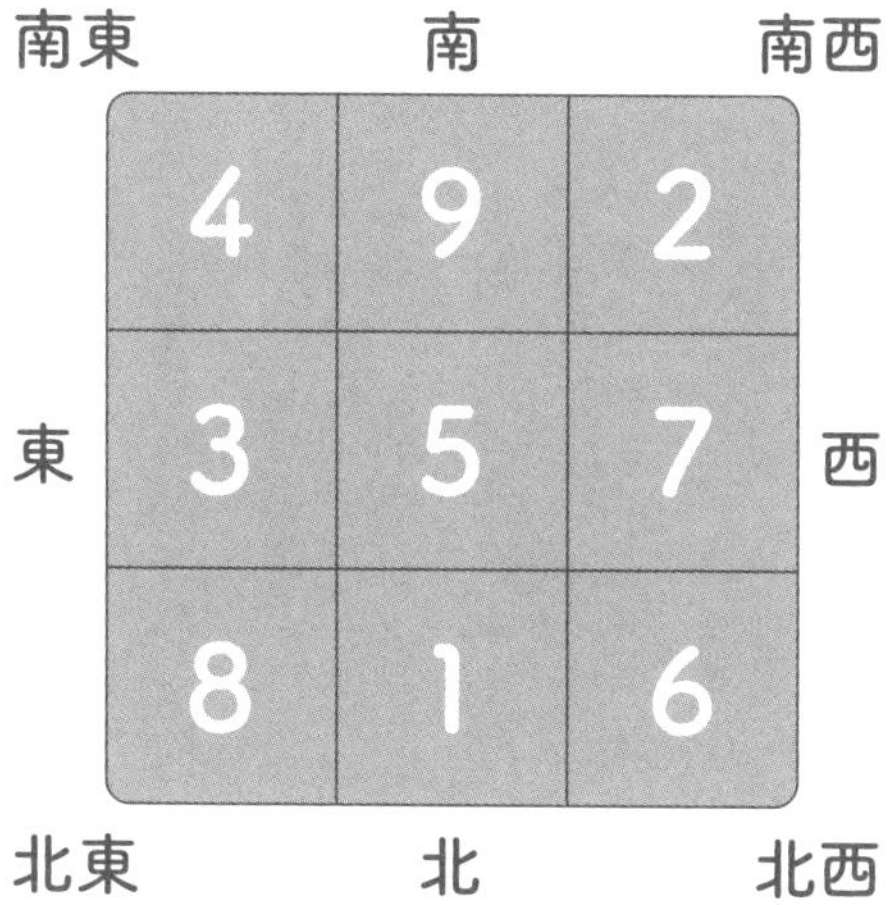

九星術で多用する定位盤は、９マスに入る数字の位置が、占いに合わせて変わりますが、各マス目の方角は変化しません。南は常に上列の中央、北は常に下列の中央になります

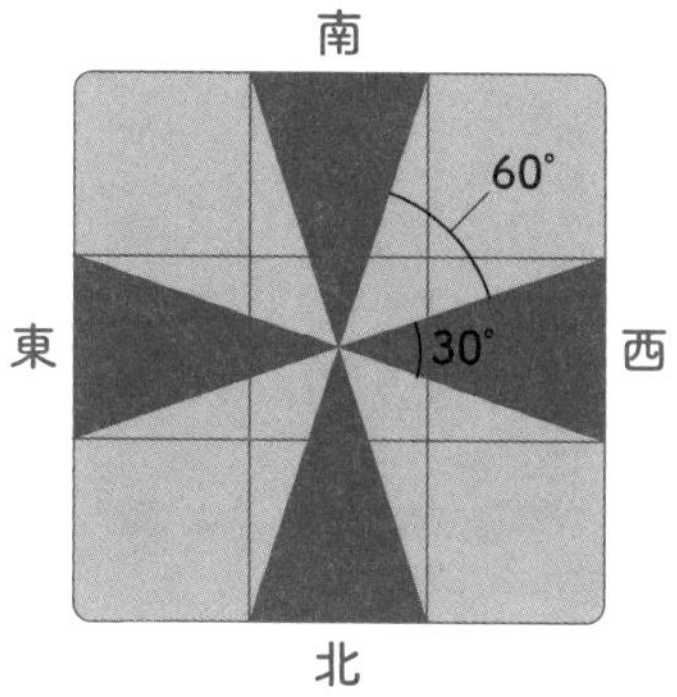

30度、60度の方位の分け方

東西南北の四正の方向を30度の角度にすると、南東、南西、北西、北東の四隅は60度になります。これは、最初から四正の範囲を狭めているため、遠距離になってもブレが生じにくいと考えてください

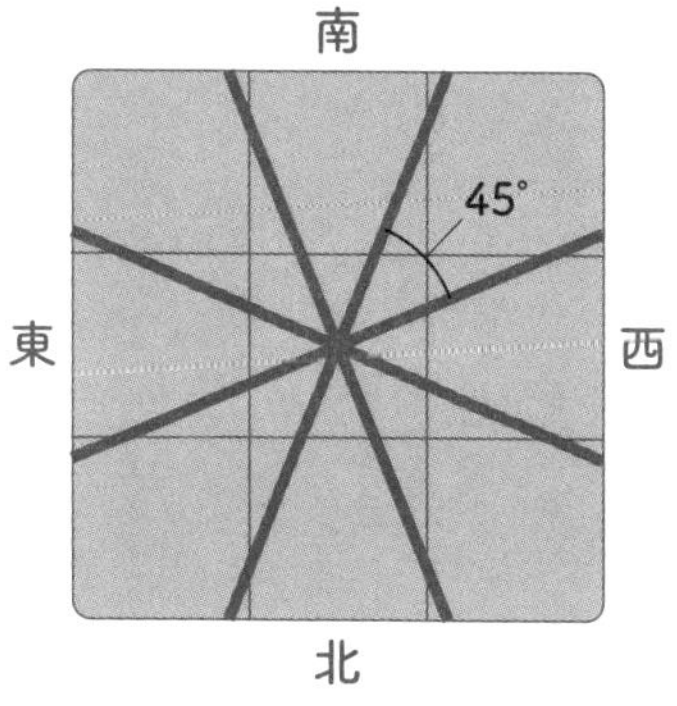

45度の方位の分け方

45度ずつ８等分する方法で、家相のように限定された範囲を見るのに用いられるケースが多いです。ここでは、こういう方法もあるとだけ覚えてください

吉方位《きっぽうい》と凶方位《きょうほうい》について

九星術の方位術の主な目的は、**自分の本命星から見て五行の相生になる方向（吉方位といいます）に移動して幸運を得ることと、自分の本命星から見て、相剋になる方位（凶方位といいます）を知って、悪影響を避けるようにすることです。**方位術は第七章で解説していますが、ここでは凶方位について解説します。

九星術の本命星には、それぞれ吉方位が存在します。一白水星であれば六白金星や七赤金星。二黒土星であれば九紫火星の方位で、決まりごとです。これらは31ページで解説した五行の相生の関係であり、**自分の本命星が「生気（相生される）」になる星がある方角が吉方位になります。逆に自分の本命星と相剋になる星がある方角が凶方位です。相剋には「殺気（相剋する）」と「死気（相剋される）」があるので注意してください。**

五黄殺《ごおうさつ》、暗剣殺《あんけんさつ》、歳破《さいは》、月破《げっぱ》について

凶方位には相剋以外にも注意すべき五黄殺、暗剣殺、歳破、月破というものがあります。

五黄殺

五黄土星がある方角を五黄殺といいます。これは五黄土星が特別な星であり、他の本命星に影響する（腐らせる）と考えられているから。五黄土星が中宮にある場合は存在しません。

暗剣殺

五黄殺と常に対になる凶方位で、北が五黄殺の場合は南が暗剣殺。北西が五黄殺の場合は南東が暗剣殺となります。これも五黄土星が中宮

にある場合は存在しません。

歳破

年ごとに決められた凶方位。子年は南、丑年、寅年は南西、卯年は西、辰年と巳年は北西、午年は北、未年と申年は北東、酉年は東、戌年と亥年は南東が凶になります。ただし1年間その方位に移動できないのは、現代ではかなり困難なので、本書では判断に加えていません。

月破

月ごとに定められた凶方位で、生月盤、月盤に関係します。1月（丑）と2月（寅）は南西、3月（卯）は西、4月（辰）と5月（巳）は北西、6月（午）は北、7月（未）と8月（申）は北東、9月（酉）は東、10月（戌）と11月（亥）は南東、12月（子）は南。決まりごとなのでそのまま覚えてください。

鬼門《きもん》と裏鬼門《うらきもん》について

家相や風水占いでよく耳にする「鬼門」と「裏鬼門」ですが、そもそもどの方角のことかというと、右図の8の北東が鬼門、2の南西が裏鬼門になります。この8と2を直線で結ぶと5を通ります。これら8、5、2に共通することは何でしょう？

そう、すべて土星です。五黄土星がある場所が五黄殺となるように、八白土星と二黒土星もあまりよくない方位と考えたのでしょう。しかし安心してください。現在の九星術では鬼門、裏鬼門を重視していません。五黄殺、暗剣殺、月破を意識しておけば大丈夫です。

定位盤に入る本命星の場所が変わっても、鬼門が北東、裏鬼門が南西というのは変わりません。五黄殺と暗剣殺は五黄土星が入る位置で決まるので、その都度場所が変わります

⑥運勢判断に用いるその他の知識

ここまでに出てこなかった用語を解説します。

大運《だいうん》と流年運《りゅうねんうん》について

命占術の傾斜法で用いる運勢判断で、**6〜10年ごとに巡ってくる運を「大運」。1年ごとの運を「流年運」といいます。**運には数年間かけて変化するものと、毎年変わるものがあります。

祐気《ゆうき》と剋気《こっき》について

方位術で用いる運勢判断で、五行の相生、相剋とほぼ同じです。**祐気は五行の相生に含まれる生気と退気に比和を加えた3つを示します。剋気は相剋の殺気と死気を示します。**方位術では吉方位に向かうことを「祐気をとる」、凶方位に向かうことを「剋気をとる」と表現します。

三合法《さんごうほう》について

方位術の祐気とりの方法の一種。十二支の中から同じ性質の互いに助け合う関係にある干支を3種類ずつ、4グループに分けます。複数の干支の力で効果が倍増すると考えられています。グループ分けと効果は次のとおり。

三合木局

仕事面での成長や出世、若々しさ、元気を出す目的に向いた発展運アップの組み合わせ。十二支では卯（東）、未（南西）、亥（北西）。

三合火局

学問や芸術分野での成功、能力アップ、社会的な名誉の向上、美意識アップに向いた組み合わせ。十二支では寅（北東）、午（南）、戌（北西）。

三合金局

ずばり金運や財運アップが見込める組み合わせ。十二支では丑（北東）、巳（南東）、酉（西）。

三合水局

人間関係をスムーズにさせ、信用や信頼を得られる組み合わせ。恋愛、結婚成就にも向いています。十二支では子（北）、辰（南東）、申（南西）。

同会《どうかい》について

九星術では年ごとに占いを行う際に用いる年盤が決まっています。この年盤の中で自分の本命星がある場所に印をつけ、次に自分の本命星の九星盤を作り、同じ位置にある星を1つのグループと判断する方法が同会です。詳しくは左の図と手順の説明を見てください。

五黄土星の年盤

南

東＼西			
	4	9	2
東	3	5	7	西
	8	①	6

北

一白水星の九星盤

南

東＼西			
	9	5	7
東	8	1	3	西
	4	⑥	2

北

同会の手順の説明

①万年暦からわかるように、2022年は五黄土星の年なので、五黄土星の年盤を作成します。②本命星が一白水星の場合、年盤の北に入っています。③次に一白水星の九星盤を作り、同じ位置を見ると六白金星が入っています。④本命星が六白金星と同じ場所にあるので、上の状態は「六白同会」といいます。同じ位置に入った星をグループとして、占いの判断に用います（これを盤を重ねるといいます）

直感と連想を大切にしましょう

九星術は本命星をはじめ、星の持つ意味と星が入っている宮の位置、またそれらが動いた場合の影響などを考えて、総合的に判断する占いです。そのため九星が持つ意味の解釈や、判断基準は占いを行う人（術者）に委ねられている部分が大変大きいのが特徴です。

ですから同じ人物や事柄を占っても、術者によって解釈や判断が少しずつ変わります。だからこそ、九星術で占いを行う人は、直感と連想力を大切にすべきだと私は考えています。なぜなら、そこにオリジナリティがあるからです。

九星術は古代中国から脈々と受け継がれてきた占いなので、先人と同じことを繰り返すだけではおもしろくありません。基本をひととおり学んだ後は、ぜひあなたのオリジナリティをいかして占ってみてください。

第二章

九星術に用いる盤と本命星について

①九星術で使う定位盤《じょういばん》を知る

九星術は「定位盤」と呼ばれる9マスの図に、9つの星を書き入れて占います。**各マス目には意味があり、そこに入った星の意味と合わせて解釈したり、1～9までの数字の並びを見たりして、占いの結果を導き出します。**この定位盤は、占う方法や占う内容によって名前が変わります（9マスの図というのは変わりません）。

そこで最初に、**定位盤には「先天盤《せんてんばん》」と「後《こう》天盤《てんばん》」の2種類があると覚えてください。定位盤というのは、九星術で用いる盤（9マスの図）の総称で、**用途によって九星盤《きゅうせいばん》や宮位盤《きゅういばん》、生年《せいねん》盤《ばん》という具合に、名前が変わります。

次に**「先天」と「後天」**の違いですが、**先天と付いている場合は、マス目の数字や文字が移動しません。逆に後天と付いている場合は、マス目の数字が移動する（もしくは移動させる）と覚えてください。**

本書ではこのあといくつもの盤を用いて解説していきますが、主に出てくるのは後天九星盤で、宮位盤（42～45ページ参照）を頻繁に用いるのは、第五章で解説する命占術の傾斜法です。盤が多いのでやや複雑になりますが、複数の盤を使い分けて、さまざまな事柄を多角的に占うのが九星術の妙味でもあるのです。

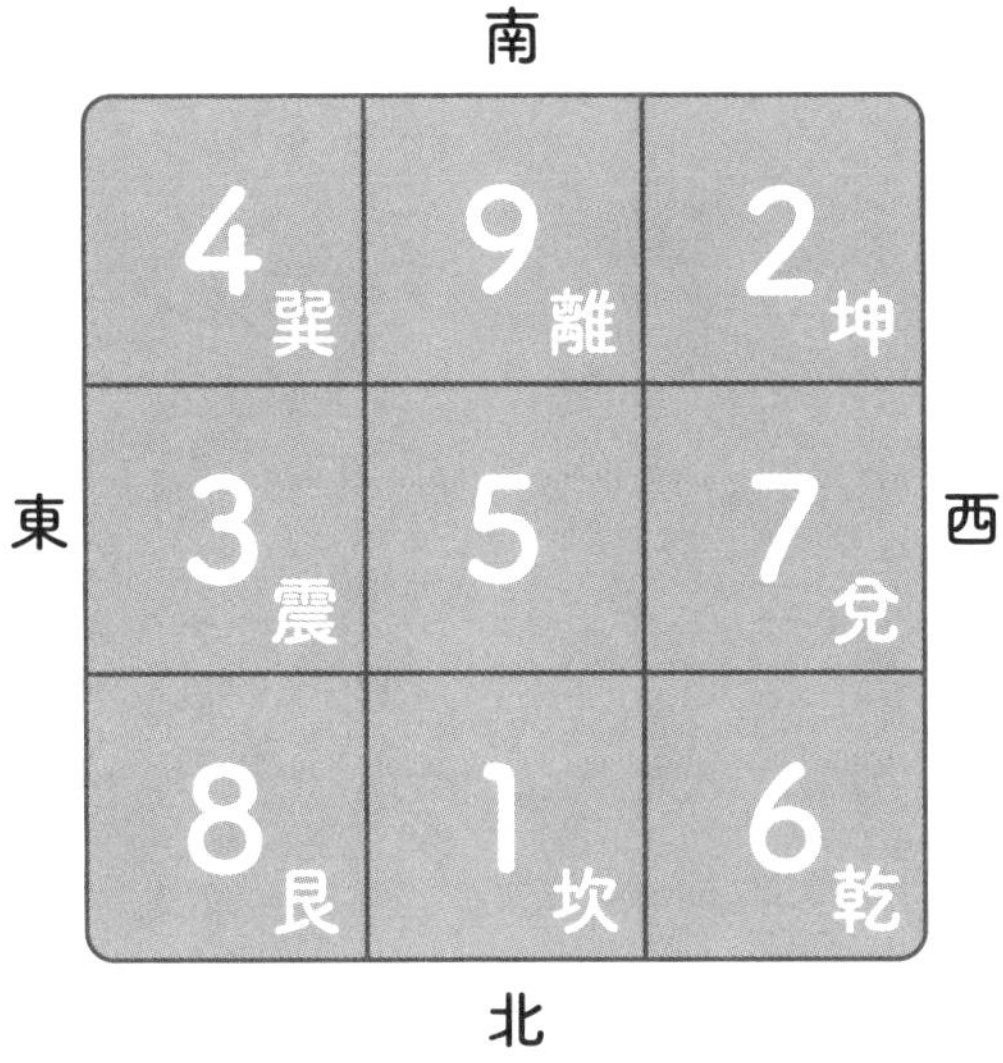

九星盤の基本形

九星術で用いる定位盤の基本となる形（先天盤）で、１～９の数字は一白水星～九紫火星を表わしています。また数字の横にある乾～坤は、九星にそれぞれ符号しています。下の後天九星盤では各マス目に入る数字が入れ替わりますが、先天九星盤は左のように上列左から４、９、２。中央列左から３、５、７。下列左から８、１、６の並びのまま変わりません。これは21ページで解説した洛書がもとになっています

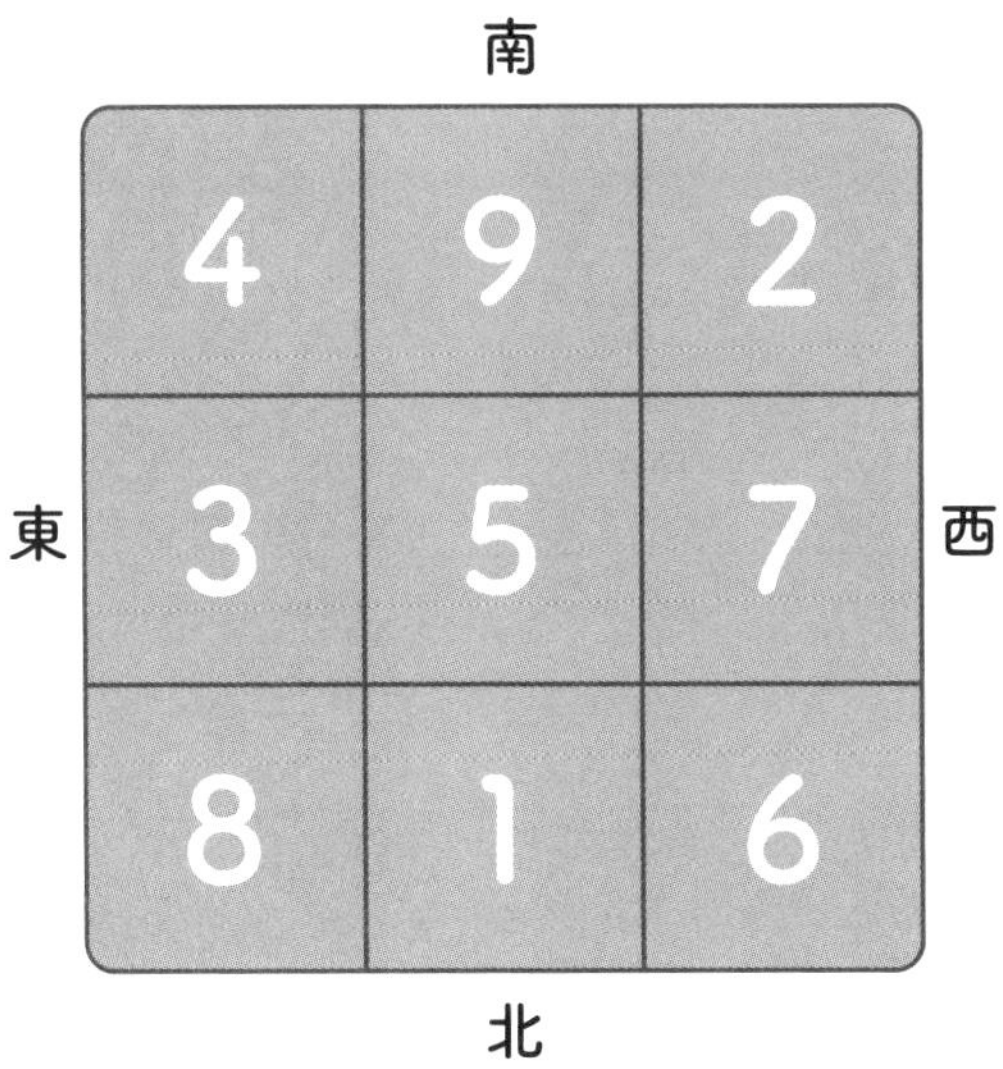

後天九星盤

後天九星盤は、本命星ごとに数字の並びが決まっています（52～53ページ参照）。後天九星盤はそれぞれの本命星の名前をつけて呼びます。一白水星の場合は、一白水星の九星盤、もしくは一白水星の盤と呼びます。決まりごととしては、本命星を表わす数字（一白水星なら１、二黒土星なら２）が必ず中央になります。ちなみに左図は五黄土星の後天九星盤で、上の基本形と同じ数字の並びになります

②八卦盤《はっけばん》と宮位盤を知る

九星術で用いる盤には、先天と後天があることは前項で説明したとおり。次に解説するのは、先天と後天の使い分けです。**命占術、命占術の傾斜法、卜占術、方位術の4つの占い方で、もっともよく使うのが後天九星盤です。**もし占いの解説の途中で、どの盤を使えばいいかわからなくなったら、後天九星盤と考えてください。1つずつ手順を確認して占うのもいいのですが、占いは回数をこなすことで習熟していくものなので、最初のうちは難しく考えずに、とにかくたくさん占って試してみるのも上達の早道です。

本書でよく用いるのは、後天九星盤と宮位盤です。26ページで九星と八卦はほぼ同じという解説をしましたが、**八卦を九星盤に置き換えたものが宮位盤と覚えてください。**先天八卦盤と宮位盤では、各マス目に入る乾、兌、離、震、巽、坎、艮、坤の漢字こそ同じですが、それぞれの場所が異なります。**また、マス目のことを「宮《きゅう》」といい、乾宮《けんきゅう》、兌宮《だきゅう》、離宮《りきゅう》、震宮《しんきゅう》、巽宮《そんきゅう》、坎《かん》宮《きゅう》、艮宮《ごんきゅう》、坤宮《こんきゅう》と呼びます（宮を付ける場合のみ、中央の空欄を中宮《ちゅうぐう》と呼びます）。宮位盤の宮にはそれぞれ意味があり、後天九星盤の数字（すなわち星）は移動しますが、宮の位置は変わりません。**

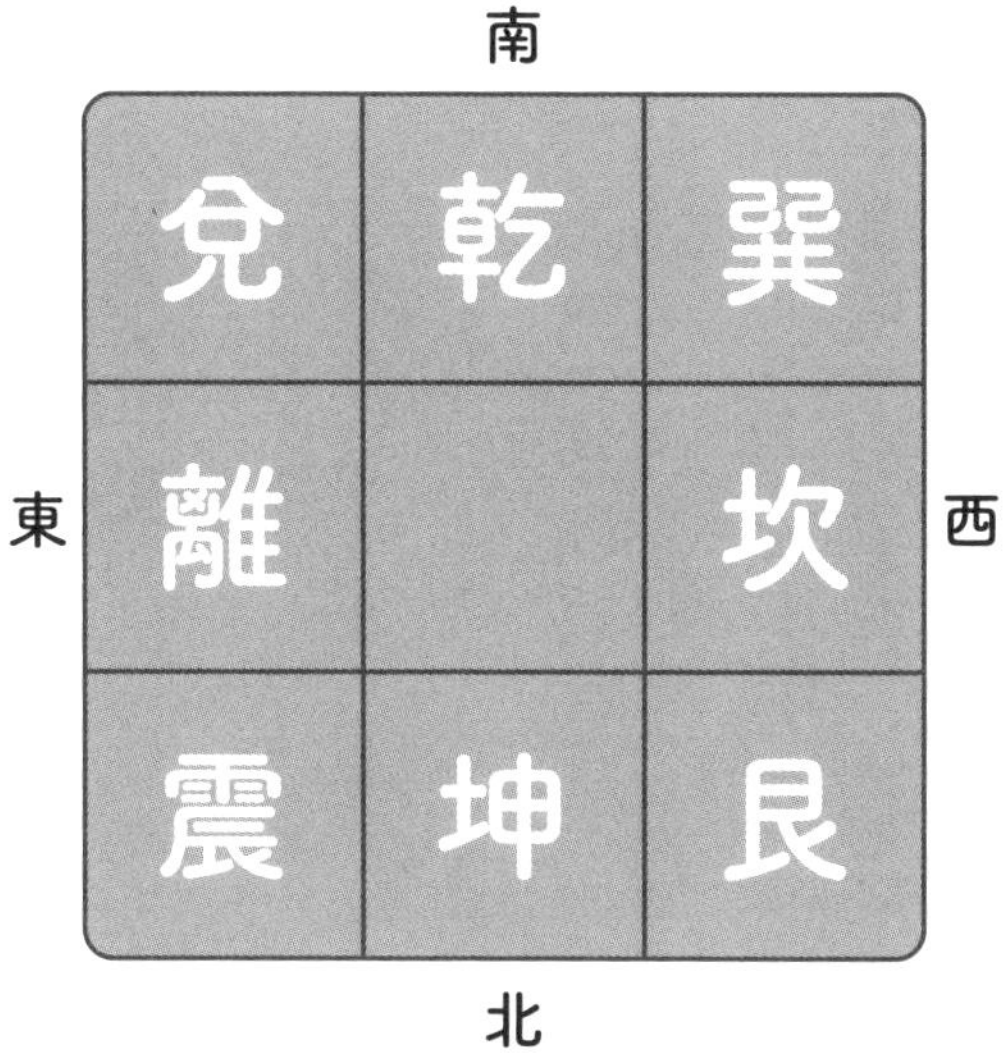

先天八卦盤《せんてんはっけばん》

本書では先天、後天という分類をしているため、先天八卦盤と書いていますが、通常は単に八卦盤と呼びます。八卦盤の宮の並びは左のように「南が乾、北は坤」となっています。この八卦盤は九星術には用いませんが、下の宮位盤のもとになっているので、知識として頭に入れておいてください

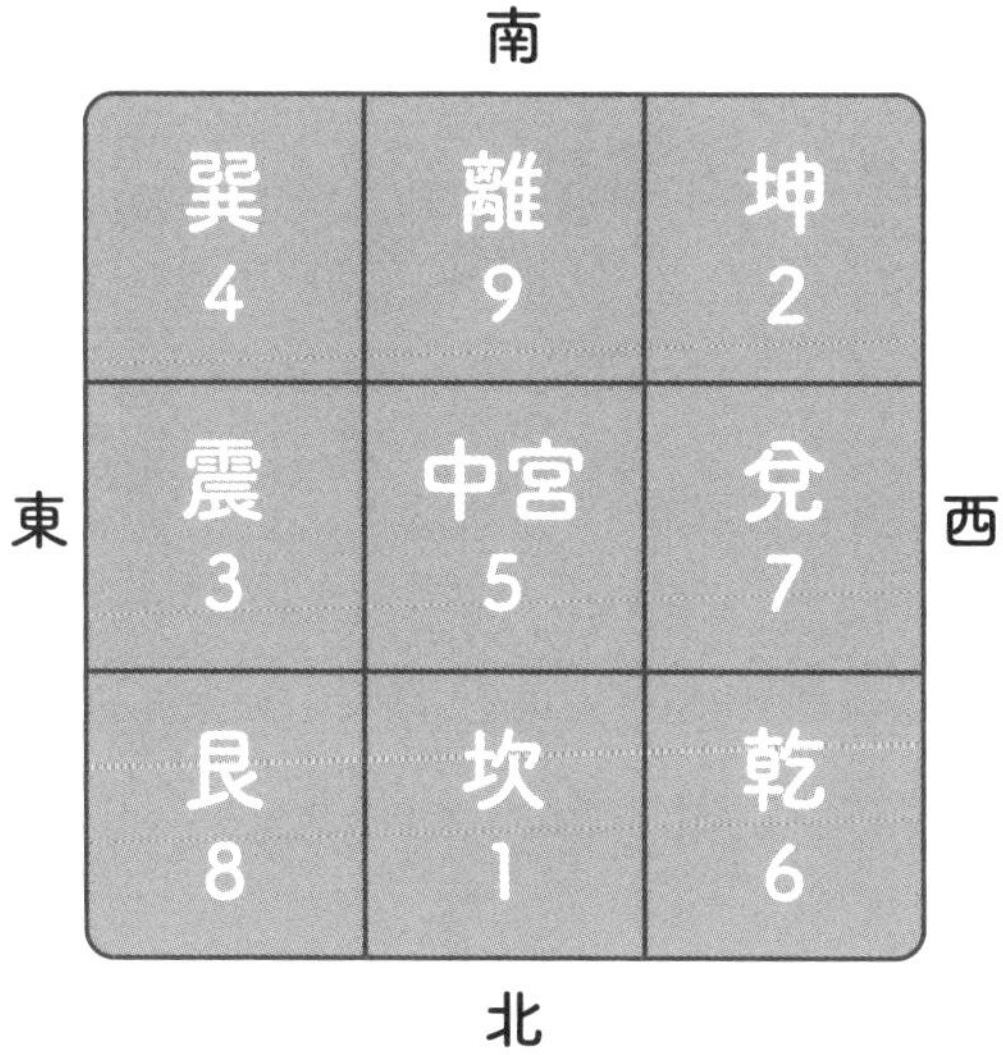

宮位盤《きゅういばん》

26～27ページで解説したように、八卦と九星には相対関係があり、上の八卦盤を九星盤の並びに当てはめたものが宮位盤です。各宮に入っている1～9の数字（星）は移動しますが、乾～坤の宮の位置は移動しません。八卦盤は中央のマス目が空欄ですが、宮位盤では中宮になります

③九星盤の上の星が移動する順番を知る

42〜43ページで後天九星盤は移動する場合があると説明しましたが、動き方にはルールがあります（左ページの上図参照）。**星が移動する（移動させる）ことを九星術では「飛泊《ひはく》」といいます。○○星が飛泊して……という表現はよく使うので覚えておきましょう。**

九星術では一白水星〜九紫火星まで、９つの星がつながっていると考えます。たとえば左ページの下図のように五黄土星の後天九星盤は５が中央にありますが、四緑木星の後天九星盤（４が中央）では、ルールに従って５は南西（下列右）に飛泊します。このように九星の本命星は順番に飛泊していきます。少し複雑ですが左の図を見て、順番を覚えてもらえればと思います。

熟練した九星術の占い師の中には、異なる方法で星を飛泊させる場合がありますが、それは難解で上級者向け（流派ごとの秘伝に該当する部分）なので、本書の範囲では決まった飛泊のルールをしっかりと覚えましょう。

そもそもなぜ星が飛泊するかというと、九星術は暦をベースにした占いなので、年、月、日、時が変わるのと同様に、星も次々に変化していくと考えられているからです。

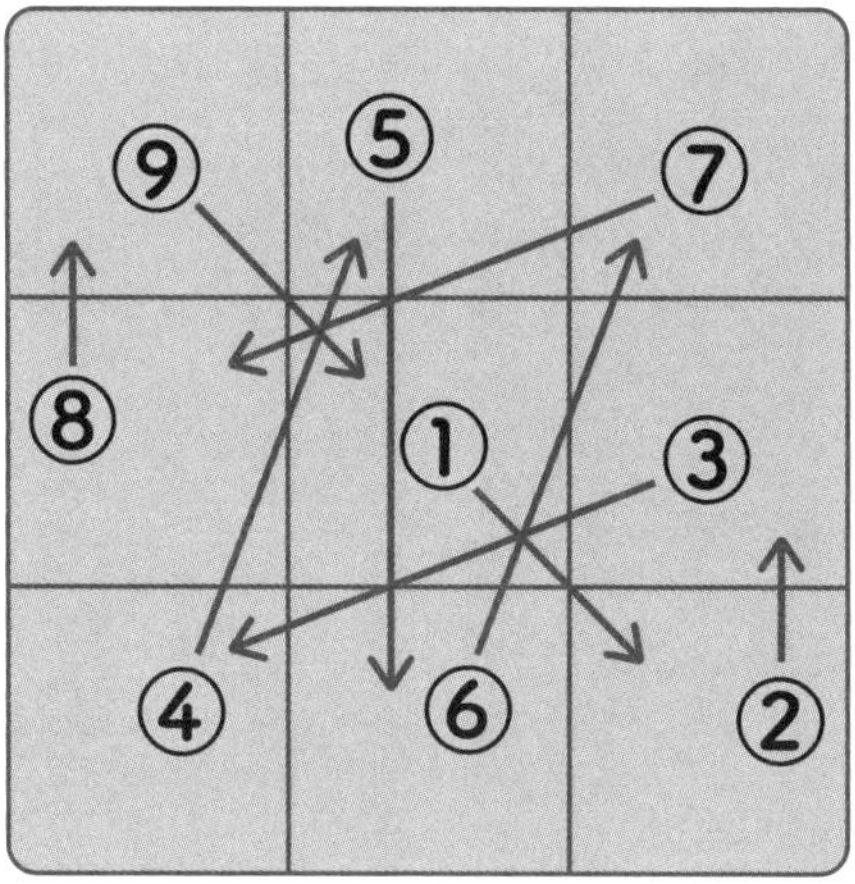

本命星が順番に移動していきます

本命星が移動する順番は①中央→②西北→③西→④北東→⑤南→⑥北→⑦南西→⑧東→⑨南東→また中央に戻ります。移動の順番を覚えておけば、中宮にある星の名前だけで九星盤が導き出せます

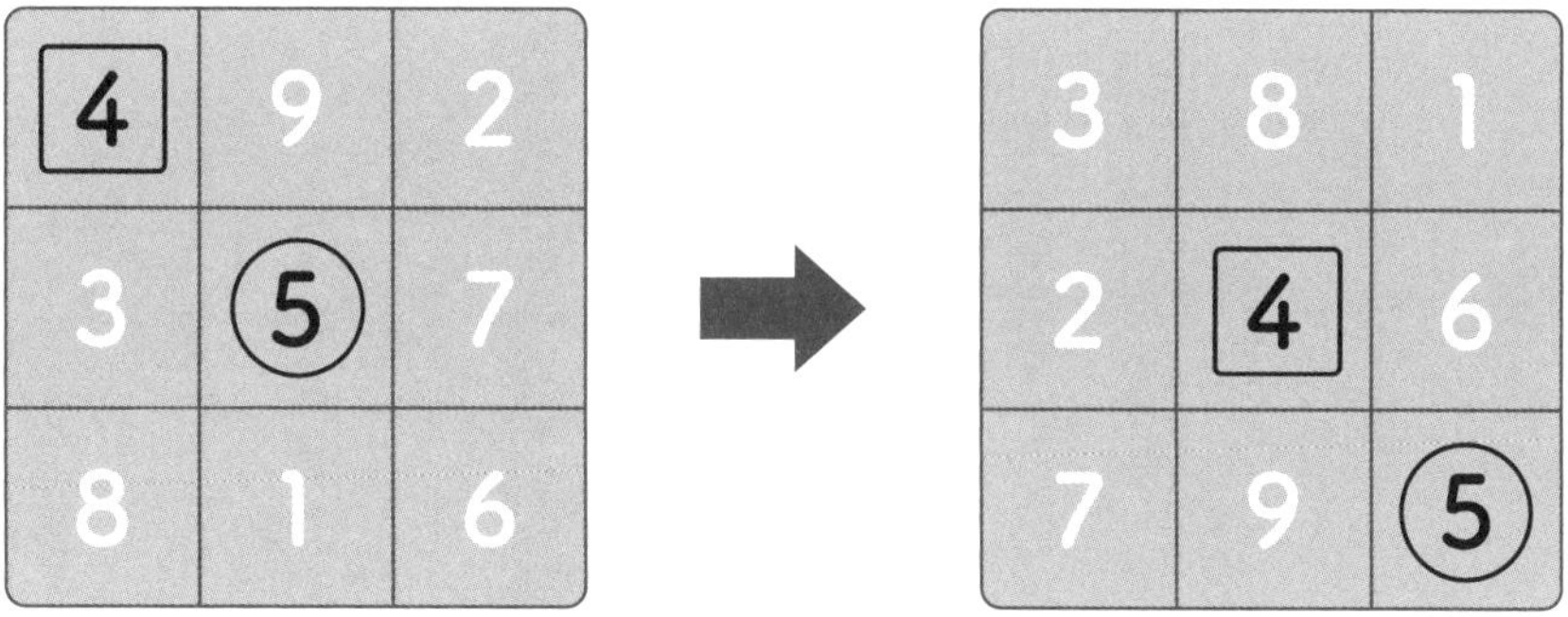

本命星が進む順番に注意

仮に中央にあった5（五黄土星）が上図の順番に従って１つ進めば、次に中央に入るのは４（四緑木星）。つまりは四緑木星の後天九星盤になります

④九星の本命星の探し方

本命星を知る方法として、もっとも簡単なのは50ページに掲載している「令和3年各人数え年・生年・九星表」から該当する星を探す方法です。

また市販の万年暦や神社暦をお持ちであれば、それらをご覧いただいても構いません。あるいは、インターネットで「九星暦」、「本命星」と検索すれば、本命星を計算してくれるサイトが複数見つかるでしょう。いずれの場合も**自分の本命星を知るためには、生まれた年（西暦）がわかっていれば大丈夫です。**

たとえば1992年（平成4年）生まれの方であれば、本命星は八白土星になります。翌年の1993年生まれであれば、七赤金星。1994年生まれの方は六白金星。このように生まれた年によって本命星が決まっていて、これは生涯変わりません。

本命星を探す場合の注意点

本命星の探し方は、先に説明したとおりです。簡単すぎて拍子抜けしたかもしれません。ただ、一点だけ注意すべきことがあります。それは年が変わる日時についてです。一般的には12月31日23時59分で1年が終わり、1月1日午前0時から新たな年が始まりますが、**九星術の考え方**

では「節分《せつぶん》」で1年が終わり、翌日の「立春《りっしゅん》」から新年が始まるとされています。この節分から立春に切り替わることを「節入《せつい》り」といいます。そのため節入りより前に生まれた方は、前年生まれとして判断します。例をあげると1992年の3月生まれの方は八白土星が本命星ですが、同じ1992年1月生まれの方は前年の九紫火星が本命星になります。

では節分、立春が誕生日の方はどうすればいいのでしょうか。2022年は2月4日午前5時51分から立春になり、五黄土星の年が始まりました。仮に立春の1分前に生まれた方は、九星術の本命星は六白金星になります。わずか1分ですが、これは基本になる考え方なので覚えてください。**ただ、筆者が1月25日〜2月10日に生まれた方を占う場合、念のため節入り前と後の両方の本命星を出すようにしています。**ごく稀ですが、出生届を出した日を誕生日と記憶していたり、誕生日を間違えているケースがあるからです。**そして両方の本命星で占った場合、より当てはまるほうの結果をお伝えするようにしています。**

ご存じの方も多いと思いますが、立春は二十四節気の1つで、季節の変化を表わす指標です。二十四節気は太陰太陽暦（旧暦）が基になっていて、地球の公転周期（1年）とほぼ同じです。しかし、暦にうるう年が設けられているように、わずかなズレが生じるため、**節分、立春の日時は年ごとに変わり、節入りも変化します。**年ごとの節入りは、万年暦や神社暦、インターネット検索等で調べてみてください。

●令和３年各人数え年・生年・九星表

六白金星	七赤金星	八白土星	九紫火星	一白水星	二黒土星	三碧木星	四緑木星	五黄土星
大正 11 99 百	大正 10 100 百一	大正９ 101 百二	大正８ 102 百三	大正７ 103 百四	大正６ 104 百五	大正５ 105 百六	大正４ 106 百七	大正３ 107 百八
昭和６ 90 九一	昭和５ 91 九二	昭和４ 92 九三	昭和３ 93 九四	昭和２ 94 九五	昭和１ 95 九六	大正 14 96 九七	大正 13 97 九八	大正 12 98 九九
昭和 15 81 八二	昭和 14 82 八三	昭和 13 83 八四	昭和 12 84 八五	昭和 11 85 八六	昭和 10 86 八七	昭和９ 87 八八	昭和８ 88 八九	昭和７ 89 九十
昭和 24 72 七三	昭和 23 73 七四	昭和 22 74 七五	昭和 21 75 七六	昭和 20 76 七七	昭和 19 77 七八	昭和 18 78 七九	昭和 17 79 八十	昭和 16 80 八一
昭和 33 63 六四	昭和 32 64 六五	昭和 31 65 六六	昭和 30 66 六七	昭和 29 67 六八	昭和 28 68 六九	昭和 27 69 七十	昭和 26 70 七一	昭和 25 71 七二
昭和 42 54 五五	昭和 41 55 五六	昭和 40 56 五七	昭和 39 57 五八	昭和 38 58 五九	昭和 37 59 六十	昭和 36 60 六一	昭和 35 61 六二	昭和 34 62 六三
昭和 51 45 四六	昭和 50 46 四七	昭和 49 47 四八	昭和 48 48 四九	昭和 47 49 五十	昭和 46 50 五一	昭和 45 51 五二	昭和 44 52 五三	昭和 43 53 五四
昭和 60 36 三七	昭和 59 37 三八	昭和 58 38 三九	昭和 57 39 四十	昭和 56 40 四一	昭和 55 41 四二	昭和 54 42 四三	昭和 53 43 四四	昭和 52 44 四五
平成６ 27 二八	平成５ 28 二九	平成４ 29 三十	平成３ 30 三一	平成２ 31 三二	平成１ 32 三三	昭和 63 33 三四	昭和 62 34 三五	昭和 61 35 三六
平成 15 18 十九	平成 14 19 二十	平成 13 20 二一	平成 12 21 二二	平成 11 22 二三	平成 10 23 二四	平成９ 24 二五	平成８ 25 二六	平成７ 26 二七
平成 24 ９十	平成 23 10 十一	平成 22 11 十二	平成 21 12 十三	平成 20 13 十四	平成 19 14 十五	平成 18 15 十六	平成 17 16 十七	平成 16 17 十八
令和３ ０一	令和２ １二	令和１ ２三	平成 30 ３四	平成 29 ４五	平成 28 ５六	平成 27 ６七	平成 26 ７八	平成 25 ８九

各マス内の１行目が元号と年、２行目の算用数字が年齢、漢数字が数え年になります。該当する生まれ年から九星の本命星を探しましょう。ちなみに令和４年（2022年）は五黄土星、令和５年（2023年）は四緑木星、令和６年（2024年）は三碧木星、令和７年（2025年）は二黒土星、令和８年（2026年）は一白水星になります

最初に本命星を探す理由

最初に本命星を探すのは、九星術の占いには本命星が欠かせないからです（本命星を探すことを、本命星を出す、本命星の盤を出すともいいます）。

「本命星」はその人の一生の運勢を表わすとされ、一生変わることがありません。占いでは「運命」や「宿命」という言葉をよく使いますが、筆者は本命星に、運命と宿命の両方が含まれていると考えています。

占いの手法的な話になりますが、**本命星で占いを行う場合、不変、不動と思われる部分（宿命の範疇《はんちゅう》）と、自分の意思や周囲の環境で変えられるもの（運命の範疇）に分け、2つの方向から考えると、判断や解釈が整理しやすくなるのでおすすめです。**

● 九星術では「運」と「命」の2つの方向から考えます

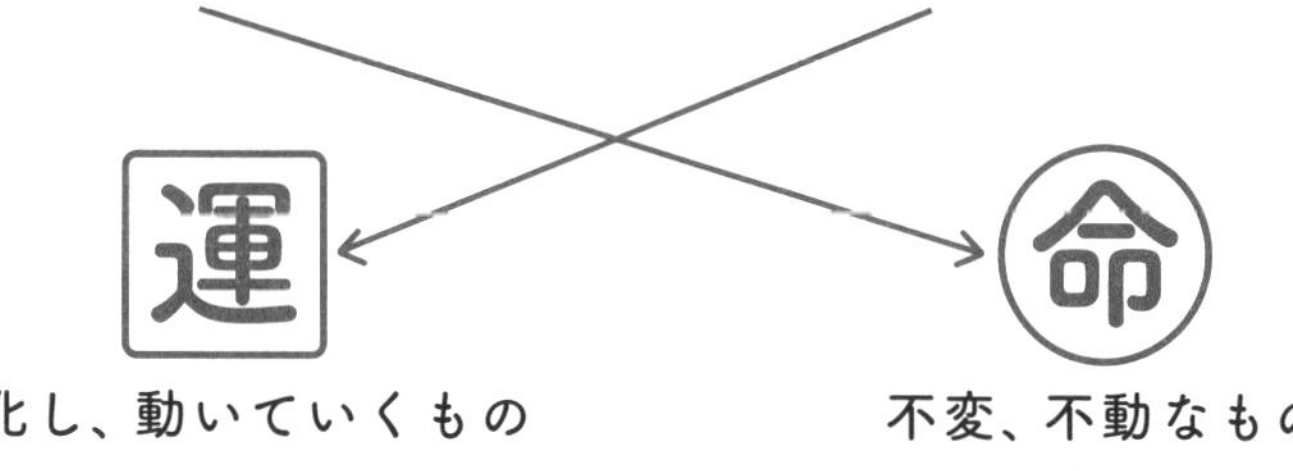

各本命星の九星盤一覧

ここでは一白水星から九紫火星まで、9種類の九星盤を掲載します。最初はこれらを見ながら練習してください。いずれは自分で後天九星盤を書けるようになりましょう。スマホで写真を撮って保存しておけば、外出先でちょっと占うときにも便利でしょう。占いも時代とともに変化していくものですし、九星術を日常的に気軽に使ってもらえればと思います。

● 一白水星の九星盤

		南		
	9	5	7	
東	8	①	3	西
	4	6	2	
		北		

九星盤は本命星を表わす数字が必ず中央になり、他の数字の並びもそれぞれの盤ごとに決まっています。本命星が順番に動くのは46～47ページで解説しましたが、各星の後天九星盤を丸暗記してもらってもOKです

● 三碧木星の九星盤

		南		
	2	7	9	
東	1	③	5	西
	6	8	4	
		北		

● 二黒土星の九星盤

		南		
	1	6	8	
東	9	②	4	西
	5	7	3	
		北		

五黄土星の九星盤

		南		
	4	9	2	
東	3	⑤	7	西
	8	1	6	
		北		

四緑木星の九星盤

		南		
	3	8	1	
東	2	④	6	西
	7	9	5	
		北		

七赤金星の九星盤

		南		
	6	2	4	
東	5	⑦	9	西
	1	3	8	
		北		

六白金星の九星盤

		南		
	5	1	3	
東	4	⑥	8	西
	9	2	7	
		北		

九紫火星の九星盤

		南		
	8	4	6	
東	7	⑨	2	西
	3	5	1	
		北		

八白土星の九星盤

		南		
	7	3	5	
東	6	⑧	1	西
	2	4	9	
		北		

⑤九星の本命星《ほんめいせい》には象意《しょうい》がある

九星術で用いる9つの本命星には、それぞれの星が持つ意味や、暗示する事象があります。これを象意といい、占いの結果を読み解き、解釈していくために欠かせないものです。

象意は本命星ごとに決まった自然現象や物質、事象を当てはめたもので、そのままの意味で解釈するだけでなく、連想されるキーワードで判断することもあります。

たとえば本命星が一白水星の人の場合、水、地下などの暗い場所、冷淡といった象意から、騒々しい場所よりも静かで落ち着いた場所を好む傾向があるのでは……というふうに読み解けます。これが意中の人が一白水星で、デートの行き先を占って欲しいという依頼だとしたら、水族館や隠れ家的なバーがすぐに連想できるでしょう。これはあくまで一例ですが、**九星術の占いは、占いたい事柄と、占う人の解釈や連想力によって常に変化します。**言い換えれば、さまざまな解釈をすることが、優れた九星術者の条件でもあるのです。そのためにも各本命星の象意を理解し、連想できる言葉を増やす必要があります。次ページから象意をまとめたので、参照して連想力を磨いてみてください。各本命星の基本解説は第三章をご覧ください。

一白水星（八卦では坎水《かんすい》）

基本的な意味

水、流動するもの、溶けるもの、沈没、入浴、水泳、泣く、おぼれる、流れる、濡れる、下、不倫、色情、多情、失恋、嘆く、秘密、刑罰、冷淡、下層階級、災害、憂愁、飲むなど

人物

中年の男性（中男という意味では次男、もしくは16〜30歳の男）、悪人、盗賊、姦淫する人、遊女、愛人、色情好き、妊婦、潜行者、外交員、知恵者（悪知恵）、死者、喪中の人、脱獄、脱走者、スパイなど

人体、病気

腎臓、膀胱、尿道、陰部、子宮、肛門、鼻孔、耳、眼球、脊椎、涙、汗、血液、精液、性病、酒毒症、生理不順、冷え性、痔ろう、心臓病（特に血に関係する疾患）、下痢、下半身の病気すべて

職種

水産業、船舶に関する仕事全般、塗装業、酒造業、酒に関する仕事（酒販店、バー、居酒屋など）、料理人、板前、クリーニング業、染めもの業、銭湯、風俗業全般、葬祭業、鮮魚店など

品物

船舶全般、液体一切、釣り具、酒の器、帯、袴、手ぬぐい（染めものの連想から）、人形、しわのある服、指輪、水晶、弓、自動車など

場所

海、川、湖、池、銭湯、プール、キッチン、トイレ、消防署、地下室、地下街、地下鉄、トンネル、洞窟、病院、医院、葬儀場、墓地など

食べもの

水に関するものすべて、酒、しょうゆ、味噌汁、吸いもの、塩、漬けもの、豆腐、鮮魚、レンコン、海苔、昆布、ワカメなど

動植物

ブタ、キツネ、モグラ、ネズミなどの地下に住む動物すべて。水辺、水中にある植物すべて。寒ツバキ、ヘチマ、ヒョウタン、キュウリなど

天気

雨、雪、寒気、霜、霧、北風、夏は水害、豪雨、梅雨、潮汐、高潮、闇夜など

時間、方角

子の年月日時。五行水性の年月日時。
新暦の12月。時間帯は午後11〜翌午前1時。
1、6がつく月日。方角は真北

数

1、6

色

黒

姓名

さんずいへんや水の意味を持つ漢字が名前に入っている人。画数は1、6

二黒土星（八卦では坤土《こんど》）

基本的な意味

大地、載せる、土、目下、卑しい、母、養う、労働、生産、営業、慈悲、謙遜、おとなしい、貞節、肝要、育成、正直、愚鈍、消極的、喪失、努力、強情、開拓、開墾、蓄積、柔和、無知、無学、下級品、色あせたものなど

人物

皇后、妃、女官、母、臣下、妻、老婆、姪、庶民、民衆、大衆など。団体、自責、助役、労働者、農夫、貧困な者、迷子、土木業従事者、寡婦など

人体、病気

腹部、脾臓、消化器のすべて、右手、血（これは皮膚から見える静脈の血の意味）、胃潰瘍、胃ガン、胃酸過多、胃拡張、嘔吐、下痢、腹膜炎、食欲不振、消化不良、食中毒、健忘症、心身症、腹の病気一般

職種

不動産業、農業、建築業、土木業、左官業、陶磁器製造販売業、農機具販売、古物商、助産師、炭焼き、雑貨店、音楽家など

品物

木綿、織りもの全般、古着、敷布、ござ、敷物類、袋、農機具、メリヤス生地の衣類、碁盤、将棋盤、米びつ、囲炉裏、灰、畳、古道具全般

場所

野原、平野、平原、田畑、農村、公園、遺跡、林、田舎町、野球場、サッカー場、光が届かない場所（暗がり）、墓地、倉庫など

食べもの

大地からとれるもの全般、ヒツジ、ブタ、ウシの肉、ようかん、タケノコなど

動植物

ウシ、ヒツジ、ヤギ、牝馬、サル、地中に住む生物（昆虫を含む）、野生の獣など、コケ、キノコ、木の根、山菜類

天気

曇り、穏やかな日、霧など

時間、方角

未、申の年月日時。五行土性の年月日時。
新暦の７、８月。時間は午後１～５時。
２、５、10がつく月日。方角は南西

数

５、10

色

黄色、黄土色

姓名

土の漢字を持つ人。画数は５、８、10

三碧木星（八卦では震木《しんもく》）

基本的な意味

春、電気、雷、雷鳴、驚き、音、音があって形がない状態、声、言語、弁舌、うそ、評判、音楽、発表、講演、読経、応答、伝言、命令、通知、尋問、談判、論争、喧嘩、詐欺、短気、計測、進行、活動的、向上、猪突猛進、成長、発見、発芽、昇る、盛大、発明、地震、火事、移動など

人物

長男、皇太子、王子、青年、祭り主、著名人、司会者、解説者、大げさに騒ぐ芸人など

人体、病気

肝臓、のど、声帯、左手、左足、親指、毛髪など、ノイローゼ、精神不安、咳、結核、恐怖症、足の病気、かんしゃく、神経痛、肝臓病、かっけ、打ち身、逆上など

職種

音楽家、楽器関係の仕事、歌手、声優、アナウンサーなどの声を使う仕事全般、講師、噺家、漫才師、浪曲師など、電気関係の仕事全般、ゲーム、パチンコなどの遊興関連、生糸生産業、造園業、植物栽培、寿司職人など

品物

楽器のすべて、音の出るものすべて、花火、火薬、ダイナマイト、拳銃、大砲、爆発物全般

場所

音に関係する場所、コンサートホール、音楽堂、講堂、放送局、電話局など、震源地、発電所、戦場、林、庭園、田畑、青果市場、生垣、夜店、急行列車など

食べもの

寿司、酢のもの、梅干し、柑橘類など酸味のあるものすべて、海草

動植物

ウマ、猛禽類、ツバメ、ウグイス、カナリヤ、メジロなど、さえずる小鳥全般、スズムシ、マツムシ、コオロギ、セミなど鳴く昆虫全般、タコ、ムカデ、クモなどの脚の多い生物、野菜、盆栽、植木、海草、竹、花、若葉、草の芽など

天気

春雷、晴れ、雷鳴、稲妻、雷雨、落雷、突風、地震、地滑り、地震を伴う噴火など

時間、方角

卯の年月日時。五行木性の年月日時。
新暦の３月。時間は午前５～７時。
３、４、８のつく月日。方角は真東

数

３、８

色

青、碧色

姓名

木へん、草かんむり、そのほか木の意味を持つ漢字の人。画数は３、４、８

四緑木星（八卦では巽木《そんもく》）

基本的な意味

風、空気、遠い、旅行、活動、成長、多忙、社交的、雇用、営業、整理整頓、理解、信用、繁栄、縁談、長期、遅れる、就職、進退、往来、迷い、往復、出入り、取引、音信、清潔、外出、舟、行き違い、考え違い、解散、整う、繰り返す、従順、衰退など

人物

長女、ヒゲのうすい人、白目がちの人、仲介者、商人、旅行者、交通、運送業の人、秀才、山間に住む人、未亡人、僧侶、神父、精神不安の人、駆け引きのうまい人など

人体、病気

股、腸、頭髪、神経、気管、食道、血管（特に動脈）、筋肉、呼吸器、ヒジなど、呼吸器の疾病、風邪、臀部の疾患、神経痛、胆石、喘息、腸の疾患すべて、毛髪や頭皮の病気、ノイローゼなど

職種

紙に関する仕事全般、紡績業、製紙業、製材業、綿糸業、工務店、大工、材木商、家具職人（以上は、長い、紙、木の意味から）、貿易業、商社マン、運輸業、信託業、通信業、通販、セールスマン（以上は、往復、信用の意味から）など

品物

木工製品全般、電線、針金、糸、ひも、縄、線香、電柱（昔は木だったのと長いの両方の意味から）、鉛筆、マッチ、ブランコ（往復の意味）、手紙、はがき、扇風機、うちわ、送風機、エアコン、空気清浄機など

場所

道路、線路、材木置き場、飛行場、船着き場、神社仏閣、畑や果樹園、森林公園、橋（関連して川）など

食べもの

うどん、そば、パスタ全般、ラーメン、ウナギ、ドジョウ、アナゴ、ネギ、細長い野菜、肉の薫製など

動植物

ヘビ、ミミズ、ウミヘビ、トンボ、キリン、ツル、チョウ、ニワトリなど（長い、飛ぶの意味から）、植物全般、アサガオ、ヘチマなど蔓のあるもの、柳、杉、栗、蘭、ユリ、バラ、ブドウなど

天気

風、雲は多いが雨は降らない。秋は台風、冬は吹雪など

時間、方角

辰、巳の年月日時。五行木性の年月日時。
新暦の４、５月。時間は午前７～11時。
３、５、８のつく月日。方角は南東

数

３、８の基本数

色

青、青緑色

姓名

木へん、草かんむり、木のついた漢字を持つ人。
画数は３、５、８など

五黄土星（八卦に相当するものはありません）

基本的な意味

土、大地、天変地異、破壊、腐敗、慢心、古い悪習、病気（伝染病）、中毒、膿、熱、火災、死、破滅、破産、故障（使用不能）、事故、詐欺、窃盗、全滅、無礼、迷信、脅迫、困窮、強欲、不景気、うそ、反逆、惨虐、酒乱、喧嘩（死闘）、葬式、絶望、失業、家庭内暴力、景気の分岐点

人物

帝王、大統領、総理大臣、社長、支配人、理事長、会長、悪徳高利貸し、無頼漢、悪漢、半グレ、暴力団、泥棒、指名手配犯、凶悪犯、他殺体、自殺者、病死体、死刑囚、ホームレスなど

人体、病気

脾臓、五臓、脾臓の病気、肝臓、心臓、腎臓の病気、脳溢血などの脳障害、がん、浮腫、便秘など

職種

肥料油脂製造業、公共交通機関関連、解体業、金融業、不動産業、古物商、リサイクル業、葬祭業、清掃業、廃品回収業、下水処理業、食肉解体業など

品物

骨董品、中古品、再生品、売れ残り品、キズ物、壊れたり腐ったもの、荒れた家、そのほか、役に立たなくなったものなど

場所

古戦場跡、城跡、墓地、火葬場、火事の現場、ごみ集積場、荒れ地、耕作不能地、トイレなど

食べもの

粗悪な食品全般（腐敗したもの、カビたもの、売れ残り、食べ残し、粗末な食事など）、出汁をとった殻、醗酵食品（納豆、味噌、チーズなど）

動植物

猛獣類すべて、毒ヘビ、毒魚、人体に害を及ぼす昆虫類、毒草、毒キノコ類

天気

曇り、天気の悪化、大荒れ、大地震、巨大台風、大津波など

時間、方角

該当なし

数

5、10

色

黄色

姓名

該当なし

六白金星（八卦では乾金《けんきん》）

基本的な意味

天、充実、完了、終末、収穫、完璧、充満、球、円、富豪、名誉、権威、役所、官庁、法律、権利、裁判、刀剣、剛金、闘争、上等、高級、上品、正直、財産、全盛、晩年、剛健、堅固、尊敬、崇拝、高貴、向上、老成、政治、傲慢、先祖、光、模範、頂上、サミット、上、大きい、長い、広い、壮盛、純粋、活動、激する、強い、暴力など

人物

天皇、大統領、首相、大臣、社長、父、夫、主催者、頭領（棟梁）、役人、軍人、資本家など、一切の長、欲張りな人、老人など

人体、病気

頭、頭部・首・骨一切、呼吸器（肺、心臓を含む）、熱や浮腫のある病気、頭痛、骨折、めまい、逆上、心神喪失、皮膚病、脳溢血（脳梗塞）、神経過労など

職種

社長、役人、軍人など、自動車関連、航空関連、時計、貴金属、宝石、ガラス、鏡関連、羊毛、皮革、絹織物、真珠などの販売や製造すべて、法律家、証券関連、守衛、易者など、ほかに生命保険関連、すべての乗りものの運転手など

品物

宝石、貴金属、時計、指輪、首飾り、冠など、大きな刃物、汽車、電車、自動車、飛行機、銃砲類、ミシンなど、ほかに証券、手形、小切手、帽子、鏡、ガラス、傘、手袋、靴下、高級衣類、羽織、外套など

場所

神社仏閣、城のすべて、教会、官公庁の建物すべて公のものとして、劇場、学校、博物館、繁華街など、山の手の住宅街といった高台の地域、城壁、競技場一般、駅、名所旧跡、楼閣など

食べもの

穀物類（白米、大麦、大豆など）、栗、果実、氷、固いもの（カツオ節など）、高級料理、珍味、辛みが強いものなど

動植物

龍、ウマ（特に駿馬）、ライオン、トラ、犬（従順、素直の意味から）、イノシシ、鳳凰など、薬草、秋に咲く花（キク、リンドウなど）、果樹全般

天気

晴天、青空、みぞれ、雷、春には寒気、夏には猛暑や夕立、秋は秋晴れ、冬には厳寒など

時間、方角

戌、亥の年月日時。五行金性の年月日時。
新暦の10月、11月。時間は午後7～11時。
方角は北西

数

4、9

色

白、白金の色、黒みがかった赤色

姓名

金へん、金、円、大などの漢字を持つ人。
画数は1、4、9

七赤金星（八卦では兌金《だきん》）

基本的な意味

潤い、恵み、口、柔、対決、挫折、講習、趣味、狭量、現金、金談、利息、食事、笑い、一家団らん、口論、雄弁、説明、社交、色事、華やか、散財、誘惑、贅沢、喜ぶ、嘆く、歌う、舞踊、刃物一般、刀剣、手術、お世辞、中傷、頑迷、欲、盗難、媚びる、など

人物

少女、愛人、芸者、女中、妊婦、低能、講演者、巫女、不良少女、怪我を負った女性

人体、病気

口、肺、歯、膀胱、女性器など、口内疾患のすべて、胸部疾患のすべて、生理不順、神経衰弱、切り傷、打撲、性病、HIVなどの性感染症など

職種

講演家、食品卸業、飲食店、レストラン、喫茶店経営、弁護士、歯科医師、占い業、ハンドバッグなどの袋物製造業、花柳界、芸能界、銀行、貸金業などの金融全般、外科医師、刀剣、刃物に関係する業務

品物

刃物、ナイフ、フォークなど、医療器具、工具、文具、鍋、釜、バケツ、半鐘、吊り鐘など

場所

歓楽街の飲食店、バー、キャバレー、スナックなど、そのほかの飲食店、講演会場、講堂、結婚式場、ディスコ、クラブ、遊技場などの社交関係全般、沢、沼、くぼ地、谷、水際、溝、穴、塹壕、井戸など、養鶏場、鶏小屋など

食べもの

鶏肉、焼き鳥、卵、そのほかの鳥にまつわる食べもの

動植物

ヒツジ、サル、ヒョウ、水鳥の類、秋に咲く花全般、沼地や水辺に咲く花全般

天気

秋の天気全般、西風、雨、荒れ模様、たそがれ、星、新月など

時間、方角

酉の年月日時。五行金性の年月日時。
新暦の９月。時間は午後５～７時。
２、４、９のつく月日。方角は真西

数

４、９

色

白

姓名

口へん、金へんの漢字がある人。画数は２、４、９

八白土星（八卦では艮土《ごんど》）

基本的な意味

止める、やむ、行き詰まり、停止、断念、打ち切り、中止、完了、閉店、廃止、全滅、返品、断る、始める、開始、よみがえる、新規、復活、革命、改革、接続、後退、引継、つなぎ、古い問題、節、変化、集積、穏和、親切、祖先、富豪、障害、渋滞、守る、待つ、相続、高い、握る、迷うなど

人物

小男（少年）、子ども、幼児、肥満の人、強欲な人、貯蓄家、銀行員、ホテル従業員、アパート、マンションの管理人、駅員、裏切り者、不運な人など

人体、病気

背中、腰、関節、関節の付け根、こぶ、盲腸、頭、骨、男性器、鼻、腰痛、リュウマチなどの関節の痛み、肩こり、鼻炎、小児マヒ、半身不随、手足の病気など

職種

銀行、金融関連、旅館、ホテル関連、建築業、不動産業、僧侶、駅員、家具製造業など

品物

積み重ねたもの、つなぎ合わせたもの、連続したもの、重箱、屏風、テーブル、机、門戸、布団、墓石、印鑑など

場所

建物と建物の間、高層建築物、物置き、宿泊施設、高台、土手、堤防、石段、玄関、門、階段、墓地、道路の突き当たりにある家、トンネル、交差点、神殿、神社仏閣、高所、丘、行き止まりの路地など

食べもの

牛肉、もなか、数の子、たらこ、すじこ、イクラ、団子、燻製食品、塩づけ食品、漬けものなど

動植物

シカ、ヤマドリ、ウシ、トラ、ツル、ネズミ、シマウマ、犬、動物の群れ、樹木、竹、シイタケ、ジャガイモ、ヤマイモ、ユリなどの球根類や群れているものすべて

天気

曇り、天気の変わり目、晩冬、山にみる霧、山嵐など

時間、方角

丑、寅の年月日時。五行土性の年月日時。
新暦の１、２月。時間は午前１～午前５時。
２、５、10のつく月日。方角は北東

数

５、10

色

黄、黄土色

姓名

土、または山の漢字を持つ人。画数は５、７、10

九紫火星（八卦では離火《りか》）

基本的な意味

神、最高、上流階級、政治、顕示、知識、学問、教育、知恵、知能、聡明、名誉、全盛、熱、光、輝く、炎、火事、類焼、乾燥、明らか、露見、移動、流行、つく、離れる、二心、気迷い、移り気、離別、離散、分裂、切断、手術、裂ける、紛争、戦争、対立、喧嘩、立腹、目、視力、観察、鑑識、優美、栄転、お祭り、結婚式、祝詞、賭博、診察、読書、測量、興行、出版、裁判、判決など

人物

主君、学者、知恵者、美人、中年女性、医師、鑑定士、名誉職、参謀、顧問、理事、審判、裁判官、監督、作家、看守、試験官、美容師、眼科医、官吏、未亡人、浮気者、放火犯、正装の人、双子、文人、才学の人、軍人など

人体、病気

赤い、中空の意味から……心臓、眼、脳、耳、血、心臓病、頭痛、眼病、失明、近視（乱視、遠視、色覚障害を含む）、精神疾患、高熱、悪寒、やけど、脳溢血、日射病、高血圧など

職種

証券業、イベント業、出版業、文具関連、広告宣伝関連、理美容師、化粧品関連、医療関連、美術関連、眼科医、裁判官、警察官、作家、新聞記者、神主、牧師など

品物

社債、国債などの各種有価証券、証書、書籍、手紙、推薦状、契約書など文書関連すべて、表札、紙幣、勲章、テレビ、モニター、眼鏡、電灯など光に関するものすべて、乾いたもの、武道具など

場所

官公庁、市役所、交番、消防署、議事堂、公民館、デパート、劇場、映画館、学校、図書館、書店など本が多いところ、大学、学校、教会、布教所、祈祷所、寺院などの神社仏閣、選挙会場、宴会場、噴火口、かまど、炉など火のあるところ、灯明など仏壇神棚の前など

食べもの

海苔、乾物、馬肉、すっぽん、貝類、彩りが鮮やかな食材、ワイン、ウイスキーなどの洋酒

動植物

クジャク、キジ、七面鳥、オウム、インコなどの羽根が美しい鳥、金魚、亀、エビ、カニ、ハマグリ、ハチ、カメレオン、植物ではサルスベリ、ボタン、シャクヤク、ナンテン、モミジといった美しい赤色の植物

天気

太陽（夏なら日照り）、晴天、日中、暑い、暖かい日、虹、みぞれ、雷、稲妻など

時間、方角

午の年月日時。五行火性の年月日時。
新暦の６月。時間は午前11～午後１時。
２、３、７のつく月日。方角は真南

数

２、７

色

赤、またはそれに類する色

姓名

火へんの漢字、十や中のように縦棒が入った漢字がある人、画数は２、３、７

⑥八卦《はっけ》の宮《きゅう》の象意《しょうい》について

九星の本命星と同じように、八卦の宮にもそれぞれ象意があります。ここまで何度か説明してきたように、九星と八卦は共通している部分が多く、**八卦の宮の象意も対になる九星の本命星の象意とよく似ています。**それぞれ別々に覚えようとすると大変ですが、乾＝六白金星＝貴金属の原石、高級、丸い……。兌＝七赤火星＝口、恋愛、お金……という具合に、連想ゲームのようにすれば、案外すんなりと覚えられるでしょう。もちろん、覚えられるまではこの解説をぜひ参考にしてください。

次ページからあげている宮が司る象意は、代表的なものですが、何もこれらだけが象意というわけではありません。占いたい内容に合わせてあなた自身が、よりぴったりくる象意を増やし、判断に加えていってください。

なお九星の五黄土星に当たる中宮（真ん中の宮）の象意は掲載していません。八卦の解説でもふれましたが、もともと八卦には五黄土星に相当する宮がないからです。後ほど解説する命占術の傾斜法には、中宮傾斜というケースがあるため、そこでは中宮の象意に触れています。ただし九星術の流派によっては、認めない場合もあるので注意してください。

乾《けん》　九星でいうと**六白金星**

- 方位……北西（戌、亥）
- 季節……晩秋～初冬
- 時間……19～23時頃
- 形状……大きくて丸いもの
- 色……白
- 家族でいうと……父親

乾はすなわち金で、加工前の原石や鉱石の状態です。乾宮は「天」や「太陽」を司る宮で「高い」、「尊い」や「成功」、「完成」というを意味を持っています。組織の役職を例にあげると社長やリーダーであり、一家では家長である父親に当たります。天は大変高い位置にあるため、崇高、神聖な存在という意味も生じ、寺社や教会、聖堂といった神仏に関係する場所も示しています。

基本的な意味　天、空、太陽、父親、祖父、先祖、貴金属の原石、鉱石、丸い、充実、上司、権力、神仏、高級品、上等、健やか、多忙、施し、成就、完成、威厳、至高、神聖　**天気**　晴天、青空、寒晴　**場所**　大都市、都庁、県庁などの庁舎、市役所、神社仏閣、教会、コンサートホール、高層マンション、スタジアム、繁華街、ターミナル駅　**人物、職業**　首長、知事、議員、社長、学者、指揮者、父、夫、僧侶、弁護士、税理士などの士業、エンジニア、貴金属商　**身体、健康**　頭部、脳、骨格、心臓、左肺、血圧、皮膚病、めまい

兌《だ》　九星でいうと**七赤金星**

- 方位……西（酉）
- 季節……秋
- 時間……17～19時頃
- 形状……凹んだもの、欠けたもの
- 色……赤、朱
- 家族でいうと……末娘

兌はすなわち沢で、河川湖沼《かせんこしょう》に通じています。河川湖沼には水を飲むために生物が集うように、兌宮では争いのない「和悦《わえつ》」を意味しています。川や池は他の場所よりもくぼんでいるため、水が流れたり溜まったりします。このくぼみから連想して「欠ける」、「不足する」という意味や「集まる」、「溜まる」といった意味もあります。また、兌は口を象徴しているため、口にまつわることや飲食の意味を持っています。

基本的な意味　恋愛、歌、笑い、飲食、ブランド品、刃物、少女（幼女）、秋、喜び、嘆き、金銭、甘言、愛嬌、娯楽、遊興、欠陥　**天気**　晴れのち雨、変わりやすい天気、夕焼け、日没、西風、新月　**場所**　沢、谷、くぼ地、井戸、ため池、沼、溝、側溝、井戸、養鶏場、飲食店、歓楽街、結婚式場　**人物、職業**　銀行員、歯科医師、歯科技工士、通訳、翻訳者、語学講師、歌手、芸能人、ホステス、金融業全般、飲食店経営、貴金属商、サービス業　**身体、健康**　口、唇、歯、のど、肺、呼吸器、気管支、舌、女性器、血液、心臓、循環器

離《り》 九星でいうと**九紫火星**

- 方位……南（午）
- 季節……夏
- 時間……11～13時頃
- 形状……三角形、船形、うろこ形
- 色……紫
- 家族でいうと……次女

離はすなわち火で、真夏の、正午の太陽を表わし、血気盛んなようすを意味しています。太陽は「明るい」、「華やか」、「派手」といった意味に加え、これまで見えなかったことが明るみに出るため「発見」、「露見」という意味もあります。これを昇華させていくと「芸術」や「美術」につながり、「知性」や「学問」にもつながる意味になります。悪い意味では、燃料がなくなると火は消えるため「離別」につながったり、燃え盛るため「争い」が起きやすく、「熱を帯びて」激化しやすいといったことも表わしています。

基本的な意味 知性、名誉、貴重、芸術、美術品、政治、学問、教育、火、光、離別、争い、発見、解雇、対立、高慢、装飾、栄転、結論、先見の明、投機
天気 快晴、暑い日、温暖、南風、かげろう、虹
場所 都会、日差しが強い場所、観光地、景勝地、裁判所、警察署、消防署、美術館、文具雑貨店、デパート、図書館、博物館 **人物、職業** 成人女性、中年の女性、文化人、芸術家、教育者、講師、コンサルタント、医師、美容師、俳優、デザイナー、販売業
身体、健康 目、心臓、血、脳、乳房、頭髪、顔、血圧

震《しん》 九星でいうと**三碧木星**

- 方位……東（卯）
- 季節……春
- 時間……5～7時頃
- 形状……音だけが聞こえて形がない状態
- 色……青、碧
- 家族でいうと……長男

震はすなわち木。ここでいう木は若木や、芽生えたばかりの植物を表わしています。よって震宮の意味には「若さ」、「成長」、「希望」と「焦り」、「過失」、「失望」といった両面を持ちます。「若さ」、「成長」は文字どおり若々しい樹木が伸びることから。「希望」は成長した樹木に実る果実や、木材としての価値への期待から。「焦り」、「過失」、「失望」は伸びすぎると枝葉を切られてしまったり、しっかり根を張る前に枝を伸ばし過ぎると、根が浮き上がって枯れてしまうイメージから。

基本的な意味 発展、成功、光、音、声、通信、発明、若者、青春、精神、樹木、発芽、若葉、進取の気性、雷鳴、現れる、騒音、騒動、喧嘩、楽器、電気、移転、演説、舵、激怒 **天気** 雷、地震、噴火、春雷、にわか雨、津波、嵐、竜巻 **場所** 震源地、戦場、原野、門戸、発電所、放送局、劇場、八百屋
人物、職業 長男、若者、歌手、アナウンサー、後継者、詐欺師 **身体、健康** 足、のど、肝臓、神経、気管支、脛、ノイローゼ、精神疾患全般、リウマチ、関節部の打ち身

巽《そん》　九星でいうと**四緑木星**

- 方位……南東（辰、巳）
- 季節……晩春から初夏
- 時間……7～11時頃
- 形状……長い物、整った像
- 色……緑がかった青
- 家族でいうと……長女

巽はすなわち風であり、あちこちから自由自在に吹くため「自由」、「早い」、「侵入」といった意味を持っています。また、風は植物の種を運んだり、便りを司ることから「通信」、「交通」、「旅行」、「成長」、「整う」という意味があり、話を広めたり伝えたりすることが得意で、また人の往来が多い場所や、人が集まる場所を好みます。震も木を表わしますが、巽の木は成長した樹木であり、寺社や橋のように、木を多く用いた木造建築物も含んでいます。

基本的な意味　風、信用、営業、取引、呼吸、結婚、縁談、整理整頓、遠い、評判、取引、縁談、結婚、精神、旅行、人の往来、広報、報告、宣伝、従う、交通
天気　風、強風、季節風、曇り、雲
場所　道路、森林、線路、駅、玄関、木造建築、ログハウス、放送局、郵便局、旅館やホテル、草原、林、田園、遠方、電車
人物、職業　頼りになる女性、姉御肌、美容師、理容師、カウンセラー、IT技術者、林業、家具職人、タクシーやトラックのドライバー、電車の運転士、パイロット、結婚相談所関連、広告代理業、旅行業
身体、健康　太もも、臀部、腸、毛髪、皮膚、股、左腕、食道、動脈、神経、感染症

坎《かん》　九星でいうと**一白水星**

- 方位……北（子）
- 季節……冬
- 時間……23～翌1時頃
- 形状……不定形、穴のあるもの、穴が開いたもの
- 色……白、黒
- 家族でいうと……次男

坎はすなわち水であり、八卦の宮の意味には「陥る」、「悩み」、「苦労」、「交わり」などがあります。水は高い場所から低い場所へ流れるため、傾く、下る、流れ落ちるといった動きがあります。また、水は不定形なので、どんな容器にもぴったり収まり、さまざまな形に変化できるので、柔軟性に富んだ、変化の象徴とも受け取れます。「陥る」は落ちる、下るなどの意味から。「悩み」は、水がこぼれると元には戻せない意味から。「苦労」は、水は生物に必要なものだけれど、なかなかそのありがたみを感じられにくい意味から。「交わり」は、雨や湧き水が集まって川となり、海に注ぐ意味から。

基本的な意味　水、川、池、湖、泉、海、液体、子ども、部下、睡眠、研究、交際、情事、秘密、援助、裏、失意、失恋、怨恨、失せもの、色欲、隠れたもの、性行為、再生、夢、裏切り、忍耐、スピリチュアル、精神、始動、落とし穴
天気　雨、梅雨、霧、雪、高波、高潮、洪水、寒気、湿気
場所　水辺、寝室、浴室、台所、裏口、トイレ、倉庫、暗所、路地裏、洞窟、ダム、浄水場、ガソリンスタンド、酒蔵、歓楽街
人物、職業　中年男性、次男、漁業、水産業、飲食業、水商売、妊婦、泥棒
身体、健康　耳、腎臓、生殖器、泌尿器、目、鼻、耳、妊娠、流産、冷え

艮《ごん》 九星でいうと八白土星

- 方位……北東（丑、寅）
- 季節……晩冬～初春
- 時間……１～５時頃
- 形状……凸型
- 色……灰色、こげ茶
- 家族でいうと……末息子

艮はすなわち山であり、艮宮には「止まる」、「阻む」、「断つ」といった意味があります。これらは高い山を前にして、歩みを止める様子を表わしています。一方で、「始める」、「改める」といった意味もあり、これは高い山頂に意を決して挑むさまや、ルート変更して進むといった様子からきています。性質的には土というよりも硬い岩に近く、同じ土（大地）の象意を持つ坤よりも変化に乏しいです。そこから「意志の強さ」、「蓄財」といった意味も表わしますが、その反面、頑固で融通が利かないといった意味もあわせ持ちます。

基本的な意味 親子関係、年下の兄弟、親類縁者、親しい友人、不動産、山、故郷、相続、曲がり角、終始、変わり目、高い、蓄積、後継者、改革、終点、復活
天気 立春、曇天、気候変動、季節の変わり目
場所 山、高台、丘、小屋、家屋、倉庫、アパート、マンション、ホテル、駅、駐車場、階段、歩道橋
人物、職業 子ども、子どもっぽい人、兄弟、友人が多い人、背が高い人、太った人、資産家、不動産業、建設業、土木業、古物商、リサイクル業、警備員
身体、健康 腰、背中、鼻、手足の指、右半身、関節、背中、耳、盲腸

坤《こん》 九星でいうと二黒土星

- 方位……南西（未、申）
- 季節……晩夏、初秋
- 時間……13～17時頃
- 形状……平方、正方形、長方形
- 色……灰色、黄土色、または黒
- 家族でいうと……母親

坤はすなわち地であり、八卦の宮の意味は平らな大地や田畑になります。また、易経にある象意から「従順」、「素直」、「実直」といった言葉も当てはまります。母性にあふれ生み育てるという意味が強いです。また、天地という言葉がありますが、天に比べて地は卑しいとされ、二流、粗末、地味といった意味も生じます。「従順」、「素直」は目立たず平凡ですが、穏やかな性質を意味しています。「実直」は何か１つのことを継続する、努力、忍耐の意味。坤が意味するのは開けた大地で、草原や平野のイメージです。よって性格も穏やか、のんびり、平凡、地味といった印象になります。

基本的な意味 家庭、仕事、母、妻、優しさ、努力、忍耐、労働、勤勉、鈍重、養育、従順、物思い、温厚、丁寧、慈愛、怠惰、二流、大衆、四角い、土
天気 曇、風がなく穏やかな日、霧、霜
場所 大地、地球、平地、田園、農地、古い家、母屋、土蔵、講堂、寝室、物置き **人物、職業** 母親、妻、祖母、老女、伴侶、農夫、職人、看護師、助産師、保育士 **身体、健康** 胃、腹部、腸、消化器官全般、へそ、消化不良、右腕、皮膚病、腫れもの

第三章

本命星ごとの基本的な性格

一白水星《いっぱくすいせい》

一白水星はどんな星？

一白水星のわかりやすいイメージは水です。水はどんな容器に注いでも、その形にぴったり合うため、柔軟性、従順性があります。また温度変化で氷にも水蒸気にもなるので、周囲の環境で変化しやすいといえます。さらに、水は大多数の生物にとって必要不可欠であり、大きな船を浮かせたり運んだりもできますが、ひとたび荒れると大雨や洪水にもなるように、**柔軟な面と荒々しい面の両方を備えています。**

一白水星を表わすと……

＊五行では……水

＊十二支では……子《ね》

＊季節では……冬（12 月）

＊時刻では……23 時から翌午前 1 時

＊色では……黒

＊方位では……北、子の方位

一白水星は、八卦の坎水《かんすい》に相当する星。坎はくぼみや穴のことで、八卦では水、雨、雲を表わします。ですから、水の性質（水の精）を持っています

● 一白水星の九星盤

南

	9	5	7	
東	8	1	3	西
	4	6	2	

北

一白水星の基本的な性格

- 思考が常に先行する「思考型人間」
- 自分が置かれた環境に素早く順応していけるタイプ
- 何事にも熱心に取り組むが、自分の限界を感じると突然やめがち
- 苦労性で神経質。こだわりも強いため強情だと思われやすい
- 表には出さないが、実は気位が高く簡単に妥協しない
- 自分が持っている才能を活かした仕事ができれば長続きしやすい
- 恋愛ではトラブルを起こしやすい人が多い。アプローチはしつこい系
- 経済的には困窮することは少ないが、大金持ちになる人も少ない
- 男性は孤独を好む傾向あり。女性は献身的な人が多い
- どちらかといえば中年運で、40 歳代に大きなチャンスが訪れる

この年の生まれの人は「一白水星」

大正 7 年、昭和 2 年、昭和 11 年、昭和 20 年、昭和 29 年、昭和 38 年、昭和 47 年、昭和 56 年、平成 2 年、平成 11 年、平成 20 年、平成 29 年、令和 8 年、令和 17 年、令和 26 年

一白水星の仕事・事業運

水が高所から低所へ常に一定方向に流れることから、一白水星の仕事・事業運はコツコツと実績を積み上げていく努力家タイプだといえます。

面倒な仕事や問題がある仕事であっても、持ち前の責任感の強さと、頼まれたらイヤと言えない性格から、しっかりと完遂していけるでしょう。若いうちから信頼を得て、仕事に前向きに取り組む方が多いです。

また、故郷を離れての仕事は大吉です。もしなじみのない土地への転勤や転居の話が出てきたら、吉運が向いてきたと考えてください。

若いうちの仕事運はかなり問題が多いですが、努力すれば夢は叶うという言葉を胸に刻んで頑張り続ければ、中年以降になってから活躍できそうです。

若い頃にうまくいかなかったことが経験になり、常にどうすればいいか考えることで問題や困難を乗り切れるでしょう。

一白水星の本質である水は、交友や交わりを意味するので、交渉ごとや仲介を行う仕事や、小売業に向いている星です。

一白水星の金銭運

生まれつき金銭には不自由しない運にあるとはいえ、一白水星の本質は水なので、油断するとお金が湯水のようにどんどん流れ出ていきます。とくに一攫千金をねらったり、働かずに儲けようなどと企てることには、まったく向いていません。コツコツ働いて稼いでいくのが、一白水星にとってお金持ちになる一番の近道です。

中年期になると、これまでの努力が思いがけない形で開花するでしょう。事業を起こした場合、責任感の強さから多くの信頼を得て、業績は晩年まで安泰になることが多いようです。

一白水星の恋愛・結婚運

一白水星には冷静な部分があるので、身も心も燃えるような大恋愛とはあまり縁はないと思います。ですが恋愛が苦手というわけではなく、人知れず隠れた恋愛という場合が多いようです。

たとえば周囲に付き合っていることを知らせないまま結婚したり、恋人になるまでは、互いにさりげなく会話を交わすだけだったのが、いつの間にか男女の関係に発展したり……と、他の人から見れば、地味と思われるような恋愛が多いかもしれません。

一白水星の人は、一度相手を好きになると相手にもそれなりの見返りを求める傾向があり、結婚によって二人の関係は大きく変化します。ただし、恋愛において押しが強過ぎるとうまくいかず、別れやすくなるので注意が必要です。

また恋人や結婚相手という、一般的な関係性にこだわらない面が表に強く現われれば、一白水星の強引さが強まり、同棲状態のまま何年(何十年というケースも!)も過ごしたり、結婚後にはいきなり別居生活をして、別の相手と暮らしたりする可能性もあり得ます。いずれも一人だけの問題ではないので、必ず相手と話し合ったほうがうまくいくでしょう。

一白水星ともっとも相性がいいのは、六白金星、七赤金星、一白水星。次いで九紫火星です。

一白水星の家庭運

家庭運は基本的にあまり恵まれた運ではないとされています。幼い頃に親が離婚したり、死別したりしている場合だけでなく、両親が健在であっても、どこか家族から孤立していたり、何らかの事情で家族と離れて暮らした経験がある方が多く、寂しい環境で過ごした傾向が強いです。

これは九紫火星（118ページ）の月に生まれたり、傾斜宮で離宮傾斜（傾斜法については第五章で解説します）である場合と大変よく似ていて、いわば宿命的なものと考えましょう。

あるいは、高齢になった親族を介護して自身の婚期を逃したり、いろいろな要因があるかもしれません。自らを犠牲にして家族を守ろうとしますが、あまりやり過ぎると家庭環境に亀裂が生じるので注意してください。

一白水星の健康運

一白水星は水の精を持つので、水に関する点に注意してください。特に泌尿器、生殖器、腎臓の病気には要注意です。さらに耳鼻咽喉の病気、不調。女性でお子さんを望まれている方は冷え性に注意してください。また水分やアルコールの意味もあるので、脱水症状や下痢、お酒の飲み過ぎにも注意が必要です。

身体はそれほど丈夫ではないので、なるべく無理をしないで過ごすべきです。

一白水星の人の生きるヒント

一白水星は「水」の性質を持っています。地球上の多くの生き物は、水がなければ死んでしまいます。その意味でいうと「恵みの水」なのですが、時として大雨や洪水、津波といった「水害」となって、人類が築いてきたさまざまな物を壊し、無に帰す力も持っています。

自分の中には、「水」のような大いなる力が秘められていることを忘れずに。

一白水星の お手軽 開運法

一白水星の方が開運する方法として、おすすめのパワーストーン（よりよい方向へと導いてくれるお守り）を紹介します。

石を用いた開運法自体は、効力が強くないのですが、そのぶん持続性に優れているので、ぜひ一度試してみてください。

おすすめのパワーストーン

輝きが美しい石、たとえば「水晶」や「ムーンストーン」、さらに「ホワイトハウライト」をブレスレットやペンダントとして、常に身につけてください。

これらの石は、一白水星の方に巣くう不安を取り除き、強い意志を持たせるとされるものです。生きることに疲れたときに、力を授けてくれるでしょう。

二《じ》黒《こく》土《ど》星《せい》

二黒土星はどんな星？

二黒土星は八卦でいうと坤土《こんど》で、母なる大地を意味しています。大地は天と一体になって大自然を育んでいくのですが、天の太陽が照らした光を大地が受けて、動植物を育てていく。**そこには大きな慈しみがあります。**

さらに大地は天から降る雨や雪を自身で受ける大らかさ、柔軟さを持っているといえます。ゆえに二黒土星は、ものを育むことに長けている星です。

二黒土星を表わすと……

＊五行では……土

＊十二支では……未《ひつじ》、申《さる》

＊季節では……7月、8月（新暦）

＊時刻では……13 ～ 15 時、
15 ～ 17 時

＊色では……黄、黄土色

＊方位では……南西、未・申の方位

二黒土星は、八卦の坤土《こんど》に相当する星で、自然界では土や地、人では母を表わします。易の世界では母なる大地の意味を持っています

● 二黒土星の九星盤

		南		
	1	6	8	
東	9	2	4	西
	5	7	3	
		北		

二黒土星の基本的な性格

- 基本的に地味でおとなしい「慎重型人間」
- 外面は柔らかく人当たりもよい。反面、芯の強さを持っている
- 何をするのにも地固めをして、ゆっくり動き出す傾向がある
- 慎重なため後手に回りやすく、先手必勝を得意とする相手は苦手
- 決断が苦手で優柔不断なところがある
- 組織のトップよりも参謀的なポジションで能力を発揮しやすいタイプ
- 女性は良妻賢母といわれる人が多い。男性も人を育てる仕事に適性がある
- 与えられた仕事をきっちりこなす反面、新しい物事に挑戦する気概はあまりない
- 倹約家だが、場合によってはケチと見られることがある
- じっくり堅実に人生を歩むため、50歳以降の晩年期が吉運

この年の生まれの人は「二黒土星」

昭和元年（大正15年）、昭和10年、昭和19年、昭和28年、昭和37年、昭和46年、昭和55年、平成元年（昭和64年）、平成10年、平成19年、平成28年、令和7年、令和16年、令和25年、令和34年

二黒土星の仕事・事業運

二黒土星は母性愛の星なので、地道にコツコツとやっていく仕事であれば、どんなものでも向いているでしょう。面倒見がよく、人の和を尊ぶところがあるため、組織のナンバー2や秘書に向いています。また、職業では農業も合っている星です。

若いうちは収入が少なくても、一攫千金をねらったギャンブルや大きな投資に手を出さないほうが安全でしょう。さらに長期的視野に立って自分を判断したほうがよい星でもあります。

自分には何ができるのか、自分は何に向いているのかを若いうちから考え、資格を取ったり技能を習得するといいでしょう。あるいは、二黒土星の象意《しょうい》（本命星に関係する事象や性質、縁のある物事）に合った庶民的な環境に身を置いたり、大衆的な仕事に就いたほうがよいかもしれません。

たとえば、スーパーマーケットやショッピングモールに関わる業務やアパレル、衣料品関連、あるいは不動産に関わる仕事であれば、やりがいを見つけやすいでしょう。

二黒土星の金銭運

お金に関しても基本的にコツコツやっていくタイプなので、若いうちに大きな金額を動かすことはないでしょうし、できないかもしれません。順調に財を築いて40代を過ぎ、50代になる頃には、まとまった資産を手にしていて、大きな金額を動かすことにも慣れているでしょう。ただし同情やうっかりミスで大きな損失を被ったりする場合があります。

お金を大切にする気質が強いので、地道にやりくりしていけば、それなりの資産を手にすることができるでしょう。

二黒土星の恋愛・結婚運

二黒土星の性質を考えると、静かに愛する、相手を想うといった恋愛観を持っているケースが多いです。浮ついたゲーム的な恋愛ではなく、広く浅くでもない、深く狭い範囲で相手を心から愛するといった、やや重めの恋愛になるでしょう。ですから勢いでどんどん進展するといった雰囲気はなく、気の利いたセリフで口説く、お洒落な恋愛トークなどもほぼ無縁でしょう。その代わりに、あなたの誠意を心から理解し、感じ取ってくれた相手と出会い、よき伴侶になってくれるでしょう。

恋愛が始まると献身的に相手に尽くすのが特徴。しかしそれが押し付けにならないように注意してください。必要なのは「親しき中にも礼儀あり」の精神。何事においても明確にするところは明確にする。そして相手にちゃんと伝えることが大切です。

また、お見合いがきっかけで結婚まで進むケースも多いです。結婚後は家庭的な面がほどよく表われてよき父、よき母になれると思います。

二黒土星と相性がもっともいいのは、九紫火星。次いで一白水星、二黒土星、五黄土星、八白土星の順です。

二黒土星の家庭運

家庭運はすこぶる良好です。ご両親からの愛情をふんだんに受けて育てられた経験から、家族や親戚付き合いが多い相手と結婚しやすいといえます。

ですが、反対に歳をとった両親から離れられず、最後まで面倒をみて婚期を逃してしまったり、晩婚になりやすいとも考えられます。

それでも温かい家庭を築くことができるでしょう。二黒土星の人は、決してあきらめないで前向きでいることが大切です。

二黒土星の健康運

二黒土星の人体を表わす象意は胃腸や消化器官全般ですから、健康な身体を持っているといえます。身体を動かして働いていれば何も問題はありませんが、パソコンなどを使ったデスクワークばかり続けている方は、肥満に注意してください。

胃腸が丈夫であるからといって、ちょっとした不調や痛みを無視するのはよくありません。中年〜晩年期は消化器系の病気に注意が必要です。なぜなら胃がん、大腸がんは早期発見が大切だからです。また食欲不振や下痢、反対に便秘などにも注意してください。

さらに土の象意には皮膚が該当するので、皮膚病または睡眠障害、それらから生じる病気にも要注意です。なにかあったらすぐに専門医に相談しましょう。

二黒土星の人の生きるヒント

二黒土星は「大地」の性質を持っています。大地は何もいわず多くの命を育んでくれます。天と比べると卑しいとされますが、それでも何も文句をいいません。万物を優しく慈しむような、素晴らしい徳を持っています。まるで母の自愛を体現しているような方なので、他者へ「生きる希望」を与え、自愛に満ちた人生を歩んでいきましょう。

二黒土星の お手軽 開運法

二黒土星の方が開運する方法として、おすすめのパワーストーン（よりよい方向へと導いてくれるお守り）を紹介します。

石を用いた開運法自体は、効力が強くないのですが、そのぶん持続性に優れているので、ぜひ一度試してみてください。

おすすめのパワーストーン

ゴールドあるいは黒色の石、たとえば「ブラックパール」や「オニキス」、または「ヘマタイト」を指輪やペンダント、ブレスレットとして常に身につけてください。

これらの石は二黒土星の方の魅力を高め、人間関係を円滑に運び、強い縁を結ばせてくれます。生きることに疲れたときに、力を授けてくれるでしょう。

三碧木星《さんぺきもくせい》

三碧木星はどんな星？

三碧木星は、物事が新しく始まることを周囲に知らせる銅羅《どら》の音が鳴っている暗示です。音だけなので、形なき姿を感じます。

そのため希望・実現・発展・活動・躍動といった意味が出てきます。ですがまだ実際の経験が足りないため「若さ、あせり、未熟、行き過ぎ、これから」といった感性も持ち合わせています。季節でいえば春。**これから始まるという意味の星なのです。**

三碧木星を表わすと……

＊五行では……木

＊十二支では……卯《う》

＊季節では……春、３月（新暦）

＊時刻では……５～７時

＊色では……青、緑

＊方位では……東、卯の方位

三碧木星は、八卦の震木《しんもく》に相当する星になります。震は雷を表わし、物事が初めて動き出す様子を示しています。物事の最初ですから音だけが響いている状態です

● 三碧木星の九星盤

	南			
	2	7	9	
東	1	3	5	西
	6	8	4	
		北		

三碧木星の基本的な性格

- 考えるよりもまず行動！という「行動型人間」
- 性格は、明るくてやる気がある発展家タイプ
  とにかく社交的で行動的
- 直感が鋭く頭の回転も早いが、勉学はあまり得意ではない
- 負けず嫌いで行動のテンポが早く、困難に立ち向かう勇気がある
- 交渉ごとは白黒をはっきりさせないと気が済まない
- 感受性が豊かで、小さなことにも感動しやすい人
- 運気が下がると先走りや勇み足が多く、一人相撲を取りやすくなる
- 何かを始めるのは得意だが、後始末は苦手
- 男女とも流行に敏感で話題も豊富
  恋愛は熱しやすく冷めやすいタイプ
- 人生の幸運が多いのは若年期で、25 ～ 40 歳くらいがピーク

この年の生まれの人は「三碧木星」

大正 14 年、昭和 9 年、昭和 18 年、昭和 27 年、昭和 36 年、昭和 45 年、昭和 54 年、昭和 63 年、平成 9 年、平成 18 年、平成 27 年、令和 6 年、令和 15 年、令和 24 年、令和 33 年

三碧木星の仕事・事業運

三碧木星生まれは進取の気性があって、新しいもの好き、行動を苦手としないタイプなので、普通の仕事運や事業運はかなりよいでしょう。早くから「あいつ、やるな！」という評価を受けやすいといえます。

働きぶりは馬車馬のようにとか、猪突猛進などの言葉そのままに、とにかくひたすらパワフルに働くタイプです。

しかしあまりにも周囲と足並みがそろわなくなると、マイナス面が強調されやすくなります。「せっかちで自分勝手」、「自分の思う通りにできると過信している」といった悪い評価を受けたりもします。もしあなたがまだ若くて集団の中にいるなら、急がない、焦らない、こだわらない、を心掛けてください。

また悪気はないのですが、調子に乗ると軽率な言動が目立つようになるので、たしなめてくれる友人や同僚がいると吉。そういう人がいない場合は、自分自身では気付きにくく、致命的なミスにつながりかねないので、発言する前に少し考えるように心掛けたほうがよいでしょう。

困難な状況に陥るほど、勢い任せに突き進もうとするきらいがあるので、その場合は運気が後退する悪い流れと捉えてください。こうした場合には、自分が取り組もうとしていることを正確に把握することが先決です。もともと仕事運、事業運はある星なので、軽率な発言と勢い任せにならないように注意してください。

三碧木星の金銭運

金銭運もかなりあるほうです。普通に暮らしていく分には、特にお金には困らないタイプなので、他の星からすると金銭感覚はずさんで、浪費家に映るようです。

資産家であれば問題ないのですが、一般人では金銭運も運の1つなので、吉があれば凶もあります。凶になったときにどう対処するかを早いうちに学んでおきましょう。三碧木星はチャンスと見たら後先を考えずに突っ走りがちですが、金銭運に限っていえばギャンブルも投資もほどほどが一番。堅実にいきましょう。

三碧木星の恋愛・結婚運

ストレートな感情を相手にぶつける恋愛をする傾向が強いです。単純で裏表がないのですが、いわゆる恋の駆け引きとはほど遠いため、相手の気持ちを考えられず、片思いや独りよがりで終わることも多いようです。

こういったトラブルを避けるためには、少し落ち着いた恋愛を経験するといいでしょう。結婚は比較的早いほうです。男性は持ち前の行動力に加えて甘え上手でもあるので、年上の女性からモテることが多いでしょう。

女性は相手の条件にこだわる傾向が強いです。高望みし過ぎるとよくないですが、結婚後は主導権を握り、夫を尻に敷くケースが多いです。

三碧木星ともっとも相性がいいのは、一白水星です。次が二黒土星、五黄土星、八白土星の順です。

三碧木星の家庭運

明るい性格で、大勢の人々に愛されて育っていく暗示がありますが、祖父母に甘やかされわがまま放題な環境で育つと、後々厄介なことになりやすいでしょう。

結婚はわりと早い傾向にあるので、わがままな面ばかりが目につくと相手から三行半《みくだりはん》を突きつけられ、離婚に至る可能性もあります。特に男性は仕事を優先しやすく、家庭や家族が二の次になりやすいのでご注意ください（仕事を最優先するというのも、わがままの一種です）。

女性は反対にいい夫婦関係を築けそうです。30〜40歳くらいにマイホームが持てそうですので、頑張ってください。

三碧木星の健康運

身体を動かしたり声を出したりすることが好きな人が多いので、一般に健康運はいいほうでしょう。ただしあまり過信しすぎると思わぬケガをしたり、不注意から病気が悪化して大事になりやすいので注意が必要です。

内臓では肝臓、胆のうの病気にかかると深刻なことになりやすいようです。喘息、咽頭や声帯の疾患にもご注意を。

また若いうちにスポーツでケガをした場合、完治させないと中年以降になって、神経痛やリウマチを発症しやすいようです。

三碧木星は神経を意味する星でもあるため、ノイローゼや統合失調症といった心の病気になりやすいので、こちらも注意が必要です。

三碧木星の人の生きるヒント

三碧木星は「雷」の性質を持っています。司る季節は春。ゆえに春雷は物事の始まりを意味しています。「雷」には落雷や爆発といった危険や人を驚かせる要素もあります。雷そのものは一瞬の出来事ですが、被害や影響は大きく、長く続きます。三碧木星の方は、常に発展を意識することと、瞬間的な判断や行動に頼りすぎないように。

三碧木星の お手軽 開運法

三碧木星の方が開運する方法として、おすすめのパワーストーン（よりよい方向へと導いてくれるお守り）を紹介します。

石を用いた開運法自体は、効力が強くないのですが、そのぶん持続性に優れているので、ぜひ一度試してみてください。

おすすめのパワーストーン

青色の石、たとえば「ラピスラズリ」や「サファイア」、「アクアマリン」、「アイオライト」、「トルコ石」などを指輪やペンダント、ブレスレットとして常に身につけてください。

これらの石は、三碧木星の方を危険から守り、不安を取り除いて成功に導く、幸運を招く石です。生きることに疲れたときに、力を授けてくれるでしょう。

四《し》緑《ろく》木《もく》星《せい》

四緑木星はどんな星？

四緑木星は、風の精の星です。風は常に向きを変え、流れも一定ではありません。**しかし自由自在さがあります。悪くいうと気まま、自己中心的の意味が出やすい星といえます。**

また同時に植物の成長する姿にも似ていて、どこに向かって伸びるかわからないながらも、大きく成長する姿に例えられます。**よい意味では信用や信頼、または物事が完成するといった暗示もあります。**

四緑木星を表わすと……

＊五行では……木

＊十二支では……辰《たつ》、巳《み》

＊季節では……４月、５月（新暦）

＊時刻では……７～11時

＊色では……緑、青、青緑

＊方位では……南東、辰・巳の方位

四緑木星は、八卦の巽木《そんもく》に相当する星になります。巽は風の暗示で陽の気が起こって、さらに整い成長していくようすを示し、実際にそういう活動を表わしています

● 四緑木星の九星盤

南

	3	8	1	
東	2	4	6	西
	7	9	5	

北

四緑木星の基本的な性格

- 他人との交際がうまく、多くの友人を得る「交際型人間」
- 初対面の人にも優しく、第一印象は人当たりがよいと思われやすい
- プライドが高く、負けず嫌い
  人付き合いにもちゃっかり損得勘定を入れる
- 合理的な考えを好み、物事の結果や利益に大変敏感
- 要領よく立ち回るため、味方が多い反面、敵も多くなりがち
- 短所は話が大きく、時として嘘になってしまうところ
- 愚痴をこぼしやすい弱さがある
  これは移り気で決断力のないのが原因
- 女性の場合、かゆいところに手が届くよい性格が表われやすい
- 純情で、情熱的な部分が他の人より強い
  恋愛では心から信じられる人を望む
- 人生の幸運は若年期に多く、おおむね 25 ～ 45 歳がピーク

この年の生まれの人は「四緑木星」

大正 13 年、昭和 8 年、昭和 17 年、昭和 26 年、昭和 35 年、昭和 44 年、昭和 53 年、昭和 62 年、平成 8 年、平成 17 年、平成 26 年、令和 5 年、令和 14 年、令和 23 年、令和 32 年

四緑木星の仕事・事業運

四緑木星は信用、信頼の星ですから、多くの事柄をうまく対処して、さまざまな人々から重宝がられることでしょう。同じ木星でありながら、三碧が行動力の化身であるのと違い、落ち着いた雰囲気とどっしり構えた安定感を持っているので、大勢の方から頼られたり、あるいは応援してもらって仕事が順調に進むでしょう。

若い頃は上司から認められ、次々に仕事をこなせるようになるでしょう。中堅クラスになると相応のポストを獲得し、自分の仕事はもちろん後輩の世話もする社内の柱になっているでしょう。この時期に注意すべきは、気まぐれや優柔不断といった「風の精」の性質が表面に出て来ることです。

どんな仕事でも悩んだりうまくいかない時期がありますが、四緑木星は気分屋の悪い性質が表面化すると、悩む時間が増えたり、周囲を困らせたりするので、その点にはよく注意してください。

適職は風の象意の社交性から、営業職や交渉ごと全般に向いています。さらに風は遠方まで一気に吹くので、遠くに出かけることが多い旅行関連、交通関連、貿易関連も吉でしょう。

四緑木星の金銭運

四緑木星生まれには、お金をしっかり貯めるといった暗示はあまりありません。どちらかといえば、貯めるよりも使うほうが得意な星といえます。社交的なので、楽しい使い方をたくさん知っているのでしょう。

だからといって、支払いに困ってあちこち金策に走るということはあまりなく、もし資金が必要な事態になっても周囲から援助を受けやすい不思議な運があります。このあたりはラッキーな星といえるでしょう。

事業を起こした場合も、収益が年々アップしていくので、軌道に乗りやすくうまくいく可能性が高いです。ただし、交際費や慶弔費を奮発する傾向もあるので、無理のない範囲に留めておくとよいでしょう。

四緑木星の恋愛・結婚運

恋愛運や結婚運は、男女ともよく異性にモテる星です。外見は穏やかですが、実はかなり情熱的な恋愛を好む傾向にあります。

ただ結婚においては、風の気まぐれな面が出やすいので慎重に相手を選ぶこと。この星の人は不倫に陥りやすいところも注意です。情熱的だからこそ、節度を弁《わきま》えていただきたい。これは男女とも忘れないで欲しいです。

男性は恋愛に関しては、トラブルを起こしやすい傾向があります。そのトラブルが元で、もしかすると生涯独身という可能性もあります。女性はびっくりするような玉の輿婚をしたり、反対に男性と同じように生涯独身になったりと、結婚によってその後の人生が大きく変化するケースが多いです。

四緑木星ともっとも相性がいいのは、一白水星です。次いで二黒土星、五黄土星、八白土星の順です。

四緑木星の家庭運

四緑木星生まれの人は、大らかで愛嬌があり、おとなしい面が多分にあるため、生まれたときから周囲の大人から多くの愛情を受けて育つことが多いです。風の精の影響で、どちらかといえば親元から離れて暮らすこともあるかもしれません。

子どもの頃に受けた愛情は大人になっても心に残り、家庭的な人間としてしっかりとやっていけます。自分のためよりも、家族や親しい友人のために尽くすところがあります。困難に陥っても、家族の協力があれば何ごともうまくいくので、心配ありません。

四緑木星の健康運

四緑木星生まれは芯が細く身体が弱いように見える人が多いのですが、実はわりと丈夫です。ただし、あまり心配性が過ぎると、精神面から身体を悪くしてしまうので注意してください。

注意すべきは呼吸器関連なので、気管支炎や喘息、インフルエンザ、花粉症に悩まされるかもしれません。それ以外には三碧木星と同じく、神経性胃腸炎やヒステリー、ノイローゼに注意です。歳をとってからは、循環器系の疾患にも注意したほうがよいでしょう。

四緑木星の人の生きるヒント

四緑木星は「風」の性質で、九星の本命星でもっとも自由にふるまう特徴があります。度が過ぎると自分勝手に思われます。

信用や信頼を得るには長い時間が必要ですが、失うのは一瞬です。それゆえに長い年月をかけてゆるぎない信頼を得て、人生を素晴らしいものにする。四緑木星の方には、そういう生き方がおすすめです。

四緑木星の お手軽 開運法

四緑木星の方が開運する方法として、おすすめのパワーストーン（よりよい方向へと導いてくれるお守り）を紹介します。

石を用いた開運法自体は、効力が強くないのですが、そのぶん持続性に優れているので、ぜひ一度試してみてください。

おすすめのパワーストーン

緑色の石、たとえば「ヒスイ」、「エメラルド」、「グリーンサファイア」、「マラカイト」などの石を指輪やペンダント、ブレスレットとして、常に身につけてください。

これらの石は、四緑木星の方の感情をリラックスさせ、心に安らぎを取り戻し、柔軟な思考力を与えてくれます。生きることに疲れたときに力を授けてくれるでしょう。

五《ご》黄《おう》土《ど》星《せい》

五黄土星はどんな星？

九星術の基本となる先天盤で中央に位置するため「皇帝の位」や「帝王の星」に例えられます。五黄土星は常に中央にいて、四方をにらんでいるという暗示があり、移動すると（つまり中央から出て来ると）、途端に暗剣殺や五黄殺の凶方位になります。**そのために「腐敗の星」や「破壊の星」とも呼ばれます。九星術では土星が3つ現われますが、五黄土星はもっとも強力な土の星と覚えてください。**

五黄土星を表わすと……

＊五行では……土

＊十二支では……該当なし

＊季節では……該当なし

あえて表わすなら春夏秋冬の土用

＊時刻では……該当なし

（朝、昼、夜の間とする場合もあり）

＊色では……黄色、黄土色

＊方位では……中央

五黄土星は、八卦に該当するものがなく、特殊な星という位置付けです。空間は中央ですが、時刻も該当するものがありません。季節は春夏秋冬の土用を当てはめます

● 五黄土星の九星盤

南

4	9	2
3	5	7
8	1	6

東（左）　西（右）

北

五黄土星の基本的な性格

- 強情で他人のアドバイスなど聞かない「独立独歩型人間」
- 自分を高めるための努力をおしまない
- プライドが高く、自己顕示欲が強いのが短所
  損して得を取る場面が苦手
- お世辞をいって近づいてくるような人を極端に嫌う
- ピンチに強く、なんでも自分ひとりで解決しようとする
- 男性は親分肌、女性も姉御肌の気質を備えている
- 中途半端を嫌い、何事もとことんまで実行するタイプ
- 義理人情に厚く、他人のために運勢が極端に大きく変化する
- 大金持ちから一転して貧乏になったり
  ゼロから巨万の富を築くような人生
- 五黄土星は晩年運。45 歳以降に大きな吉運が巡って来やすい

この年の生まれの人は「五黄土星」

大正 12 年、昭和 7 年、昭和 16 年、昭和 25 年、昭和 34 年、昭和 43 年、昭和 52 年、昭和 61 年、平成 7 年、平成 16 年、平成 25 年、令和 4 年、令和 13 年、令和 22 年、令和 31 年

五黄土星の仕事・事業運

五黄土星が皇帝の位や帝王の星といわれるように、仕事運、事業運も別格です。九星の本命星の中でも統率力、指導力がずば抜けています。強靭な精神力と粘り強さ、卓越した責任感を持ち優秀なリーダーシップを発揮できるでしょう。

若いうちは生意気、自己中心的といった批判を受けてうまくいかないことも多いでしょう。ですが五黄土星の実力が発揮されるのは中年になってから。若い頃には非協力的だった周囲の人たちも、中年になる頃には五黄土星の手腕を認め、協力してくれるようになるでしょう。

また指導者的な立場であれば、より実力が発揮できます。部下の面倒もよく見て周囲から慕われるでしょう。敵対する人々にはそれなりの行動を返しますので、恐れられたり嫌われたりすることがあります。ですが、そんなことはまったく問題にしません。晩年には懐が深いところと親分的な付き合い方で、一目も二目も置かれるようになるでしょう。

適職としては、リーダーシップを発揮できるポジション。組織に属していればマネジメント職や指導者的な役職。実業家、政治家、金融業などにも向いているでしょう。

五黄土星の金銭運

金銭運は、おおむね貧乏か大金持ちかの両極端に分かれます。貧乏はどんなことでも自腹を切って対処するため、あの人は太っ腹な人だといわれながら、実情は清貧を貫きます。逆に大金持ちの人は、あの人はなんて欲張りなんだと陰口をたたかれやすいですが、ちゃっかり資産を築きます。

それでも五黄土星は本人の感覚とは別に、生まれながら金運には恵まれているといえます。気が付かないのは、本人の希望や自分自身の評価が高いからでしょう。ですが、この方のギャンブルの才能はからっきしダメなので、地道に稼いでいくしか方法はありません。とにかく、地道にコツコツが金運アップの秘訣です。

五黄土星の恋愛・結婚運

五黄土星生まれの方は、意外にロマンチックなところがあります。ですが一旦心に火が付くと情熱的で、独占欲や嫉妬心が強くなり、三角関係や略奪愛といった異性関係でのトラブルを起こしたり、悲恋を経験する傾向にあります。


男性は外面上はそう見えなくても、実は亭主関白的な性質を持っています。ただ、人によっては横暴な態度は出さず、夫婦円満を心がけるでしょう。ここでも両極端が出やすいのが五黄土星です。

一方女性は結婚後は、相手に尽くす方が多いでしょう。男女とも結婚する相手をしっかり選べば充実した結婚生活を送れるでしょう。

五黄土星ともっとも相性がいいのは、九紫火星です。次いで一白水星、二黒土星、五黄土星、八白土星の順です。

五黄土星の家庭運

家庭環境や生まれによって普通以上に違いが出るのが五黄土星です。

裕福な家とそうでない家とでは家庭運もだいぶ違いますし、途中から裕福になっていく家庭と、反対に困窮していく家庭とでも大きく違いますが、共通していえることは、常に現状に満足していないことです。向上心があるといってもいいかもしれません。

若いうちから責任感があって自立心が旺盛です。中年になれば男性は仕事中心になり、女性は家庭に入って育児と家事をしっかりこなして家を守り、子育てが一段落すれば仕事に復帰して活躍されるでしょう。晩年は幸せな生活を送る方が多いです。

五黄土星の健康運

五黄土星の健康運は、まずまずといえます。一般的には健康体で、抜群の体力の持ち主です。何か普通ではないこと（災害や事故など）を経験して一時的に健康を害することもありますが、中年になる頃にはそれもすっかり治って健康に過ごせるでしょう。

象意から、幼い頃は神経性頭痛や腹痛になりやすいです。また若い頃は暴飲暴食に注意してください。中年の頃にはストレスが溜まりやすいため、うまく解消する方法を身につけておきましょう。そうでなければ成人病や胃腸病にかかりやすくなります。特に脳梗塞や脳出血、狭心症や心筋梗塞などには注意してください。

五黄土星の人の生きるヒント

　五黄土星は「帝王」や「皇帝」の性質を持っています。皇帝は城外へ滅多に出ませんが、その権威は国中へと及びます。

　ですが一度でも悪辣な暴君として君臨すれば、民は苦しみ、国は廃れ、いずれは皇帝自身の最期も無残なものになります。五黄土星の方は自分が皇帝であることを自覚し、周囲の人の幸せも考えて行動しましょう。

五黄土星の お手軽 開運法

五黄土星の方が開運する方法として、おすすめのパワーストーン（よりよい方向へと導いてくれるお守り）を紹介します。

石を用いた開運法自体は、効力が強くないのですが、そのぶん持続性に優れているので、ぜひ一度試してみてください。

おすすめのパワーストーン

黄色の石、たとえば「琥珀」、「トパーズ」、「シトリン」、「キャッツアイ」を指輪やペンダント、ブレスレットとして、常に身につけてください。

これらの石は、五黄土星の方に商売繁盛と富ともたらす「幸運の石」とされ、勇気も与えてくれるものです。生きることに疲れたときにも力を授けてくれるでしょう。

六白金星《ろっぱくきんせい》

六白金星はどんな星？

六白金星は「天」を表わしています。天は完全無欠の状態を意味し、同時に剛《つよ》く硬い金属を示しています。**これらから素朴や剛健という意味が導き出されます。**

金属を磨いて輝かせるには相当な時間が必要ですが、その分だけ素晴らしく輝くのが六白金星の特徴です。**五黄土星が一部の人しか知らない陰の皇帝だとすれば、六白金星は誰もが知る皇帝であるといえます。**

六白金星を表わすと……

＊五行では……金

＊十二支では……戌《いぬ》、亥《い》

＊季節では……10月、11月（新暦）

＊時刻では……19～23時

＊色では……白、白金

＊方位では……北西、戌・亥の方位

六白金星は、八卦の乾金《けんきん》に当たります。乾は強いもの、剛いもの、高貴なものの暗示で、この星は「天」の性質を表わすため、その尊さは計り知れないものがあります

● 六白金星の九星盤

	南		
東	5	1	3	西
	4	6	8	
	8	2	7	
	北		

六白金星の基本的な性格

- 度胸があって、活動的な性格の「行動型人間」
- 生まれつきリーダーの資質があり、大きな仕事ができる
- 大局をつかむことがうまい
  勝負を仕掛けるタイミングをよく知る
- 独立心が旺盛で現実的。その上かなりの負けず嫌い
- 自分がライバルと認めた相手には、わずかでも勝ちたいと考える
- 言葉を飾る意識がないため、プレゼンやスピーチの際は失言に注意
- 自分の間違いを認められないところが欠点
- 女性は気品を感じさせる雰囲気があり、
  小さなことにはこだわらない大らかな性格
- 男性は大らかに見えても実は神経質。細かいことにも気が付く
- 運勢は晩年期が吉運。
  50 歳代から 60 歳代に大きく活躍する場合が多い

この年の生まれの人は「六白金星」

大正 11 年、昭和 6 年、昭和 15 年、昭和 24 年、昭和 33 年、昭和 42 年、昭和 51 年、昭和 60 年、平成 6 年、平成 15 年、平成 24 年、令和 3 年、令和 12 年、令和 21 年、令和 30 年

六白金星の仕事・事業運

六白金星生まれの人は皇帝の運気を持っているので、真面目な人ほど責任感や向上心にあふれていて、人並み以上の努力をしたり強い意思や行動力があったりします。

トップでいたいという負けず嫌いな性分もあり、若いうちはそれなりに優秀な業績を上げているにもかかわらず、自分は正当に評価されていないと考えたり、上司よりも自分のほうが優れていると思ったりして、組織の上下関係に不和をもたらしがちです。

この本命星の方は、仕事でも趣味でも常にトップを意識し、その地位にいる必要があります。なぜならそれが合っているからです。しかしときとして、言動は立派だが、結果がともなっていないといったパターンに陥りやすい危うさもあります。

この星の生まれの方は、政治家、弁護士、評論家、経営者、医師や宗教家といった、大勢の人々を導く仕事に向いています。

六白金星の金銭運

この星の生まれの方は、金銭に対する執着が薄いでしょう。絶対に儲けるという感覚があまりありません。これも皇帝の星ならではでしょう。

現代の日本では経済的な自由なしには、行動できないことも多いため、お金を貯めるのが苦手な方は早めに覚えるべきでしょう。そうでなければ、プライドだけ高く経済的にはさっぱりな人物になってしまいます。この点に注意をしておけば晩年は安泰だと思います。

六白金星の恋愛・結婚運

情熱的な恋愛をするタイプですが、愛情表現はわりと下手でゲーム的な恋愛を楽しむ雰囲気はありません。ドラマのような洒落た恋の駆け引きはできませんが、自分なりの愛情表現は豊かです。そういう不器用なところも含めて、好きといってくれる相手であれば、恋愛は成就するでしょう。

特に男性の場合、外見よりも人柄を重視して相手を選ぶ傾向にあるので、結婚で失敗することは少ないようです。結婚後は亭主関白的な振るまいをしますが、基本的に優しく温かな家庭を作れるでしょう。

女性はどちらかというと男性的な感覚で、恋愛よりも仕事が楽しく、仕事優先といった考え方を持っているため、婚期はやや遅くなりますが、周囲がうらやむような相手を見つけ、よい家庭を築いていかれるでしょう。

男女とも理想や夢をしっかり持っているタイプなので、同じ目標に向かって歩めるパートナーを見つけられれば、長く添い遂げることができるでしょう。

六白金星ともっとも相性がいいのは、二黒土星、五黄土星、八白土星です。次いで三碧木星、四緑木星の順です。

六白金星の家庭運

この星の人は、家庭運はよいものを持っています。父方の親族との縁が強く、大いにかわいがってもらえるようです。

若い頃は一家の中心となるか、親族の世話のために早くから家を離れるかの両極端になりやすいでしょう。中年期以降は親戚や周囲の人たちのよき相談相手となって過ごすでしょう。

六白金星の健康運

六白金星生まれの人はスポーツマンタイプで、健康運は抜群です。身体的な特徴としては筋肉質で、顔立ちは男女とも卵形という方が多いです（美男美女というケースも！）。

もともと身体は丈夫ですが、無理な運動や過労がたたって徐々に健康を害し、気がついたときには深刻なダメージを負っていた……ということもあります。丈夫だからこそ、日頃から疲れを溜めないように注意してください。

運動は全般的に得意ですが、無理をするとアキレス腱を切ったり、捻挫や打撲などのスポーツによるケガをする恐れがあります。ストレッチや準備運動を行なって、できるだけ未然に防ぎましょう。

このように健康運は良好ですが、反対に精神面は神経質な方が多いようです。仕事や人付き合いによるストレスは避けられませんが、うまく付き合う方法を考えてください。

身体上に問題が出るとすれば、心臓病や脳出血、あるいは高血圧などです。

六白金星の人の生きるヒント

六白金星は「剛金」の性質を持っています。剛金は決して負けない強い意思を表わしていて、敵を倒す強力な武器の意味でもあります。いい換えれば戦いに長けた大将軍でもあります。自然にあるものでいえば、天に当たります。

六白金星の方は天の意思をもって、すべての人に恵みを与えるつもりで、自分の人生を歩みましょう。

六白金星の お手軽 開運法

六白金星の方が開運する方法として、おすすめのパワーストーン（よりよい方向へと導いてくれるお守り）を紹介します。

石を用いた開運法自体は、効力が強くないのですが、そのぶん持続性に優れているので、ぜひ一度試してみてください。

おすすめのパワーストーン

照りのある白色の石、ピンク色の石、たとえば「真珠」、「桃サンゴ」、「ローズ・クォーツ」、「ムーンストーン」などを指輪やペンダント、ブレスレットとして、常に身につけてください。

これらの石は、六白金星の方の感受性を豊かにし、直感力を高めて希望と愛を育んで幸福に導いてくれる石です。生きることに疲れたときに、力を授けてくれるでしょう。

七赤金星《しちせききんせい》

七赤金星はどんな星？

七赤金星には、製品化された金属、一般的には指輪やネックレスなどのアクセサリー、貴金属や宝石類、金貨などの象意があります。

一方で現金は増えることもあれば減る場合もあるので、利益を得たときの喜びとは反対に、損失や不足も表わします。もう一方で人体の口も意味していて、語り合ったり、**ときには喧嘩や口論をして悲しみや怒りの感情を生みます。**

つまり、この星も相反する意味があります。

七赤金星を表わすと……

＊五行では……金

＊十二支では……酉《とり》

＊季節では……９月（新暦）

＊時刻では……17 ～ 19 時

＊色では……白、赤みがかった白

＊方位では……西、酉の方位

七赤金星は、八卦の兌金《だきん》に当たります。六白金星が剛金や鉱石を意味するのに対して、七赤金星は、金銀（貴金属類）や宝石、貨幣、紙幣を表わします

● 七赤金星の九星盤

		南		
	6	2	4	
東	5	7	9	西
	1	3	8	
		北		

七赤金星の基本的な性格

- 話すのが大好きで、コミュニケーションが得意な「リア充人間」
- 食べるのが好きでグルメな方が多い。贅沢も好き
- 人の言葉をいとも簡単に信用してしまうところがある
- 他人からの援助を受けやすく、それで成功する場合もある
- 浪費癖が難点。もともと金銭感覚に優れているので、貯蓄は得意
- 男女とも性的魅力にあふれている方が多い
- 交際上手だが、怒りっぽく軽率な面もある
- 持ち前の魅力からか、異性問題を起こしやすい
- 陽気で派手な言動を好む
  周囲に誤解されやすくあまり大成しない傾向
- 人生の吉運は中年期。40 歳代から 55 歳頃までが活躍の時期

この年の生まれの人は「七赤金星」

大正 10 年、昭和 5 年、昭和 14 年、昭和 23 年、昭和 32 年、昭和 41 年、昭和 50 年、昭和 59 年、平成 5 年、平成 14 年、平成 23 年、令和 2 年、令和 11 年、令和 20 年、令和 29 年

七赤金星の仕事・事業運

六白金星が「皇帝の位」であるのに対して、七赤金星は「少女の位」です。

少女は純真かつ、天真爛漫でありながら人の心を読むのがうまく、おしゃべり好き。生粋の社交上手といえるでしょう。愛嬌があって広い交友関係を持ち、いわゆるコミュニケーション能力に長けた人が多いです。本命星の象意に口があるのもうなづけるでしょう。

もう1つ、刃物の象意もあるので、外科医師や日常的に刃物を扱う仕事にも向いています。口の意味も合わせて考えると、料理人にも向いているでしょう。また少女の面を活かせば華やかな職業にも適性があるといえます。タレントや歌手といった職業の素養もあるでしょう。

若いうちは飽きっぽい性格が見え隠れするため、わがままな人という評価は避けられません。しかし、中年期になると順調に進むチャンスがやってきます。晩年には面倒見のよさが現われ、部下や後輩の助けを大いに借りられるでしょう。

七赤金星の金銭運

七赤金星生まれの金銭運ですが、この星は現金を表わすので、金銭運はたいへん恵まれるといえます。困ったときには必ず誰かが助けてくれるでしょう。ですがここでいう現金とは、それほど大きな金額ではありません。そこがちょっと残念なところです。

若いうちにお金で苦労したり親族の借金を肩代わりした場合は、金銭感覚に優れて将来的には財を成しますが、甘やかされて育つと浪費癖がついてしまう傾向にあります。

お金持ちになるためには若いうちは浪費しないように心がけ、中年になったときには仕事に打ち込むようにしてください。それによって晩年には経済的な余裕が生まれるでしょう。

七赤金星の恋愛・結婚運

七赤金星生まれの方は、自分が意識しようとしまいと、男女とも性的な魅力にあふれ、非常に早熟なタイプです。開放的で明るく会話が楽しい方なので、異性からモテるのは当然といえるでしょう。

ときとして自分でこの人！と心に決めた相手が、実は生粋の遊び人だったり、反対に自分が異性をもてあそんだり、さらには結婚後も昔の恋人と縁が切れず、不倫関係を続けてしまったり。あるいは長い間恋人だと信じていた相手が、実は既婚者だった……という話もあります。

この星の人は、恋愛にロマンを感じ過ぎるところがあるのですが、過去に苦い経験しているなら、それも考えものかもしれません。

恋愛や結婚はどういう相手を選ぶかによって、人生が大きく変わってしまう可能性があります。取り返しがつかない結果にならないように慎重に。結婚は晩婚のほうがおおむね良縁に恵まれるでしょう。

七赤金星ともっとも相性がいいのは、二黒土星、五黄土星、八白土星。次いで三碧木星、四緑木星の順です。

七赤金星の家庭運

この星の人は、口が災いして苦労しやすい傾向にあります。いろいろなケースが考えられますが、失言や口論で苦しい、辛いと思う時期が必ずやって来ます。

若い頃に失敗を経験しやすいのですが、反省した場合、中年以降はしっかりした人物になれます。反省しなかった場合は、自分勝手な人になりやすいです。

家庭運を見ると若い頃から晩年に至るまで、男女ともに和気あいあいとした家庭を作ろうとする傾向があります。女性は子どものしつけや教育熱心になり過ぎる傾向があります。

七赤金星の健康運

七赤金星生まれの人は、長寿な方が多いといわれています。食べものには結構うるさいのですが、そのために日頃から健康には気をつかうタイプです。一方で、高価な食べものやヘルシーな食べものを求め過ぎるあまり、食費がかさみやすいといえます。

美食が過ぎると金銭的に苦しくなるだけでなく、生活習慣病にかかったり、不調を感じたりしやすいです。若年~中年までは、呼吸器系や循環器系の疾患には注意してください。晩年には胃腸など消化器系にも注意が必要です。

七赤金星の人の生きるヒント

七赤金星は「兌」の性質を持っています。この兌に「りっしんべん」をつければ「悦」となります。七赤金星は、悦《よろこ》びを表わすことに他ならないのです。

悦ぶためには相応の努力が必要になります。だからこそ、日頃の地道な積み重ねを忘れずに。

浮かれていると、途端に運気が下がってしまうので、くれぐれもご注意ください。

七赤金星の お手軽 開運法

七赤金星の方が開運する方法として、おすすめのパワーストーン（よりよい方向へと導いてくれるお守り）を紹介します。
石を用いた開運法自体は、効力が強くないのですが、そのぶん持続性に優れているので、ぜひ一度試してみてください。

おすすめのパワーストーン

赤色の石、たとえば「ルビー」、「ガーネット」、「赤サンゴ」などを指輪やペンダント、ブレスレットとして、常に身につけてください。
これらの石は、あなたに勇気を与え、さらにあなたに係わるスムーズな人間関係を築かせてくれる石です。生きることに疲れたときにあなたに力を授けてくれるでしょう。

八白土星《はっぱくどせい》

八白土星はどんな星？

八白土星も2つの反対の星の意味を持っていて、十二支で判断すると、その意味がはっきりわかります。**八白土星は十二支では「丑寅《うしとら》」に当たり、丑は停止、止まるという意味。寅は物事の始まりや開始、再生の意味です。**季節でいうと丑は冬の終わり、寅は春の始まりとなっています。

ゆえに八白土星は、九星の本命星の中でも正反対の意味が明確に出やすい星なのです。

八白土星を表わすと……

＊五行では……　土

＊十二支では……丑《うし》、寅《とら》

＊季節では……１月、２月（新暦）

＊時刻では……１～５時

＊色では……黄、黄土色

＊方位では……東北、丑・寅の方位

八白土星は、八卦の艮土《ごんど》に当たります。二黒土星が平地の土とすると、八白土星は山の土で樹木を育てます。また城や家、お墓や神社にも関係すると考えられています

● 八白土星の九星盤

		南		
	7	3	5	
東	6	8	1	西
	2	4	9	
		北		

八白土星の基本的な性格

- 正直、克己心があり、規律を重んじる「真面目人間」
- 曲がったことが大嫌いな性格で、保守的な考え方をするタイプ
- 仕事場も家の中もきちんと整理整頓ができる人
- 独占欲が強く、あきらめが悪い傾向
実は野心家でもある
- 羽目を外したり、感情の起伏を人に見せることは少ない
- 交際下手。親しくなるまでには時間がかかる
- ストレスの発散が苦手。溜めすぎて爆発することもしばしば
- 五黄土星や六白金星ほどではないものの、わりと勝気な性格
- 女性は情熱家で家庭的な人が多く、好き嫌いが激しいところがある
- 人生の吉運は晩年期。60歳代から70歳代にピークが来る

この年の生まれの人は「八白土星」

大正9年、昭和4年、昭和13年、昭和22年、昭和31年、昭和40年、昭和49年、昭和58年、平成4年、平成13年、平成22年、令和元年(平成31年)、令和10年、令和19年、令和28年

八白土星の仕事・事業運

基本的に勤勉な努力家です。大きな仕事や急な決断が必要となる仕事でなければ、大概はそつなくこなせます。半分気まぐれ、半分凝り性な性質があるため、粘り強さと負けん気が発揮できる仕事に向いています。

若い頃は目立たない存在なので評価はいまいちですが、見てくれている人は必ずいます。何事にも揺るがない芯の強さを認められ、評価が一気に高まるのは中年期以降。吉運は向こうからやって来ます。

じっくりコツコツやるタイプなので、学者や研究職、政治家、宗教家、公務員、警察官、警備員、ホテルマン、不動産関係などの職業が向いているでしょう。

八白土星の金銭運

八白土星生まれの人は経済観念が非常に発達しています。贅沢は無意味をモットーとし、それでいて必要なときには思い切って使います。このメリハリのあるお金の使い方が、この星の優れた点です。また事業の後継者運があるので、親族の会社を継いだり、サラリーマンの方であってもいずれは経営側への登用があったりするでしょう。ですのでお金には不自由しません。

とにかくしっかり稼ぐ星です。その中でもコツコツ派と一攫千金派に分かれるでしょう。コツコツ派はケチと見られ、一攫千金派は成金と見られることが多いです。人生において家を何回も売買したり、建て直したり、自分の子どものためにもきちんと財を蓄えていける良運を持っています。

八白土星の恋愛・結婚運

持って生まれた運は、山に該当するのでなかなか動きが見えません。つまり恋愛や結婚に関しては誰もが憧れるような恋愛とは、ほとんど縁がないといえます。というよりも、そういったドラマチックな恋愛は恥ずかしくてできないのです。

異性と恋愛関係に発展すれば、結婚に向かって堅実に進みます。ですから恋愛から結婚に至るまでは順調で、比較的早いケースが多いでしょう。また八白土星の人はお見合い結婚に向いています。婚活中の方は、ぜひお見合いを検討してみてください。意外とすんなり幸せが舞い込んでくるかもしれません。

結婚後、男性は家庭を大事にして子どもにも恵まれます。女性は一般に良妻賢母だといわれます。ですが女性には少し後家運（離婚や死別しやすい運）がありますので、注意したいところです。

男女とも自分のことを話したがらないので、パートナーからは何を考えているのかわからないといわれることもあるようです。苦手かもしれませんが、心を開いて話すようにするとうまくいくでしょう。

八白土星ともっとも相性がいいのは、九紫火星です。次いで一白水星の順です。

八白土星の家庭運

八白土星年生まれの方は、自分が生まれた家を助けたり、家族や身内の面倒を見なければならない運命を持っています。つまり、親族との縁がかなり強いといえるでしょう。女性の場合、結婚相手の義理の両親との縁が強まると、実の両親との縁が薄くなる傾向もあります。

若いうちから一家の大黒柱となって大勢の親戚から頼りにされます。中年、晩年になってからは、自分の家族を持ち、幸せな日々を送ることができるでしょう。

八白土星の健康運

八白土星年生まれの人は小柄だったり、何かしらの身体的コンプレックス、もしくはハンディキャップを負っていることがありますが、それ以外は至って健康といえるでしょう。あえて弱い部分をあげると背中と腰、内臓では胃腸が疲れやすい傾向にあります。

若いうちは痩せ形でスポーツ万能。競技に出れば大活躍。記録を破ったり、優勝して注目を集める選手になるかもしれません。

中年期以降は成人病に注意。肥満、あるいは動脈硬化に悩まされる危険があります。確実に休養と運動をこなしていけば、健康運は極端に悪くならないでしょう。

骨折や捻挫、脱臼しやすい恐れがあるので、注意してください。

八白土星の人の生きるヒント

八白土星は「山」の性質のいいところ・悪いところを持っています。山は不動の大地を表わしますが、登ったり下りたりすることが多い地形を表わします。そのために困難や変化を表わし、一般とは違う状況に陥りやすく、人一倍負けん気が強い人生です。だからこそ慈悲の心が厚いのですね。

じっと耐えて将来大きな花を咲かせましょう。

八白土星の お手軽 開運法

八白土星の方が開運する方法として、おすすめのパワーストーン（よりよい方向へと導いてくれるお守り）を紹介します。

石を用いた開運法自体は、効力が強くないのですが、そのぶん持続性に優れているので、ぜひ一度試してみてください。

おすすめのパワーストーン

白い色で不透明な石、たとえば「ホワイトオニキス」や「白サンゴ」などを指輪やペンダント、ブレスレットとして、常に身につけてください。

これらの石は、あなたの精神的な強さを高め、さらにストレスや緊張を軽くして心を前向きにしてくれる石です。生きることに疲れたときにあなたに力を授けてくれるでしょう。

九紫火星《きゅうしかせい》

九紫火星はどんな星？

九紫火星は火の精です。自然界では太陽に当たります。太陽があるからこそ生命が誕生し、人は文明を発展させてきました。**そして太陽は知性、知識を意味します。**火の性質そのままに、離合集散や着く（付く）、離れる、移る、そして燃えるといった意味を持っています。

ただし火は単独では存在できません。燃えるためには木が必要なので、**これはパートナーを得るという意味も含んでいます。**

九紫火星を表わすと……

＊五行では……火

＊十二支では……午《うま》

＊季節では……６月（新暦）

＊時刻では……11 ～ 13 時

＊色では……赤、火の色

＊方位では……南、午の方位

九紫火星は八卦の離火《りか》に当たります。一白水星が水の精を持つのに対して、九紫火星は火の精を持っています。この火と水が九星術の星の並びの「初めと終わり」になっています

● 九紫火星の九星盤

南

	8	4	6	
東	7	9	2	西
	3	5	1	

北

九紫火星の基本的な性格

- その時々で気分にムラがある「気分屋人間」
- 派手好みだが、シンプルな服装でも華やかに見える着こなし上手
- 短所は怒りっぽいところ。短気で冷静さを欠いて失敗をしやすい
- 才能豊かで知識欲も旺盛。勉強や研究が得意
- 時流に則って物ごとを着実に遂行、実現していける能力がある
- お金よりもどちらかといえば誇りや名誉を重んじるタイプ
- アイデアマンでタイミングをつかむのがうまい人
- 女性はいわゆる美人が多い星で、磨かれた艶やかさがある
- 男女とも平均以上にモテる。異性からも同性からも人気がある
- 人生の幸運期は中年期。35 ～ 55 歳頃に吉運が多い

この年の生まれの人は「九紫火星」

大正 8 年、昭和 3 年、昭和 12 年、昭和 21 年、昭和 30 年、昭和 39 年、昭和 48 年、昭和 57 年、平成 3 年、平成 12 年、平成 21 年、平成 30 年、令和 9 年、令和 18 年、令和 27 年

九紫火星の仕事・事業運

九紫火星は頭脳労働に向いています。学問の研究や芸術、美術関連には大きな適性を持っているといっていいでしょう。

しかしプライドが高く、自分の才能を超えた高望みをしたり、自己顕示欲を優先してばかりいると、理想と現実との間に大きな溝ができて道が閉ざされてしまいます。これが原因で続けていた研究が頓挫したり、合わない部署に異動になってしまうかもしれません。

若いうちは自分の才能が何に向いているのかがわからず、いろんなアルバイトを経験したり、転職を繰り返す人も多いでしょう。ですが同じ転々とするにしても、自分に合っているものが何かをしっかり探しながら、経験を積んでいったほうがいい結果を得られます。

中年期になるといよいよ活躍の時期になります。物事を的確に分析する能力が開花し、大いに頼りにされるでしょう。

晩年にはその豊富な経験から、若い人たちのよき相談役として頼られるケースが多いです。

九紫火星の金銭運

九紫火星生まれの金銭運は、大変いいといえます。似たグループの七赤金星が硬貨を集めるのが得意だとすれば、九紫火星は紙幣を集めるのが得意です。ですからお金の匂いがきちんとわかる人だといえます。

ただ、七赤金星が「お金を集める＝貯める」ことなのに対して、九紫火星は「お金を集める＝稼いだ分だけ使う」といった違いがあります。

若いうちからお金に対する感覚は鋭いのですが、大多数の方は収入と支出のバランスが悪くなることがあり、我慢が必要です。特に収入が少ないうちは、自分が使いたい金額との差がかなりあるでしょう。しかし無理して浪費すると、中年期以降の運を失ってしまいます。

中年期からは収入がだいぶ改善されますが、金銭欲よりも名誉欲が強まるため儲け第一主義にはならないでしょう。

投資はまずまずですが名誉を好むので、株や国債などよりも不動産や美術品などを資産として保有したほうがいいでしょう。晩年は悠々自適に暮らせる方が多い星です。

九紫火星の恋愛・結婚運

火の精の性質どおり、燃えるような恋愛を好みます。男女とも容姿端麗な人が多く、異性の気を引く手段も早くから学ぶため、とにかくモテ続けます。

しかし熱しやすく冷めやすい性質を備えているので、それを見透かされて遊び目的の相手ばかりと付き合ったり、結婚をしてみたら理想と現実の違いに我慢できず、すぐに離婚しやすいところがあります。相手を選ぶ際は外見だけではなく、人柄や本心をしっかりと見極めることを学びましょう。結婚後は見栄や体裁を重んじるようになる方が一定数いるのもこの星です。見栄や体裁のために無理をするのではなく、大切なのは本質ということを忘れずに。

九紫火星ともっとも相性がいいのは、三碧木星、四緑木星です。次いで六白金星と七赤金星の順です。

九紫火星の家庭運

幼い頃から利発さがあり、両親や祖父母からの援助を受けて不自由なく育てられるでしょう。ところが若年期になると、聡明さが仇となり周囲に反抗したり、バカにしたりするようになります。また言い訳や言い逃ればかりするようになると、それまで順調に歩んできた道を踏み外しがちです。反面、外面はよいので、あまり親しくない人には反抗心や失敗に案外気付かれないかもしれません。

人生の時期すべてに共通することですが、威勢よくふるまうのではなく、自己中心的な考えを改めて相手を思いやる心を身につけましょう。もともと頭脳明晰な人なので、自分をコントロールできないはずはありません。

九紫火星の健康運

健康運は頭脳を使う人ならではのものになりそうです。基本的には丈夫ですが、精神的疲労、神経的疲労が溜まり、徐々に健康を損なうことになります。

心臓病をはじめ、狭心症、脳血栓、脳梗塞、眼精疲労、消化器疾患、アルコール依存症などには注意すべきです。あまり神経質にならずに、適度な運動を習慣化していけば、このような病にはかかりにくくなるでしょう。

九紫火星の人の生きるヒント

九紫火星は「火」の性質のいいところ・悪いところを持っています。火は熱に溢れていて水と両極をなし、「火《か》」と「水《み》」で「かみ（神）」になる不思議があります。

「火」は「日」でもあります。日は世の中を照らし植物を成長させますが、照りすぎるとすべてが枯れます。九紫火星も一白水星と似て生殺与奪の力があるのです。

それを忘れずに。

九紫火星の お手軽 開運法

九紫火星の方が開運する方法として、おすすめのパワーストーン（よりよい方向へと導いてくれるお守り）を紹介します。
石を用いた開運法自体は、効力が強くないのですが、そのぶん持続性に優れているので、ぜひ一度試してみてください。

おすすめのパワーストーン

紫色、青紫色、赤紫色の石、たとえば「サファイア」、「アメジスト」、「ガーネット」、「ラベンダーヒスイ」などを指輪やペンダント、ブレスレットとして、常に身につけてください。
これらの石は、あなたの自信を高め、冷静さを保つのに有効です。また、直感が鋭くなるといわれる石です。生きることに疲れたときにあなたに力を授けてくれるでしょう。

☯ 本命星で相性がわかる

九星術で相性を占う場合、自分の本命星と相手の本命星との関係で吉凶を決めます。そのためには自分はもちろん、相手の生年月日を50ページの表と照らし合わせて、本命星を導き出してください。本命星だけで大まかに判断してもいいのですが、本命星が持つ五行の性質を相生相剋の関係性に当てはめて判断するほうがいいので、その方法を解説します。

まず、五行には「生気」、「退気」、「殺気」、「死気」、「比和」の5つの関係性があり、**相性の判断方法も2種類あります。ここでは①と②とします。**30ページで解説した内容と異なる部分もありますが、ひとまず①から説明します。

五行の相性解釈①

比和

自分の星と相対する星とは比和で強い関係にあります。よって一番強い「大吉」とします。

生気

自分の星が相対する星から相生されます。自分がエネルギーをもらうので「中吉」とします。

殺気

自分の星が相対する星を相剋します。相剋するのに多少のエネルギーを使うので「小吉」か「平運程度」とします。

退気

自分の星が相対する星を相生します。自分のエネルギーを使うので、マイナスが生じて「凶」とします。

死気

自分の星を相対する星があらゆる点で邪魔をして相剋されるので、自分の希望は一切叶いません。これを「大凶」とします。

①の解釈では吉から凶への流れは「比和、生気、殺気、退気、死気」の順番になっています。

本命星どうしの関係性は、126～127ページの表にまとめてあるので、①の解釈を占断に用いる場合は参考にしてみましょう。**特に相性する・される、相剋する・されるの違いは大切なので注意してください。**

五行の相性解釈②

生気

自分の星が相対する星から相生されます。自分がエネルギーをもらうので「大吉」とします。

殺気

自分の星が相対する星を相剋します。多少のエネルギーを使うので「吉」とします。

比和

自分の星と相対する星とは比和（同じ五行で強い関係）で一番強いですが、自分がはっきりと助けられる要素がないので「平運」とします。

退気

自分の星が相対する星を相生します。自分が強くなければ助けられませんが、エネルギーを使うのでマイナスが生じて「凶」とします。

死気

自分の星を相対する星があらゆる点で邪魔をし、相剋されるので、自分の希望は一切叶いません。これを「大凶」とします。

● 五行の相性解釈①を九星の本命星に当てはめてみましょう

相手の星との関係／自分の星	比和 **比和** 同一のエネルギー	相生される **生気** 助けてもらい強くなる	相剋する **殺気** 自分はエネルギーを使う	相生する **退気** 自分がエネルギーを使う	相剋される **死気** 相剋されて弱くなる
一白水星	一白	六白・七赤	九紫	三碧・四緑	二黒・五黄 八白
二黒土星	二黒・五黄 八白	九紫	一白	六白・七赤	三碧・四緑
三碧木星	三碧・四緑	一白	二黒・五黄 八白	九紫	六白・七赤
四緑木星	三碧・四緑	一白	二黒・五黄 八白	九紫	六白・七赤
五黄土星	二黒・五黄 八白	九紫	一白	六白・七赤	三碧・四緑
六白金星	六白・七赤	二黒・五黄 八白	三碧・四緑	一白	九紫
七赤金星	六白・七赤	二黒・五黄 八白	三碧・四緑	一白	九紫
八白土星	二黒・五黄 八白	九紫	一白	六白・七赤	三碧・四緑
九紫火星	九紫	三碧・四緑	六白・七赤	二黒・五黄 八白	一白

吉 比和 — 生気 — 殺気 — 退気 → 死気 凶

五行の相性解釈①では、左の「吉」から、右の「凶」
へと相生、比和、相剋の関係性が変化していきます

五行の相性解釈②を九星の本命星に当てはめてみましょう

相手の星との関係／自分の星	相生される 生気 助けてもらい強くなる	相剋する 殺気 自分はエネルギーを使う	比和 比和 同一のエネルギー	相生する 退気 自分がエネルギーを使う	相剋される 死気 相剋されて弱くなる
一白水星	六白・七赤	九紫	一白	三碧・四緑	二黒・五黄 八白
二黒土星	九紫	一白	二黒・五黄 八白	六白・七赤	三碧・四緑
三碧木星	一白	二黒・五黄 八白	三碧・四緑	九紫	六白・七赤
四緑木星	一白	二黒・五黄 八白	三碧・四緑	九紫	六白・七赤
五黄土星	九紫	一白	二黒・五黄 八白	六白・七赤	三碧・四緑
六白金星	二黒・五黄 八白	三碧・四緑	六白・七赤	一白	九紫
七赤金星	二黒・五黄 八白	三碧・四緑	六白・七赤	一白	九紫
八白土星	九紫	一白	二黒・五黄 八白	六白・七赤	三碧・四緑
九紫火星	三碧・四緑	六白・七赤	九紫	二黒・五黄 八白	一白

吉　生気―殺気―比和―退気→死気　凶

五行の相性解釈②では、相生される生気をもっとも
「吉」とし、比和を平運と考えて真ん中にしています

①と②の相性解釈ですが、どちらを使っても構いません。実際に占ってみて、しっくりくるほうを選んでください。

卜占術での相生相剋は3種類

九星術を学んでいくと、五行の相生相剋の解釈は、１２４～１２７ページで紹介した①と②だけに止まりません。自分のことを占ったり、自分と誰かの相性を占うくらいでは、最初のうちはあまり気にする必要がないのですが、卜占術で未来に起きる出来事（多くは仕事や健康に関すること。またはトラブル）を占うようになると、もう少し複雑な解釈が必要になります。

ただし解釈の範囲を広げても複雑になるだけなので、相生相剋の基本は次の3種類と覚えてください。①相生されても相生しても吉とする。②相剋しても相剋されても凶とする。③比和のときは吉だが、条件によっては凶に変化する。

占断を行う際には次ページの表を参照するとスムーズです。

少し話がそれますが、三国志をテーマにした小説などを読むと、魏《ぎ》、呉《ご》、蜀《しょく》の３つの国が争っていくうちに、数々の軍学（占術の応用とも考えられます）の流派が生まれました。

なぜでしょうか？　それは流派が１つだと、作戦を簡単に見破られたり、対策を練られてしまうからなのです。そのため、次々に流派が勃興、衰退を繰り返してきたのは自然なことでしょう。より完璧な戦術や戦法を生み出すために軍学、つまり占術の応用が盛んに研究されたのです。

● 九星上の相生相剋の関係（卜占術編）

占者の本命星 ↓	相生（大吉） の九星	比和の九星	相剋（大凶） の九星
一白水星	三碧・四緑 六白・七赤	一白※	二黒・五黄 八白・九紫
二黒土星	六白・七赤 九紫	二黒※・五黄※ 八白	一白 三碧・四緑
三碧木星	一白・九紫	三碧※・四緑	二黒・五黄 八白・六白・七赤
四緑木星	一白・九紫	三碧・四緑※	二黒・五黄 八白・六白・七赤
五黄土星	六白・七赤 九紫	二黒・五黄※ 八白	一白 三碧・四緑
六白金星	一白・二黒 五黄・八白	六白※・七赤	三碧・四緑 九紫
七赤金星	一白・二黒 五黄・八白	六白・七赤※	三碧・四緑 九紫
八白土星	六白・七赤 九紫	二黒・五黄※ 八白※	一白 三碧・四緑
九紫火星	三碧・四緑 二黒・五黄※・八白	九紫※	一白 六白・七赤

※は、流派によっては凶方位となる可能性があります。特に卜占術では、たとえば自分を占って、これで間違いがないと判断した後で友人、知人を占ってあげるといいでしょう。自分で自分のことがわからなければ他人を占うことはできません

九星術がハズレている！といわれたら

せっかく九星術を学んで占ってみたら、その結果がハズレているというのはショックなものです。

たとえば友人を占っていて、九星の本命星から、あなたは○○といった性格の持ち主ですねと伝えたとします。でも相手から「当たってない、ハズレ」といわれてしまったら……。残念ながら占いは失敗と思われるかもしれません。しかし、本当にハズレていたのでしょうか。

九星術は本人が見えない部分や、意識外の事柄を象意から解釈して導き出す占いでもあるため、一見関係なく思えても安易にハズレとしてしまうのはおすすめしません。

ハズレているかもしれないけれど、こういうことも考えられますよ……というふうに、勇気を出して相手に伝えてみましょう。

四緑木星

第四章

九星術の命占術を学ぶ

九星の命占術《めいせんじゅつ》についての基本

命占術とはどんな占いか

命占術は命理占術《めいりせんじゅつ》や命術《めいじゅつ》とも呼ばれ、九星盤を用いて、その人のすべてを解き明かそうとする占いです。51ページでもふれましたが、人には宿命と運命があって、宿命は不変不動のもの。運命は年月によって刻々と変化していくもの。これらのうち宿命について占う命占術を「宿命《しゅくめい》占《せん》」、運命について占う命術を「運命占《うんめいせん》」といいます。宿命を知り、運命を変える。命占術はそのためにあるのです。

九星術の命占術を行っていくうえで、最初にすべきことは、年、月、日、時の4つの九星盤を導き出すことです。50ページの生年・九星表でも本命星を探していただきましたが、今一度、133ページの表から自分の本命星を探しましょう（こちらには令和26年までの本命星を書いてあります）。

自分の生まれた年が見つかったら、縦列の一番上を見てみましょう。一白水星～九紫火星までのどれかに当てはまるでしょう。

昭和51年生まれの方なら六白金星、平成3年生まれの方は九紫火星というように生まれた年の星が、あなたの本命星になります。

生まれた年ごとの九星盤一覧

一白水星	二黒土星	三碧木星	四緑木星	五黄土星	六白金星	七赤金星	八白土星	九紫火星
昭和 20 1945 年	昭和 19 1944 年	昭和 18 1943 年	昭和 17 1942 年	昭和 16 1941 年	昭和 15 1940 年	昭和 14 1939 年	昭和 13 1938 年	昭和 12 1937 年
昭和 29 1954 年	昭和 28 1953 年	昭和 27 1952 年	昭和 26 1951 年	昭和 25 1950 年	昭和 24 1949 年	昭和 23 1948 年	昭和 22 1947 年	昭和 21 1946 年
昭和 38 1963 年	昭和 37 1962 年	昭和 36 1961 年	昭和 35 1960 年	昭和 34 1959 年	昭和 33 1958 年	昭和 32 1957 年	昭和 31 1956 年	昭和 30 1955 年
昭和 47 1972 年	昭和 46 1971 年	昭和 45 1970 年	昭和 44 1969 年	昭和 43 1968 年	昭和 42 1967 年	昭和 41 1966 年	昭和 40 1965 年	昭和 39 1964 年
昭和 56 1981 年	昭和 55 1980 年	昭和 54 1979 年	昭和 53 1978 年	昭和 52 1977 年	昭和 51 1976 年	昭和 50 1975 年	昭和 49 1974 年	昭和 48 1973 年
平成２年 1990 年	平成元年 1989 年	昭和 63 1988 年	昭和 62 1987 年	昭和 61 1986 年	昭和 60 1985 年	昭和 59 1984 年	昭和 58 1983 年	昭和 57 1982 年
平成 11 1999 年	平成 10 1998 年	平成９年 1997 年	平成８年 1996 年	平成７年 1995 年	平成６年 1994 年	平成５年 1993 年	平成４年 1992 年	平成３年 1991 年
平成 20 2008 年	平成 19 2007 年	平成 18 2006 年	平成 17 2005 年	平成 16 2004 年	平成 15 2003 年	平成 14 2002 年	平成 13 2001 年	平成 12 2000 年
平成 29 2017 年	平成 28 2016 年	平成 27 2015 年	平成 26 2014 年	平成 25 2013 年	平成 24 2012 年	平成 23 2011 年	平成 22 2010 年	平成 21 2009 年
令和８ 2026 年	令和７ 2025 年	令和６ 2024 年	令和５ 2023 年	令和４ 2022 年	令和３ 2021 年	令和２ 2020 年	令和元年 2019 年	平成 30 2018 年
令和 17 2035 年	令和 16 2034 年	令和 15 2033 年	令和 14 2032 年	令和 13 2031 年	令和 12 2030 年	令和 11 2029 年	令和 10 2028 年	令和９ 2027 年
令和 26 2044 年	令和 25 2043 年	令和 24 2042 年	令和 23 2041 年	令和 22 2040 年	令和 21 2039 年	令和 20 2038 年	令和 19 2037 年	令和 18 2036 年

九星術の1年の始まりは立春

自分の本命星がわかったところで、1つおさらいしておきたいことがあります。それは九星術における1年の始まりは「立春」にあるということです。

くり返しの説明になりますが、この立春から翌年の節分までが九星術においての1年間と覚えてください。

節分から立春に変わることを「節入り《せつい》」といいます。ですので、1月1日～2月の立春までに生まれた方は、九星術では前年の生まれと判断しています。

例をあげると、2001年（平成13年）生まれの方の本命星は、八白土星ですが、1～2月の節入り前に生まれた方は、前年の2000年（平成12年）生まれと判断し、九紫火星が本命星になるというわけです（本命星が前年になるだけで、月や日の盤を出す場合は、2001年の日付です）。

この節入りは毎年少しずつ変わるので、市販の万年暦や九星暦などで必ず確認しておきましょう。特に過去の節入りの日時を確認するには万年暦が大変便利なので、1冊購入しておくと何かとはかどるでしょう。

ちなみに2022年は、2月4日の午前5時51分から立春が始まり、2023年2月4日の午後6時4分に節分が終わります。つまり、この期間が九星術における「2022年の1年間」という計算になります。

前述したように、節分と立春の前後2～3日（2月1日から7日まで）に生まれた方を筆者が占う場合、節入り前と節入り後の両方で本命星を出すようにしています。なぜなら時々、戸籍上の生年月日と出生日が違うことがあるからです。

これは実際に生まれた日と、出生届を出した日が違っていて、届け出た日を生年月日と覚えている場合や、そもそも出生日を間違えていたりするケースがあるからです。近年は少なくなったと思われますが、戦時中や戦後すぐなど、動乱期に生まれた方にはよくあった話です。そのため節入り前後が誕生日の方は、念のため両方で見て、より本人にしっくりくるほうを選んで占うようにしています。

陽遁《ようとん》と陰遁《いんとん》についての解説

よく耳にする、二十四節気《にじゅうしせっき》とは、太陽が年周運動で通る黄道を24等分したもので、毎年同じころにやってきますが、正確な日付は決まっていません。この二十四節気の中で、先述した節入りの次に意識していただきたいのが、夏至と冬至です。

九星術において、冬至から夏至までの期間を「陽遁」、夏至から冬至までの期間を「陰遁」と表現します。年の本命星と月の本命星を出す際に関係するのは、陰遁のみです。

陽遁と陰遁は同時に覚えたほうがいいので、このまま解説を続けます。陽遁と陰遁が関係してくるのは日の本命星と時（時間）の本命星を出す場合です（日と時の本命星を出すには、万年暦が必要になります）。

冬至から夏至までの陽遁の期間は、暦の日にちに付けられた九星の数字が、白水星、二黒土星、三碧木星、四緑木星という具合に増えていきます。逆に陰遁の時期は暦に付けられた九星の数が九紫火星、八白土星、七赤金星、六白金星というふうに減っていきます。

これは「日盤《にちばん》」という、日にちの本命星を書き入れた盤を作る際に必要なので覚えておきましょう。

年の本命星を探す

年の本命星とは生まれ年の九星のことです。48ページで解説した本命星の出し方と同じなので繰り返しになりますが、復習のつもりで読んでください。年の本命星を出す方法は、133ページの表にある生年から導き出す以外に、表を使わずに西暦だけで出す方法もあります。表を見なくても年の本命星を出せるようになると、

西暦から九星の本命星を出す

①西暦の4桁の数をすべて足す。
②合計が2桁になったら、もう一度足して1桁にする。
③②で出た数を11から引く。②の合計が1の場合は10として考え、11から引く。出た数は必ず1～9となり、その数が本命星（一白水星～九紫火星）になる。

（例1）
1959年生まれの場合
①1＋9＋5＋9＝24
②2＋4＝6
③11－6＝5で「五黄土星」

（例2）
2003年生まれの場合
①2＋0＋0＋3＝5
1桁なので②の計算はなし
③11－5＝6で「六白金星」
※立春前は前年とするのを忘れずに。

カッコいいですよ。

年号から西暦の年を求める

大正～令和と4つの年号を用いる現在、なかなか西暦とリンクして覚えられないという声をよく耳にします。そこで、ちょっと便利な方法をお教えしましょう。

①年号が大正の場合、西暦に直すには年号に11を足します。たとえば大正9年生まれなら、9＋11＝20で、1920年生まれです。

②年号が昭和の場合、西暦に直すには年号に25を足します。たとえば昭和34年生まれなら、34＋25＝59で、1959年生まれです。

③年号が平成の場合、西暦に直すには年号に88を足します。たとえば平成16年生まれなら、16＋88＝104。100の位は取って、04。つまり2004年生まれです。

④年号が令和の場合、西暦に直すには年号に18を足します。たとえば令和1年生まれなら、1＋18＝19で、2019年生まれです。

西暦から九星の本命星の出し方は右ページを見てください。

一覧表を見ずに年の本命星を出す

自分の生年と本命星を覚えておけば、他の方の本命星を導き出すこともできます。その方法は次のとおりです。

たとえば西暦1991年生まれ、九紫火星が本命星のAさんが九星術を学んでいたとします。その話を聞きつけた友人のBさんから、ぜひ占って欲しいとお願いされました。

Bさんは1995年生まれなので、Aさんは自分の生まれた1991年を1995年から引くと4となるので、Aさんの本命星である九紫火星から4つ戻れば、八白土星→七赤金星→六白金星→五黄土星となり、Bさんの本命星が五黄土星だとわかります。

逆に1987年生まれのCさんから、占って欲しいといわれたら、1991から1987を引いて4、九紫火星から4つ進んで、一白水星→二黒土星→三碧木星→四緑木星となり、Cさんの本命星が四緑木星だとわかります。

本場中国の九星術は暦を使わない

中国の九星術者達の多くは、暦を使わずに九星盤を出します。これは中国にルーツを持つ占いの四柱推命術《しちゅうすいめいじゅつ》でも紫微斗数推命術《しびとすうすいめいじゅつ》でも奇門遁《きもんとん》甲《こう》であっても同じです。なぜなら、いつでもどこでも占えるからです。

占いはときに緊急性が求められます。たとえば外出先で災害に見舞われ、どの方角へ逃げるべきかという場合に、とっさに占えるかどうかで運命を左右するかもしれません。暦がない、計算機がない、といっていては緊急時に占うのは無理でしょう。少し極端な例ですが、手際よく占えれば格好いいですし、皆さんも慣れてきたら、暦を使わずに星を出せるように練習してみてください。

月の九星盤は毎年変化する

「月の九星」は十二支を3つに分類したグループで、それぞれ1月にくる星が変わります。なぜ3つのグループかというと、季節の変わり目だと思ってください。左ページの上の表にある

月の九星盤一覧

年の十二支 生まれ月	子・卯・午・酉の年 四正	丑・辰・未・戌の年 四墓	寅・巳・申・亥の年 四馬
1月	九紫火星	六白金星	三碧木星
2月	八白土星	五黄土星	二黒土星
3月	七赤金星	四緑木星	一白水星
4月	六白金星	三碧木星	九紫火星
5月	五黄土星	二黒土星	八白土星
6月	四緑木星	一白水星	七赤金星
7月	三碧木星	九紫火星	六白金星
8月	二黒土星	八白土星	五黄土星
9月	一白水星	七赤金星	四緑木星
10月	九紫火星	六白金星	三碧木星
11月	八白土星	五黄土星	二黒土星
12月	七赤金星	四緑木星	一白水星

ようにまず「四正《しせい》」といわれる子、卯、午、酉の年は九紫火星が1月になります。「四墓《しぼ》」といわれる丑、辰、未、戌の年は六白金星を1月に配置します。さらに「四馬《しば》」といわれる寅、巳、申、亥の年は三碧木星が1月になります。

ちなみに丑年の1月は小寒《しょうかん》（二十四節気の1つで、新暦では1月5日、6日ごろに当たる）から始まり、2月の立春前までです。時間は毎年変化するので、市販の万年暦で調べてみてください。

もし生まれた時間が節入り日や節入り時刻に近い場合は、両方の盤を出してどちらの運勢のほうがあなたの運勢と合っているかを確認して「月の九星盤」を決めましょう。

時間は現代ではかなり正確にわかりますが、九星術が生まれた昔は、おおよその時間で占っていたので、もし午後6時58分であったなら、念のため7時前と7時過ぎの2つの盤で占うと覚えておきましょう。

日の九星を探す

次は「日の九星」を求めます。万年暦を見ると、年のページがあり、月が上段にあって、12カ月に分かれています。日はだいたい真ん中にあり、1年分が細かく載っているでしょう。さらに干支や旧暦が書かれています。この日にちのところに書かれている星が、いまあなたが求める「日の九星」です。暦を使って探すのはここまでです。

暦のズレをどう考えるかで変わる

日の九星、つまり日盤の出し方は万年暦を見てもらうのが一番ですが、それでも年盤、月盤に比べてやや複雑に感じるかもしれません。その原因は、日盤には陽遁と陰遁があって、陽遁は一白、二黒、三碧、四緑と並び順に進むのに対し、陰遁は九紫、八白、七赤、六白と逆に進みます。日盤を複雑にしているのは、この進み方が変わる陰遁陽遁の切り替え日にあります。

ご承知のとおり、1年には365日の年と366日の年があります。わずか1日ですが、暦を基本とする九星術には、影響が大きいと考えられてきました。また陰遁と陽遁を切り替える明確な基準が決められなかった（あえて伝承されなかった可能性もあります）ため、流派ごとにいくつもの複雑な解釈が生まれました。そこで本項では、筆者がおすすめするシンプルな方法を解説します。

陰遁、陽遁の切り替え日の目安になるのは冬至と夏至です。流派によっては、冬至と夏至に近い甲子《きのえね》の日を切り替え日とするところもありますが、本書ではもっとシンプルにしましょう。1年が365日の年の場合、冬至の翌日から陽遁の期間が始まり、夏至の翌日から陰遁の期間が始まるとします。なお、切り替え日が変わると九星の進み方が変わるのを忘れないでください。では切り替え日の例をあげて説明します。

●陽遁の場合　陰遁の最終日が仮に「九紫火星」だった場合、**「九紫火星」↓冬至の日（切り替え日）「八白土星」↓陽遁の1日目（冬至の翌日）「九紫火星」↓陽遁の2日目「一白水星」**……となります。

●陰遁の場合　陽遁の最終日が仮に「九紫火星」だった場合、**「九紫火星」↓夏至の日（切り替え日）「一白水星」↓陰遁の1日目（夏至の翌日）「九紫火星」↓陰遁の2日目「八白土星」**……となります。

うるう年の陰遁陽遁の切り替え

次は1年が366日のうるう年の場合です。365日より1日多い日をうるう日（一般的なカレンダーでは2月29日のこと）といいます。うるう年の場合、本来は冬至か夏至に一番近い甲午《きのえうま》の日に同じ星（冬至は七赤金星、夏至は三碧木星）を2日続ける方法を取るのですが、本書ではそれを簡略化して、うるう年の夏至の日の日盤の九星を、翌日にもう一度繰り返すようにしてください。切り替え日の例を書くと……。

●陽遁の場合　1年が365日の年の方法と変わりません。

●**陰遁の場合**　陽遁の最終日が仮に「九紫火星」だった場合、**「九紫火星」↓夏至の日（切り替え日）「一白水星」↓うるう日（夏至の翌日）「一白水星」↓陰遁の1日目（夏至の翌々日）「九紫火星」↓陰遁の2日目「八白土星」**……となります。

簡略化しても問題はないの？と思われる方もいらっしゃるかもしれませんが、影響がゼロとはいいません。ただ、かなり複雑で高度な占いを行わない限り影響はないでしょう。本書で解説している範囲で、吉凶の運勢が変わるほどの影響はありません。

九星術で使うのは新暦

暦について時々「新暦と旧暦のどちらで占えばいいか」と質問されることがあります。新暦とは現代の私たちが日常生活で使っている太陽暦（グレゴリオ暦）。旧暦は明治5年まで使われていた太陰太陽暦です。九星術は旧暦をベースにしていましたが、新暦とは約1カ月のズレがあり、より占いやすくするため、現在の九星術は基本的に新暦で占うことになっています。

とはいえ、傾斜法では旧暦の生年月日を術の一部で使う場合があり、厳密には新暦、旧暦のどちらも使用が許されています。ただし本書では初心者にわかりやすくする観点から、新暦で解説を行っています。もちろん万年暦を併用すれば、占いが行いやすくなるだけでなく、陰遁陽遁の切り替えも掲載されているので、大変に便利です。難しいものではないので初心者でもすぐに使えるでしょう。もちろん万年暦を使わず、インターネットで暦を検索しても構いません。

生年月日を基準にした占いでは、占いによって使う暦がそれぞれ違います。では暦が変わったのに、なぜ九星術は当たるのでしょうか。それは新暦に合わせて調整がされたからに他なりません。いうなれば時代の変化に対応できる占いが九星術なのです。

万年暦にはいくつか種類がありますが、一般的に手に入れやすいのは東海林秀樹先生が監修した『精解　吉象　万年暦』（東洋書院）でしょう。占いに力を入れている書店やネット書店でも販売されているので、すぐに見つかると思います。

ちなみに筆者が使っている万年暦は複数あります。1つは「鐘の会」編纂の万年暦で、これは大正元年（1912年）から平成30年（2018年）までの106年間が記されています。

もう1つは鮑黎明《ぱおりーみん》先生監修の中国標準万年暦です。これは元治元年（1864年）から令和25年（西暦2043年、出版時は昭和だったので昭和118年）までの179年間が載っています。この2つの暦にも違いがあるのです。

次は2つの暦を比べてみる

違いは陽遁と陰遁の切り替え日で、たとえば「冬至（夏至の場合もあります）に近い甲子の日」についていうと、冬至に近ければ冬至の前でも冬至の後でもいいのかどうかが、どの九星術の解説書にも書かれていないのが問題でした。

一方、鮑先生の中国万年暦では、甲子の日に関係なく、冬至と夏至の日で陽遁と陰遁を切り替えています。

では、実際にはどう違うのか。145ページの2つの例を見てください。

繰り返しになりますが、２つの万年暦で日の九星が違っていても九星術の占いにおいては、あまり気にする必要はありません。他の占いでは暦によって大きく結果が変わることもありますが、九星術は暦が多少ズレることも含んだ占いだと思ってください。いい換えれば、九星術は暦が変化しても対応していける占いということです。でなければ千年以上の昔から現代まで受け継がれているわけがありません。

中国の占いに秘伝がある理由

１２８ページで軍学（占術の応用）の流派がいくつもある理由について少し書きましたが、中国では文武両面において、さまざまな流派や数多くの秘伝が創出されました。九星術にも秘伝とされる術があります。世間一般でいう秘伝は、自分だけが考えた自分だけの方法という意味ですが、占いにおける秘伝は少し違っていて、次の３つに分類できます。

①誰にでもできる簡単な技だが、あまりにも危険な技（技術）なので、初心者には簡単に使えないよう秘しているもの。開運法の反対の術に相当します。

②使う場面はめったにないが、使わなければ判断できないことがあり、そのために用いる特殊な技。判断法の一種と考えられます。一般には吉凶が逆転するような術です。

③一般的に開運法と呼ばれる技で、努力なしで実行してはダメなもの。

九星術や気学、風水においては主に②の秘伝が多いでしょう。

月の干支　年の干支　年の九星　月の九星

平成26年（2014年）甲午年　四緑木星							
1月　乙丑　九紫火星							
鮑黎明先生の中国万年暦				鐘の会の万年暦			
1日	壬申	九紫	12月1日	1日	壬申	九紫	12月1日
2日	癸酉	一白	12月2日	2日	癸酉	一白	12月2日
3日	甲戌	二黒	12月3日	3日	甲戌	二黒	12月3日
4日	乙亥	三碧	12月4日	4日	乙亥	三碧	12月4日
5日	丙子	四緑	12月5日	5日	丙子	四緑	12月5日
6日	丁丑	五黄	12月6日	6日	丁丑	五黄	12月6日

日の九星

このように平成26年１月の中国万年暦と鐘の会の万年暦に違いはありません。ところが下の平成24年１月を見ると……

平成24年（2012年）壬辰年　六白金星							
1月　辛丑　六白金星							
鮑黎明先生の中国万年暦				鐘の会の万年暦			
1日	辛酉	七赤	12月8日	1日	辛酉	三碧	12月8日
2日	壬戌	八白	12月9日	2日	壬戌	二黒	12月9日
3日	癸亥	九紫	12月10日	3日	癸亥	一白	12月10日
4日	甲子	一白	12月11日	4日	甲子	一白	12月11日
5日	乙丑	二黒	12月12日	5日	乙丑	二黒	12月12日
6日	丙寅	九紫	12月13日	6日	丙寅	三碧	12月13日

日の干支（かんし）

十干と十二支を組み合わせた60の数詞（数を表わす言葉）のこと

平成24年1月を見ると、鐘の会の万年暦（右）は、陰遁から陽遁へのタイミングなので、日の九星が三碧木星→二黒土星→一白水星が２日続いて→二黒土星→三碧木星となっています。一方、鮑先生の万年暦では、日の九星の並びが七赤金星→八白土星→九紫火星と、すでに陽遁に切り替わっています

時の九星を探す

時の九星盤は左ページにある「陽遁と陰遁の時の九星盤」の表から探していきます。時盤にも陰遁と陽遁があります。その分け方は先ほど日盤で解説した冬至と夏至に起因しています。つまり陰遁の日の時盤は陰遁。陽遁の日の時盤は陽遁になります。

①日盤に合わせて陰遁、陽遁のどちらか一方の欄を見ます。

②日の十二支の欄を見て「子、卯、午、酉」、「丑、辰、未、戌」、「寅、巳、申、亥」のどのグループに当たる日かを見ます（日の十二支は、万年暦で確認してください）。

③時刻の欄を見て、時盤を出したい時間の横列と日の十二支の縦列が交差する欄に入っているのが、時の本命星です。この本命星の後天九星盤が時盤になります。

仮に「陰遁・申の日・酉の刻（17時1分～19時）」を見ると、時の本命星は三碧木星です。「陽遁・寅の日・午の刻（11時1分～13時）」だと四緑木星が時の本命星になります。繰り返しますが、時の本命星が出たら九星盤を作成しましょう。それが時盤になります。

時盤作成までの手順は以上ですが、注意したいのは時盤の基になる時刻は何を参考にするかという点です。これも流派によって考え方がさまざまですが、筆者は日本標準時を用いるのをおすすめします。外国で占う場合、国内で時差があるケースもあるため、その土地の標準時を用いるといいでしょう。

陽遁と陰遁の時の九星盤

陰遁				陽遁		
日の十二支			時刻	日の十二支		
寅・巳 申・亥 の日	丑・辰 未・戌 の日	子・卯 午・酉 の日		寅・巳 申・亥 の日	丑・辰 未・戌 の日	子・卯 午・酉 の日
三碧木星	六白金星	九紫火星	子の刻 23：01～01：00	七赤金星	四緑木星	一白水星
二黒土星	五黄土星	八白土星	丑の刻 01：01～03：00	八白土星	五黄土星	二黒土星
一白水星	四緑木星	七赤金星	寅の刻 03：01～05：00	九紫火星	六白金星	三碧木星
九紫火星	三碧木星	六白金星	卯の刻 05：01～07：00	一白水星	七赤金星	四緑木星
八白土星	二黒土星	五黄土星	辰の刻 07：01～09：00	二黒土星	八白土星	五黄土星
七赤金星	一白水星	四緑木星	巳の刻 09：01～11：00	三碧木星	九紫火星	六白金星
六白金星	九紫火星	三碧木星	午の刻 11：01～13：00	四緑木星	一白水星	七赤金星
五黄土星	八白土星	二黒土星	未の刻 13：01～15：00	五黄土星	二黒土星	八白土星
四緑木星	七赤金星	一白水星	申の刻 15：01～17：00	六白金星	三碧木星	九紫火星
三碧木星	六白金星	九紫火星	酉の刻 17：01～19：00	七赤金星	四緑木星	一白水星
二黒土星	五黄土星	八白土星	戌の刻 19：01～21：00	八白土星	五黄土星	二黒土星
一白水星	四緑木星	七赤金星	亥の刻 21：01～23：00	九紫火星	六白金星	三碧木星

暦の差は解釈する側が決める

ここまで日盤の陰遁陽遁の切り替え日や、時盤に用いる時間について、筆者がおすすめする簡単な方法という形で解説してきました。しかし、本来の九星術には流派ごとに細かい違いがあります。九星術の占いをもっと上達させたいと考えておられる方は、ぜひ本格的な方法にもチャレンジしてみてください……と書くと「では本格的な九星術を学ぶにはどうすればいいの」という話になります。

これは九星術の占いの先生を選ぶ話にもつながりますが、1つは占ってもらってシンパシーを感じる、何となく気が合うように感じた先生がいたら、その先生に付いて学ばれるか、その先生の流派の源流により近い別の先生に師事するといいでしょう。もう1つは「自宅の近く」や「友人の紹介」といった「ご縁」から決めるのもいいでしょう。

筆者はこの「ご縁」という言葉が好きで、生きるうえで大切にしていることの1つです。数ある占いから九星術に興味を持っていただき、さらに数ある書籍の中から本書をを手に取って読んでいただいているあなたとも「ご縁」があったのだと思っています。

どちらの方法であっても、選ぶのは九星術を学ぶあなたです。暦のズレや時間の解釈もこれと同じで、あなたが選びたいほうを選べばいいのだと思います。

命占術、卜占術、方位術で広範囲をカバーする

次の章に進む前に、お伝えしておくことがあります。「九星術」には「命、卜、方」があり、それぞれを用いて占断するというのはここまでに折々説明してきたとおりです。しかし、どうしてこの3つの術を使うのでしょうか。

3つの術の占いの理論が別々で重複していないからです。これらは占い(判断するための術)なので、それなりに難しい部分もあります。しかし一度覚えた判断するための術は、命占術でも卜占術でも方位術であっても活用できるのです。ところどころに八卦の要素を用いたりもしますが、大きな違いがあるのは五黄土星だけで、残りは八卦の理論とほぼ同じです。

凶運の対処もできる

もし「九星術」で凶が出たらどうすればよいのでしょうか。実は九星術には凶を無効化する対処法があります。

その術は「方位術」です。九星の方位術に近い占いに「奇門遁甲《きもんとんこう》」がありますが、こちらは凶と出たら凶。吉と出たら吉と、結果が変わることがありません。「奇門遁甲」は軍学として発達してきた占いです。それゆえに個別の判断には向きません（できません）。そもそも戦《いくさ》には勝ちと負け、白黒をハッキリつける必要があります。

実際は勝った軍勢にも死者は出るものですし、負けた軍勢にも生存者はいます。つまり、吉の中にも凶があり、逆に凶の中にも吉があり、こ

れらは第五章の傾斜法で解説する「四象《ししょう》」に通じるものです。しかし、勝者と敗者という形での白黒はハッキリします。

一方、九星術では「9つの星」に分けて判断ができます。9つの個といい換えてもよいでしょう。たとえば4人家族でキャンプに行こうとして、4人とも異なる方位が吉という結果が出ることもあります。

ちなみに4人とも吉方位が異なる場合は、中心人物の結果を優先して判断します。一般的には家長であるお父さんを中心人物と考えます。家族のあり方が多様化している現代では、一概に家長＝お父さんとはいえないこともありますが、このあたりは古代中国発祥の占いと理解してください。この考え方は家族以外の団体、組織についても同じです。会社の行事や移転であれば社長。部署内の行事や出張であれば部長や課長。学校行事であれば校長や生徒会長が中心人物になります。

ただし先述したキャンプなどのレジャーの場合は、一番行きたがっている人（望んでいる人）を中心人物として占ってもいいでしょう。個人の自由を尊重する現代においては、このように考えて方位を占うほうが、より自然な結果を導き出せるかもしれません。そしてどちらの考え方にも柔軟に対応できるのが九星術の長所といえます。あなただけの吉方位を探せば、それが開運の方位となるでしょう。

第五章

命占術の傾斜法を学ぶ

命占術の傾斜法についての基本

さてここから「命占術」に含まれる「傾斜《けいしゃ》法《ほう》」について解説していきます。**九星術では「命占術が外面もしくは基本的な傾向」、「傾斜法が内面的な傾向」といわれています。「こうありたいと願う理想の自分」と「つい出てしまう本当の自分」といい換えてもいいでしょう。占いの割合としては「命占術」と「命占術の傾斜法」は表裏一体なので、どちらの結果も大事と覚えてください。**

第一章でも書いたように九星術の起源は古代中国の自然哲学にあり、その考え方には陰陽がベースにあります。世の中のすべてにおいて裏があれば表があり、陰があれば陽があるということです。

私見ですが、筆者は術にも陰と陽があると考えています。陰の術や陽の術というのは陰の性格と陽の性格を表わし、誰の性格の中にも陰と陽はあるのです。そして陰の性格を見るのに有効なのが、命占術の傾斜法です。

まず陰の性格はマイナスの性格で悪い意味の性格、陽の性格はプラスの性格でよい意味の性格と、いうことができます。

また、もう1つの性格の陰陽は、**陽の性格というのは普段の日常の性格で周囲の人々から箇**

単にわかるもの。命占術で見られる外面的な性格といえます。反対に陰の性格というのは日常からは推測できない、いざというときに発揮される性格で、傾斜法で説明される内面的な性格といえるものです。

この性格の陰陽という点（＝外面的性格と内面的性格）は、どちらが表に出やすいかという違いでしかないのだと思います。

陽が表わすもの	陰が表わすもの
男性	女性
高い	低い
高貴	下賤・卑俗
裕福	貧困・困窮
多い	少ない
大きい	小さい
太っている	痩せている

文字だけを見ると、男尊女卑的な印象を強く受けますが、現代の価値観とズレているのは仕方ないのかもしれません。1000年以上の昔から伝わっているものなので、こういう解釈に基づいた占いだと理解してください

縦糸と横糸と、どちらを先に機織り機にセットするかの差だけです。織物を作るときには縦糸だけでもダメ、横糸だけでもダメで、両方がそろって初めて1つの織物になるのです。九星術の「命占術」と「命占術の傾斜法」もそんな密接な関係にあるのです。

八卦の要素を用いる

「命占術の傾斜法」は、八卦の理論を九星術に足したものと考えてください。そして世の中はすべて陰と陽から成立している、とします。それをわかりやすく形にしたものを爻《こう》（符合の一種）と呼びます。単なる棒の形（——）をした陽爻《ようこう》と、真ん中が凹んだ棒の形（— —）をした陰爻《いんこう》があり、陰と陽とは対比の関係に例えられます。陰陽の対比を考える場合、次の四象《ししょう》の

考え方が欠かせません。

四象についての考え方

次は「四象」について説明します。「四象」とは八卦において使われる概念で、宇宙生成論にもつながるもの。「陽」と「陰」の中にそれぞれ「太」と「少」があり、合わせて4つになるものです。

例として樹木の「四象」を考えてみましょう。1本の木だけではなく、2本の木だと高い木を「陽」、低い木を「陰」と説明できます（単なる対比ではありません）。次に4本の木ではどうなるでしょうか。下の表を見てください。

高い木の中にも「高い木」と「低い木」があります。**これを高くて高い木＝「太陽《たいよう》」、高くて低い木＝「少陰《しょういん》」と呼びます**（日本語的には

●四象の概念と爻の形

陽		陰	
高い樹木		低い樹木	
太陽	少陰	少陽	太陰
春 →	夏 →	秋 →	冬
高くて高い樹木	高くて低い樹木	低くて高い樹木	低くて低い樹木
陽 ⚊	陰 ⚋	陽 ⚊	陰 ⚋
陽 ⚊	陽 ⚊	陰 ⚋	陰 ⚋

おかしな表現ですが、あくまで考え方の話と理解してください）。

同様に低い木の中にも**「低くて高い木」と「低くて低い木」があります。前者を「少陽《しょうよう》」とし、後者は「太陰《たいいん》」となります。**この「太陽」、「少陰」、「少陽」、「太陰」を「四象」と呼び、春夏秋冬になぞらえています。暖かさが徐々に強まって春になり、それが夏の暑さに変化します。そして秋になって徐々に涼しくなっていき、冬の寒さへと変化していきます。

さらにこの「四象」に陽、陰、陽、陰……と重ねていくと、八卦になります。これは25ページの八卦の成り立ちで説明したとおりです。

●八卦の爻の形と名前

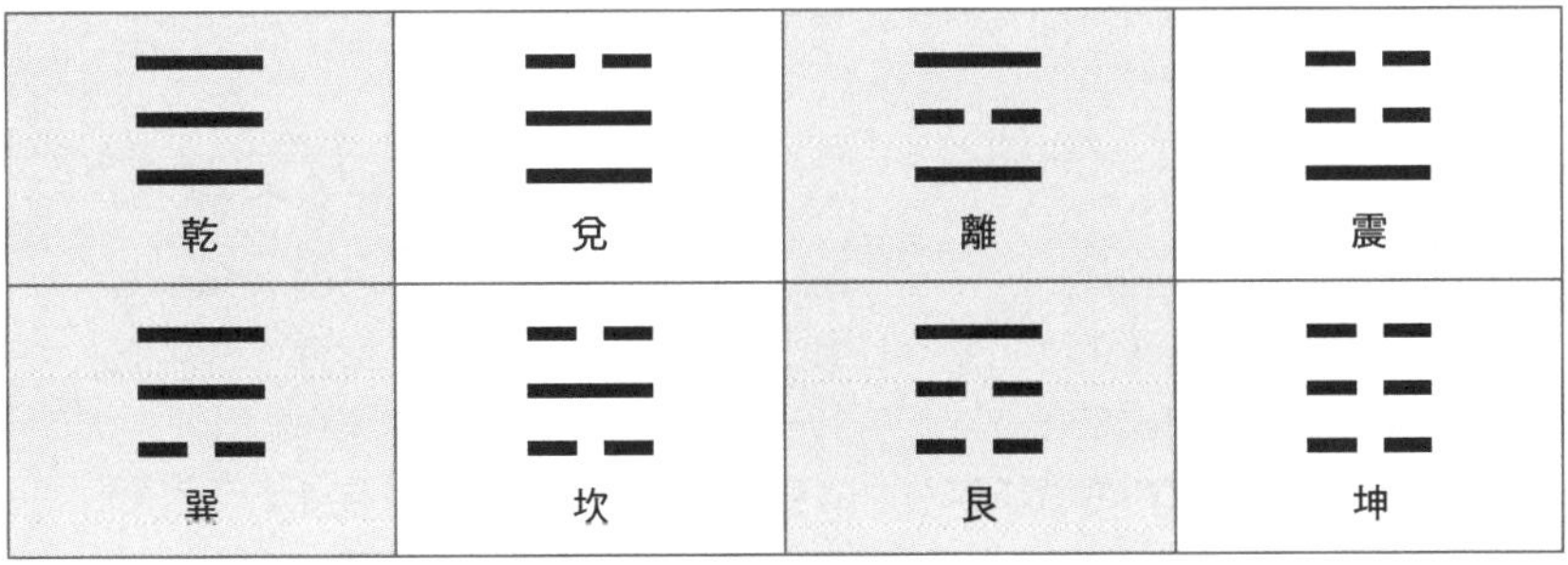

爻と呼ばれる――陽爻と―　―陰爻の符号を３種類組み合わせ、この表にある８つの形ができます。24〜25ページで解説した八卦の成り立ちも参照してください

傾斜法で使うのは宮位盤

154〜155ページの表を見てもすぐには理解できないかもしれませんが、この8種類の爻の形が「八卦」と呼ばれることは覚えてください。当たるも八卦、当たらぬも八卦と揶揄される言葉くらいはご存じだと思います。

八卦とは古代中国から伝わる「爻」と呼ばれる記号を3種類組み合わせたものです。

8種類の形にはそれぞれ名前があり、「乾《けん》」「兌《だ》」、「離《り》」、「震《しん》」、「巽《そん》」、「坎《かん》」、「艮《ごん》」、「坤《こん》」で表わされます。さらにこの八卦で、円を一周して世界（時間と空間）をも表現しています。

そして命占術の傾斜法で用いる八卦の要素は、26〜27ページで説明したものから、もう一歩踏み込んだものになります。

ここで左ページの九星盤の基本形と傾斜法で使う宮位盤を見比べてください。乾、兌、離、震、巽、坎、艮、坤の宮の場所が同じです。九星盤の基本形は42〜43ページで解説したとおり、五黄土星が中央にある状態です。これに八卦の宮を当てはめたものが左ページ上の図です。本命星が五黄土星以外になる場合、各マス目に入る数字が変わりますが、宮の位置は基本形のままです。下の図はその基本形の宮の位置だけを記した宮位盤です。

九星と八卦の相対関係

九　星	八　卦
一白水星	坎
二黒土星	坤
三碧木星	震
四緑木星	巽
五黄土星	該当なし
六白金星	乾
七赤金星	兌
八白土星	艮
九紫火星	離

九星盤の宮の位置は、八卦の宮を置き換えています

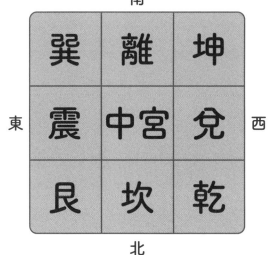

九星盤の基本形

南

	四緑木星 巽	九紫火星 離	二黒土星 坤	
東	三碧木星 震	五黄土星	七赤金星 兌	西
	八白土星 艮	一白水星 坎	六白金星 乾	

北

傾斜法で使う宮位盤

南

	巽	離	坤	
東	震	中宮	兌	西
	艮	坎	乾	

北

命占術の傾斜法に使う生年盤と生月盤は後天盤なので、９つの星が動きます。しかし宮を表わす乾〜坤の場所は動きません。まずはこれだけを覚えましょう

九星盤と八卦盤の流れを見る

42〜45ページで解説したように、九星術で用いる盤には宮が動かない先天八卦盤と宮が動く後天九星盤があります。傾斜法の解説の前に2つの盤の興味深い共通点を知っておきましょう。後天九星盤は九星の本命星ごとに変わるため、一白水星から九紫火星まで9種類あり、宮に入る星が動きます（52〜53ページを参照）。

一方、先天八卦盤は乾、兌、離、震、巽、坎、艮、坤という8つの宮が動きません。また、乾〜坤まで決まった順番があります。下図で確認できますが、後天九星盤と先天八卦盤では、流れが逆になっています。これは偶然ではなく、先天八卦盤と後天九星盤が陰陽のように対になることで、物事を両面からを占っているのです。

先天八卦盤

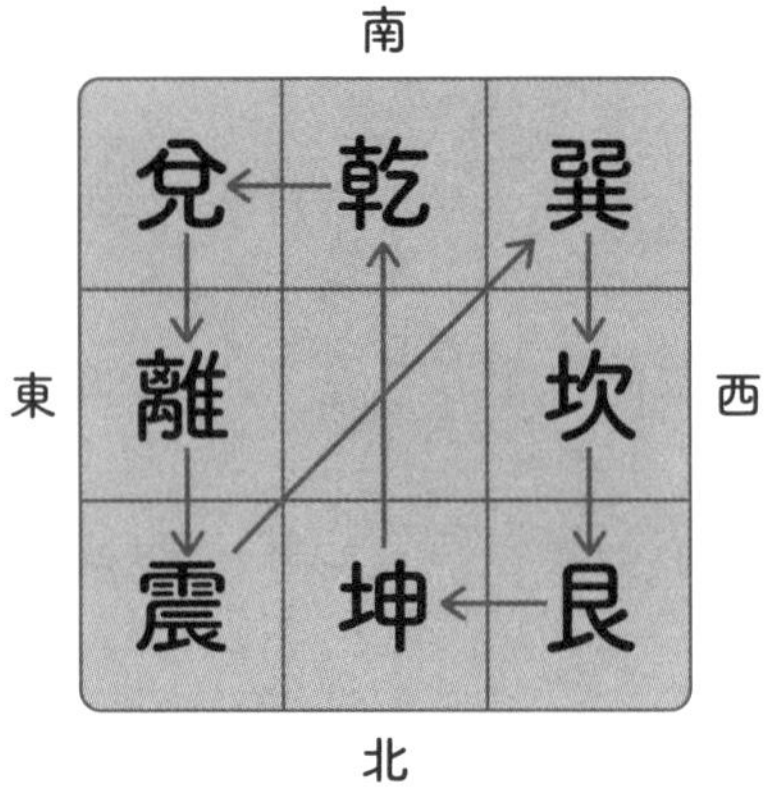

二黒と八白を入れ替えた
後天九星盤

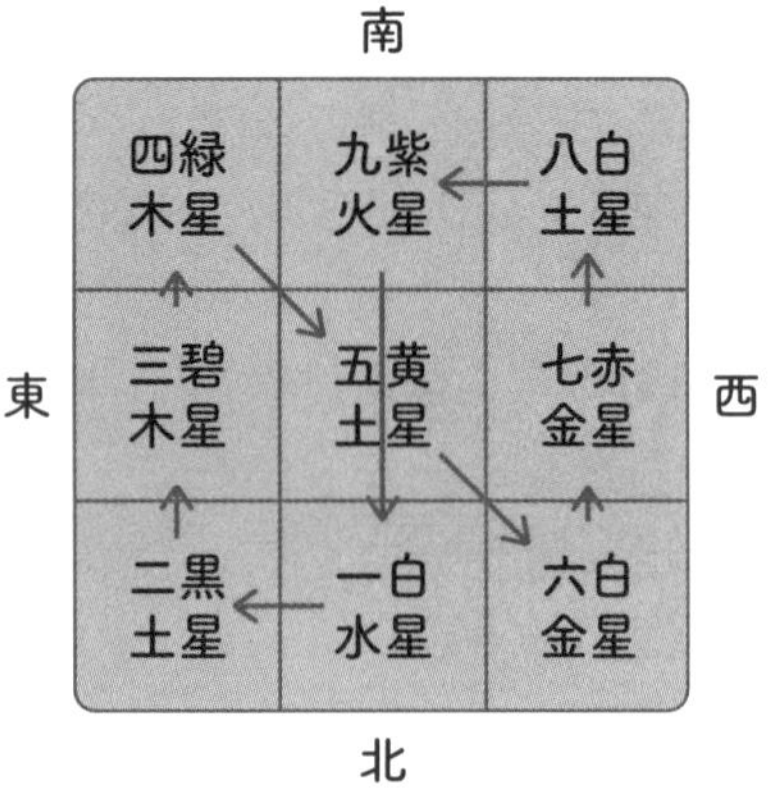

先天八卦盤と後天九星盤の流れ（矢印の方向）がちょうど正反対になっています。実はこの後天九星盤は、五黄土星の本命盤の八白土星（右上）と二黒土星（左下）を入れ替えたものです。このように後天九星盤は星の位置を入れ替えることで、流れがすっきりして表裏一体なのがよくわかるようになります

傾斜法とはどういうものか

まず「傾斜法」の手順を説明しましょう。

①自分が生まれた年から生年盤（本命星の盤）を出します（50ページを参照）。

②次に生まれた月から生月盤を出します（下の月の九星盤一覧を参照）。

③本命星が生月盤のどこにあるのかを見ます。

④その場所がどの宮かを宮位盤で見ます。そこがあなたの傾斜宮になります。

次は具体例をあげて説明しましょう。

①生年盤（本命星）は六白金星でした。

②生月盤（月命星）は二黒土星でした。

③生月盤で六白金星が入っていた場所を宮位盤で見ると離宮でした。

3つの盤は次のページを見てください。

月の九星盤一覧

年の十二支 ／ 生まれ月	子・卯・午・酉の年 四正	丑・辰・未・戌の年 四墓	寅・巳・申・亥の年 四馬
1月	九紫火星	六白金星	三碧木星
2月	八白土星	五黄土星	二黒土星
3月	七赤金星	四緑木星	一白水星
4月	六白金星	三碧木星	九紫火星
5月	五黄土星	二黒土星	八白土星
6月	四緑木星	一白水星	七赤金星
7月	三碧木星	九紫火星	六白金星
8月	二黒土星	八白土星	五黄土星
9月	一白水星	七赤金星	四緑木星
10月	九紫火星	六白金星	三碧木星
11月	八白土星	五黄土星	二黒土星
12月	七赤金星	四緑木星	一白水星

自分の干支と生まれ月が交差するところを見れば、生月盤の九星が何かわかります

くり返しの説明になりますが、②の生月盤を見て本命星の六白金星の場所を探します。③の宮位盤に当てはめると六白金星は南の「離宮」に入っているので、この場合は「離宮傾斜」になります。本命星以外の九星は動く、宮位盤の宮は動かないと区別しましょう。宮の場所を覚えてしまえば、傾斜法は大変便利です。

重要度が高いほうに傾く

「傾斜法」は重要度が高い（＝重い）「生年盤」に入っている本命星が、重要度がやや低い（＝少し軽い）「生月盤」に乗ると、本命星が入った宮が重いほうへと傾く（＝八卦のいずれかの方向に傾く）ので傾斜宮といいます。

傾斜宮の出し方

①生年盤を作る

5	1	3
4	6	8
9	2	7

六白金星が本命星なら、右のように6が中央に入る生年盤になります

②生月盤を作る

1	6	8
9	2	4
5	7	3

月の本命星が二黒土星とすると、二黒土星の生月盤を作ります。中央に2が入り、生年盤の本命星である6は南の位置に入ります（52ページ参照）

③宮位盤で見る

巽	離	坤
震	中宮	兌
艮	坎	乾

上の生月盤の6の位置を宮位盤に当てはめると、離宮の位置になります。この状態を「六白金星が離宮に入る」といい離宮傾斜です

　ですがここで問題が1つあります。それは、「本命星」と「月命星」が同じときはどうなるのか、という点です。たとえば生年盤が四緑木星（本命星）で、生月盤も四緑木星（月命星）のように一緒であった場合も、「傾斜法」という限り、「乾、兌、離、震、巽、坎、艮、坤」の八方位のいずれかに傾くのか、それともそのまま中央にあって、傾かないのか。一体どちらになるのでしょうか。答えは……わかりません。

　誤解を招かないように補足すると、本命星と月命星が同じ場合、それをどう配置するのかというのは、「九星術」の流派によって解釈の違いが発生する部分なのです。生年盤と生月盤の九星2つが同じとき、どういう方法で傾斜宮を出して見ればいいのかについては、190ページから各流派ごとの判断方法を解説します。いずれも著名な先生方の方法なので、ぜひ自分に合った方法を選んで試してください。次は各傾斜宮ごとの基本的な性格（内面）を解説します。

自分の傾斜宮を書き込んでみましょう

①生年盤を作り本命星を探す

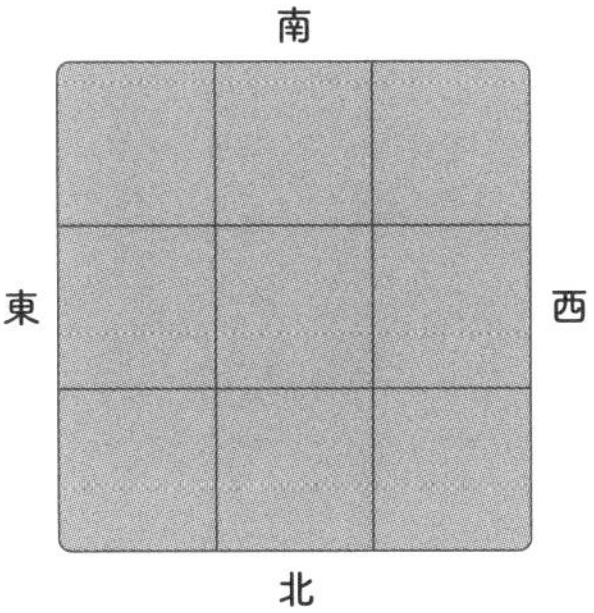

②生月盤を作り本命星の宮を探す

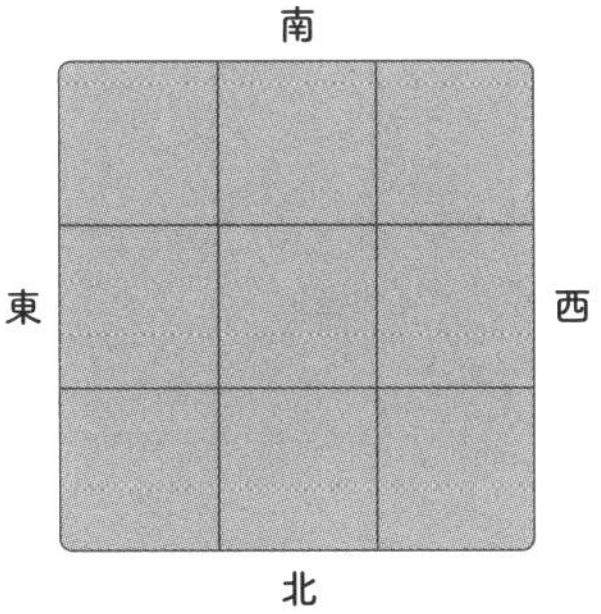

①の生年盤には必ず中央に本命星が入ります。②の生月盤は9マスのどこかに本命星が入るでしょう。本命星が①の中央から②のどこかのマスへ入ることを、傾斜（傾く）と表現します。ただし②で同じ中央に入った場合も傾斜と呼びます

各傾斜宮から見た性格

命占術の傾斜法を使ってそれぞれの「傾斜宮」の出し方は理解できたと思います。前ページでは本命星と月命星が一緒になったとき、どう判断するか、というところで話を終えましたが、九星×九星＝81通りの中で9つだけが問題になるので、九星×八卦＝72通りの場合は、理論どおりの見方で構いません。

ここからは各宮に傾斜した場合の個人の内面的性格を読んでいただきましょう（誰かを占う場合は、占断の参考にしてください）。

乾《けん》宮《きゅう》傾《けい》斜《しゃ》　乾宮に本命星が入る

男性は全般的におとなしい人が多いのですが、女性はバリバリ仕事をこなすキャリアウーマン系。どちらかといえば男性的といえます。

男女とも決断力に優れ、何をするにも即断即決でモタモタしません。自尊心が強く、社交辞令的なおべっかすら苦手です。自分の力で周囲に影響を与えていく実力主義者。そういう意味で組織のリーダーに向くといえます。政治家や社長にも多いタイプです。

年齢を重ねると個人重視よりも社会性を重視する傾向が強まりますが、反面、あきらめてしまうとどうにでもなってしまえという気持ちが出てしまい、世捨て人的になりやすくもあるので注意してください。

弱点というか気を付けたほうがいいのは、他人に自論を押し付けるところ、周囲の評価や噂話を気にし過ぎるところ、偉そうにふるまいがちなところの3つです。乾宮傾斜の人の人生は意外と浮き沈みが激しく、大きな賭けに出て再起不能になった場合、周囲から冷笑されるかもしれません。しかし、そういった経験があればあるほど負けん気が強まっていくでしょう。

兌宮傾斜《だきゅうけいしゃ》　兌宮に本命星が入る

この傾斜宮の人は、まずコミュニケーション能力が高く、とにかく話し好きです。営業マン、コンサルタント、教師、講師など会話が欠かせない職業に就いているケースも多いでしょう。

次に食事や飲酒が好きで、グルメでもあります。こちらの要素が強まると飲食に関係した仕事に就いていることも多いです。このように兌宮傾斜の人は、最初に「口」に関係することがあげられます。また、贅沢好きで慎ましい生活は自分には無理と思っている節があります。女性はオシャレで男性は社交的。よく行動し、よく働く人といえます。金銭欲は強いですが、どうも蓄財は苦手なようです。

以上から兌宮傾斜は「リッチ」で「ゴージャス」と連想しがちですが、実生活では金銭的な悩みがあったり、あるいは仕事の苦労を背負い込みがちな性分が多いようです。

残念ながら勉学にはあまり向いておらず、異性関係で人生に影響が表われやすいです。集団よりも個人の快楽を求めやすい性格です。

離宮傾斜《りきゅうけいしゃ》　離宮に本命星が入る

離宮傾斜は派手好みの人が多いのですが、傾斜宮は内面的な性格を表わすので、実際は表向きには地味で真面目な働き者、という人が多いようです。親族との縁が薄く、女性は夫との縁も薄いといえます。傾斜宮に暗剣殺が付くなど、本当に悪い時期に差し掛かると、親族との縁が切れるほか、虐待や放置といった悲しい目に遭うかもしれません。

離宮傾斜は知恵と先見の明がある人が多く、集団のなかではその才覚から、リーダーを任されることがあります。本人的には地位や名声にはあまり執着がないのですが、そのような立場に追い込まれてしまうことが多いでしょう。性格は傲慢なところがあり、瞬間的な集中力はあるのですが、粘りに欠けやすいです。

職業は作家や画家といった文化・芸術関係、あるいは芸能関係。無から有を生み出す仕事に向いています。短所の移り気なところ、飽きやすいところを直していけば、よりよい人生を過ごせるでしょう。

震宮《しんきゅう》傾斜《けいしゃ》　震宮に本命星が入る

震宮傾斜の人は、とにかく活動的、積極的で休みの日には「家でじっとしていられない」という人が多いようです。じっくりと座って考えるよりも、走り出してから考えるといったタイプでしょう。

行動的で頭脳明晰な場合が多いのですが、とにかく遊びが好きで、何でも遊び感覚でやってしまうところがあります。これがいい方向に作用すれば、勉強も仕事も楽しくなって人一倍頑張るのですが、他にもっと面白い遊びを見つけると、そちらに夢中になるので気を付けたいところです。また、生まれつき霊感や第六感といった能力を持っていることがあり、スポーツや芸能関係で成功するケースもあります。

震宮傾斜は、特に吉凶が混ざっているのが特徴です。吉では、物事をてきぱき片づける傾向があります。また名誉を重んじ、進んで人助けをしますが、残念ながら財産は期待できません。凶では、目的遂行に際してあせりが出てくるところがあります。最後のツメが甘く、ずさんなところも見られるでしょう。

性格は明るく、調子にのって大風呂敷を広げますが悪気はありません。どんな場所でも自分が主役でいたいと思うため、苦労を率先して引き受けるところがあります。

巽宮傾斜《そんきゅうけいしゃ》　巽宮に本命星が入る

この傾斜宮の人は、万事に要領がよく、人当たりのいい温和な人が多いです。そのために多くの人から好かれやすいです。勢いや力ずくだけで物事を進めず、他人のために働き、自ら行動できる立派な人物というのが周囲の評価です。また、融通がきき柔軟性に富むので、組織のまとめ役や調整役には欠かせません。活動的で社交性もあります。

以上が巽宮傾斜のいい面ですが、当然ながら逆の部分も持ち合わせています。温和は決断力に乏しくチャンスを逃しやすいともいえます。何度も失敗を繰り返すと、優柔不断で頼りないと思われるかもしれません。また人を育てるのが得意ですが、打算が入る場合があるので、他者を利用するイヤなやつと見られたりもします。人当たりのよさは、八方美人としても映るようです。完璧な人間などいないのですから、周囲からちやほやされてもおごらず、謙虚な気持ちを持ち続けることが大切です。

動植物が好きな人が多いのですが、反面、子どもとの縁が薄かったり、家族や家庭問題で苦労することも多いようです。仕事では医療関係や自営業で成功する人が多いです。

坎宮傾斜《かんきゅうけいしゃ》　坎宮に本命星が入る

おとなしそうに見えて自分をしっかり持っている人が多いです。強情や頑固といってもいいでしょう。一度自分が「こうだ！」と決めたら、それを押し通そうとします。譲ることは自分を否定する行為だと思っているようです。

この傾斜宮の人は、仲よくなるまでに時間が必要ですが、一度心を許した人とは深く付き合います。性格は忍耐強く、用心深いです。こだわりも人一倍あり、理屈っぽく、オタク気質です。基本的に情に厚いのですが、そのぶん嫉妬心も強いです。

表舞台に立つことは得意ではなく、本人も望みません。裏方として成功しやすく、活躍できるでしょう。職業は俳優のマネージャーや劇場の舞台スタッフ、美術館の学芸員など、芸能・芸術の分野での成功が多い傾向にあります。また人に知られていない才能や趣味の延長で副収入が見込めることも多いです。人間関係では、母親もしくは妻との縁が薄いです。

艮宮傾斜《ごんきゅうけいしゃ》　艮宮に本命星が入る

どっしりと構えていて石橋を叩いて渡るタイプです。持ち前の慎重さのおかげで、人生で大きな失敗はしないでしょう。生活は質素倹約を地でいっており、周囲からはケチだと思われることもしばしばです。金払いの悪さが原因で、知らず知らずのうちに味方を失っていることも多いので、ときには気前よくふるまうことも覚えましょう。お金を大切にするので貯蓄はかなり得意です。

日常動作はスローで、臨機応変な対応をすることは苦手です。若い頃から不思議と落ち着いた雰囲気があり、そのため異性に頼られ好感を持たれます。性格的には淡泊で家庭的なのですが、家族との関係は必ずしも良好とはいえないかもしれません。だからというわけではありませんが、人生の悩みは尽きないでしょう。しかし、生き抜く力は確実に持っています。信心深いところがあるので、スピリチュアルな分野や宗教に関心を持つ人もいます。

坤宮傾斜《こんきゅうけいしゃ》　坤宮に本命星が入る

温和で従順、真面目な人が多いのが坤宮傾斜の特徴です。決まったことを毎日きちんとこなしていくのが得意で、急な出来事に臨機応変に対応するのは不得意です。地味好みで派手なことはあまり好みません。それは人間関係においても同じで、人を押しのけて出世したり、勝負に勝とうとする意識が弱いです。世間の流行にあまり関心がないマイペースな人です。

基本的にコツコツ頑張るタイプなので、周囲の好感度は自然にアップし、友人、伴侶との出会いもそこから生まれます。人付き合いは嫌いではないものの、社交の場が苦手なので避けがちです。倹約家で安定した人生を歩みます。

人を見抜くことがあまり得意ではないので、

後進を指導したり、組織の経営には向きません。縁の下の力持ちか補佐役に徹するのが無難でしょう。無理をして独立開業したり、人生を賭けて一攫千金をねらおうとすると自滅しやすくなります。他には夫婦の仲が悪くなりやすいので注意してください。

中宮傾斜《ちゅうぐうけいしゃ》　中宮に本命星が入る

八卦には五黄土星に対応した宮がないため、中宮傾斜を設けない術者もおられますが、ここでは中宮傾斜を設ける中津川先生の理論を筆者なりに解説します。中宮傾斜を設けたほうが理解しやすいので、慣れるまではこの方法で占うのがおすすめです。

中宮傾斜の人は古代中国の王のように、玉座から国のすべてに目を配り、采配をふる才覚に恵まれています。家臣たちの意見を聞き、ときにはたしなめたり、奮起を促したりして、周囲の力を集めて国家を運営していく。これを現代に置き換えると、コミュニケーションの達人。周囲の人の力を結集させる能力がある人といえるでしょう。

中宮は乾、兌、離、震、巽、坎、艮、坤の8宮を臣下に持つ王のような存在ですが、王ゆえに争いは避けられません。常に張りつめている人というイメージで、そういった緊張感を必要とされる職業にも向いています。警察官や自衛官、医療従事者、大規模な施設の管理者、大人数を指揮するような仕事、高所作業に従事する人、システムエンジニアなどが適職でしょう。

弱点としては、問題が発生した場合に初期の迷いを招きやすいところ。小さなミスがとんでもない事件に発展した……というのは、中宮傾斜にありがちです。また、気疲れすることが多く、不調の原因はおおむね緊張によるものです。そのため、信頼できる伴侶や家族、親友とよく話し、彼らのアドバイスに耳を傾けると、長く幸運を持続できるでしょう。周りの人に恵まれない場合は孤軍奮闘しがちですが、あまりいい選択ではありません。思い切って環境を変えてしまうと、よくも悪くも運勢が大きく変わるのも中宮傾斜の特徴です。

傾斜宮から判断するその他の運勢

傾斜宮から判断できる基本的な要素はどうだったでしょうか。命占術の基本的な判断と似ていた点、まったく違った点、自分のこととは思えない点もあったでしょう。でもそれでいいのです。傾斜法は内面的な性格を見るので、意識できていないことのほうが多いのが当たり前です。次は夫婦運、兄弟運、子ども運、父母運、金銭運、職業運、健康運（病気運）について、傾斜宮に入った星がどんな意味を持つか、順番に解説していきます。その前に1つ注意しておきたいのは、命占術の傾斜法は内面を見るため、人によっては知られたくない結果が出てしまうことがあります。

もし望まない結果が出ても、それは運命の「命」を意味し、よくも悪くも生まれ持ったものです。一方、運命の「運」は、時間や方位の影響を受けるため、吉の時期を待ったり、吉方位へ移動して変えることができます。対処法はいくらでもあるので、安心して占ってみてください。

ここからは本命星が生月盤のどこに入ったか（つまりどの傾斜宮か）を見て、夫妻運、兄弟運、金銭運、健康運などを判断する方法を解説します。この宮別の運勢判断が傾斜法ならではなのですが、詳しく見るためには多くの占断経験が欠かせません。最初は本書が示す判断を参考にしてください。

夫妻運

男性は「坤宮」で妻を 女性は「乾宮」で夫を見る

夫妻運は別々に星を判断します。男性サイドは生月盤の「坤宮」、女性サイドは生月盤の「乾宮」を見ましょう。これは「坤宮」が男性から見た妻。「乾宮」が妻から見た夫を表わしてい

● 男性サイド

妻（坤宮）

	巽宮	離宮	坤宮	
	結婚運	勉学運 試験運	母親 （父母運） 職業運（自営）	
震宮	行動運		恋愛運 動産運 （金銭運）	兌宮
	兄弟運 財産・不動産運 子ども運	健康運	父親 （父母運） 職業運（勤め人）	
	艮宮	坎宮	乾宮	

● 女性サイド

	巽宮	離宮	坤宮	
	結婚運	勉学運 試験運	母親 （父母運） 職業運（自営）	
震宮	行動運		恋愛運 動産運 （金銭運）	兌宮
	兄弟運 財産・不動産運 子ども運	健康運	父親 （父母運） 職業運（勤め人）	
	艮宮	坎宮	乾宮	

夫（乾宮）

傾斜法で夫妻運を見る場合、単に２人の相性だけでなく、夫と妻という関係性や役割も見て判断します。夫から見た妻、妻から見た夫では、見る宮の場所も変わります

るためです。
一方で男性サイドの「乾宮」は自分の父や義理の父、職場の上司を表わします。女性サイドの「坤宮」も同じで、自分の母や義理の母、職場の上司を表わします。また、夫自身、妻自身は中宮に位置するので傾斜法では占いません。

夫から見た妻（坤宮に入った星）

一白水星
身体が弱い。温厚、地味な性格。頭はいいがそれを自慢しない。オタク的な部分がある。

二黒土星
夫から一歩さがって十分に尽くすタイプ。良き母親であろうとする。夫を立てて自分を表に出さない。真面目で働き者。

三碧木星
明るいタイプ。自分の思ったことをすぐに口に出すタイプ。隠しごとができないが、短気で神経質な面もある。

四緑木星
一般的に美人タイプ。他人への奉仕が好き。社交的。時としてお節介や見栄っ張りな面もある。誤解がトラブルのもとになる。

五黄土星
夫を抑えて自分が前に出やすいタイプ。勝気で負けを認めない性格。時に神経質。モノを壊す癖がある。

六白金星
活動的で時として夫を超えやすい。社会性があり、どちらかといえば男性的。頭はいいほうだがズボラ。

七赤金星

快活で派手好き。話好きで女性の仲間が多い。飲食にこだわりが強い。細かいことによく気が付く。几帳面。

八白土星

働き者で夫によく尽くすが、守るのは家。未亡人の可能性があるので、夫は健康に注意。強情で倹約家。

九紫火星

頭がいいが、それを職業にしない。明るくて派手好み。夢中になるが数年で変わりやすい。移り気な面がある。

妻から見た夫（乾宮に入った星）

一白水星

だいたいがおとなしい性格で、生まれつき病弱な可能性が高い。頭がよく隠れた趣味がある。あまり目立たない。

二黒土星

真面目で働き者。人を押しのけて何かをすることはない。家の内のことによく気付く。料理上手な面もある。

三碧木星

活動的。スポーツ好き。男性的。細かいことには無関心。自分勝手な面が強く短気。

四緑木星

情報にうるさい面がある。信用第一主義的な面も持つ。気迷いや考え違いに悩みやすい。旅行好き。

五黄土星

外柔内剛。これと思えばグイグイと進むタイプ。トップの地位にいることが多い。経済観念が発達している。

六白金星

何でもスケールが大きいものが好き。仕事や政治に興味を持つ。大雑把な面もある。トップになりたがる。支持者が多い。

七赤金星

遊ぶために働くタイプ。交際好き、宴会好き。酒色に溺れやすい。論争好き。よく話す。口は災いの元。

八白土星

無口な人が多い。黙々と働くタイプ。我慢強くどちらかといえば職人タイプ。家庭重視の素敵なお父さん。

九紫火星

熱しやすく冷めやすいところがあるが、名誉や名声に敏感。学問的なことに重点をおく傾向が強い。教育熱心。

こうした傾向に加えて生月盤に36～37ページの「五黄殺」、「暗剣殺」、「月破」（生まれ月ごとの凶方位）があれば次の要素を加えます。

五黄殺

女性は男勝りで、夫や周囲の人々を見下す傾向があります。男性は頑固一徹で、間違っていても自分の信念を貫いて破滅に向かいます。

暗剣殺

九星それぞれの悪い部分が全面に出ます。五黄土星なら物事をダメにする、六白金星であれば威張ってばかりいて、周囲の話や部下の話は全然聞かないといった具合に考えます。

月破

月破は全般にトラブルが多くなり、本人の性格や事件の性質が屈折した傾向にあるといえ、解決が困難だったり、時間がかかります。

兄弟運

自分に一番影響した人で判断する

兄弟運は「艮宮」で判断します。しかし、兄弟姉妹がいないのに兄弟の判断をするというのは理に適っていないですし、反対に兄弟が5人いたとして、全員が同じ1つの星に当てはまるわけもありません。ここで肝心なのは、自分にとって一番影響を与えた兄弟姉妹の性格を判断すると考えればいいのです。

昔の中国においては、一番影響を与えた人物がほぼ男性なので男兄弟を中心に考えるのですが、日本の場合は例外もあります。たとえば坂本龍馬には1人の兄と3人の姉がいて、彼に一番影響を与えたとされているのは、三女の乙女《おとめ》姉さんであったそうです。もし坂本龍馬の兄弟運を占うのであれば、この乙女姉さんの性格を考えるといいのです。

坂本龍馬は、天保6年11月15日に生まれ、慶應3年11月15日に亡くなりました。新暦では1836年1月3日生まれ、1867年12月10日没になります。まずは本命星を出してみます。1836年1月3日生まれなので、年の本命星は三碧木星。月の本命星は四緑木星になります。

坂本乙女という女性は、父親に似て武芸や文芸にも長けた文武両道の人物だと伝わっています。体格は大柄で、弘化3年（1846年）に龍馬がまだ10歳のときに実母の幸《こう》が亡くなると、母親代わりをつとめ、書道、和歌、剣術などを教え、また彼が当時患っていた夜尿症を治したそうです。

その後、幕末の日本を東奔西走するようになった龍馬は、多忙な日々を過ごしつつも乙女への手紙を何通も出したそうです。当時の手紙は大変貴重で高価でしたが、それでも龍馬にとっては便りをしたためたい相手だったのでしょう。

龍馬の「艮宮」には七赤金星が入っており、七赤金星はお互いを助け合う関係なので、二人の関係は当たっているといえるでしょう。

ちなみに龍馬の実母と妻のお龍《りょう》を坤宮（母や妻を見る宮）で見るのですが、一白水星が入っているので、身体が弱い。温厚、地味な性格。頭はいいがそれを自慢しないといった性格が見えてきます。幸とお龍は龍馬と縁がありましたがどちらも一緒にいられた時間はごく短いものでした。二人とは相性があまりよくなかったのか、不思議とそうなったのだと思われます。

一方父親の坂本直足《なおたり》（八平）は、乾宮で見ると五黄土星が入っており、五黄土星の悪い面が影響したといえます。父母運を五黄土星で判断すると、龍馬の父親の性格は頑固一徹で、もし間違っていても自分の信念を貫き通して破滅の道に入る、と解釈できます。さらに、自分の思ったことをすぐに口に出すタイプで、隠しごと

●坂本龍馬の年の本命星は生月盤の巽宮傾斜になる

3 巽宮	8	1 坤宮
2	4	6
7 艮宮	9	5 乾宮

坂本龍馬の年の本命星「3」が生月盤のどこにあるかを見ると、左上の巽宮に入っていました

ができません。短気で神経質なので、いわゆるカミナリ親父だったのかもしれません。
話がだいぶ脱線しましたが、兄弟運を判定する方法に戻りましょう。「艮宮」にどういう星が入ったかによって判断が変わります。

一白水星

兄弟姉妹の中に身体が弱い人がいるでしょう。あるいは聡明ですが性格的に暗いと思われます。

二黒土星

兄弟姉妹の仲はあまりよくありません。そのためにお互いを助け合うことはしないようです。

三碧木星

兄弟姉妹の関係はよくも悪くもない、普通の状態といえます。大人になってからは関係性が希薄になるでしょう。

四緑木星

兄弟姉妹の関係はよくも悪くもなく、普通だといえます。互いが自立してからの付き合いは減るでしょう。

五黄土星

兄弟姉妹の関係はよくありません。疎遠になりやすく助け合うこともないでしょう。

六白金星

兄弟姉妹の関係は比較的よいほうです。何かと縁があり、兄弟の中に頼れる人物がいる場合が多いです。

七赤金星

兄弟姉妹の関係はかなりよく、歳をとっても幼い頃のように、互いに助け合えるでしょう。

八白土星

兄弟の人数が少なければ仲がよく、多ければ反発して仲が悪くなるでしょう。

九紫火星

ものすごく仲がよいか、あるいはまったく口も利かず、他人よりも仲が悪い可能性があります。

子ども運

子どもとの向き合い方を占う

子ども運も「艮宮」で判断します。 兄弟運と同じで子どもが多い家庭と少ない家庭とがあります。子どもがいない家庭も珍しくないので、筆者としては兄弟運、子ども運はあまり重要視していません。運がよければラッキーくらいに考えてください。とはいえ、せっかく子どもを授かったのだから大切に育てたいと思うのは、親としては当然でしょう。

こういう場合は、ご夫婦の本命星の後天九星盤を並べて判断するのがいいでしょう。二人の本命星の盤の「艮宮」に入る星を見て、さらに三碧（長男の象意）と四緑（長女の象意）が入っている宮も判断に加えます。もし「艮宮」に五黄殺、暗剣殺、月破などの凶星がつけば子どもとの縁は凶になります。続いて九星の象意を簡単に説明します。

一白水星

子どもとの縁は薄いとされます。特に男子で五黄殺、暗剣殺があれば健康に問題が出たり、障害を抱えやすいでしょう。

二黒土星

暗剣殺が付くと子育ての苦労が多かったり、

または跡継ぎに恵まれないケースも考えられます。

三碧木星

男女で縁が分かれます。男子であればすくすく育ちやすく、女子であればいろいろと子育てで問題を抱えやすいです。

四緑木星

男女で縁が分かれます。縁は比較的いいのですが、男子なら意思の疎通がうまくいきません。女子は順調に育ちます。

五黄土星

子どもとは意思の疎通が悪く、真意が伝わりません。子どもは病気がちだったり、あるいは子宝に恵まれにくいです。

六白金星

特に子どもが幼い時期に育児の苦労が大きかったり、あるいはやや身体が弱い傾向にあります。

七赤金星

子どもは授かりますが、挫折の象意があるために早逝する恐れがあります。若年時は特に注意してください。

八白土星

元気な子が生まれるでしょう。

九紫火星

男女そろって聡明で独立心がある子どもが生まれます。ただし親とは離反しやすくなります。

子ども運の象意にあまり喜ばしくないものが多いのは、医療技術や食料事情が今ほど豊かではない時代に考えられたからと考えられます。

父母運

夫妻運と同じく、男女別に見る

自分の父母を判断するのに男親の場合は「乾宮」で、女親を判断するときは「坤宮」でどんな九星が入ったか、さらに付帯条件で判断していきます。この場合は、子どもから見た母親や父親を判断します。

一人っ子なら自分の両親の判断は1つですが、子どもが2人、3人いた場合には、子どもから見た親の判断になります。たとえば長男には甘いが、次男には厳しいという父親もいるでしょうし、長男、次男には厳しいが、歳の離れた末娘を甘やかすパパもいるのでしょう。

さらに書くと170ページの表のように、男性の場合「乾宮」で判断するのは自分の父親ですが、女性の場合は、夫&自分の父親になっています。反対に男性の場合「坤宮」で判断するのは、妻&自分の母親になり、女性は自分の母親になります。

つまり「九星術」で判断すると、男性は自分の母親に似た人を配偶者として選び、女性は自分の父親に似た人を配偶者として選びやすいことになります。実例を載せるので参考にしてください。

仮に、昭和44年2月生まれの男性が依頼者だとします。彼の生月盤（八白土星）の父親を表わす「乾宮」に9が入っているので「九紫火星」の象意で判断します。次ページで箇条書きにしてみましょう。

昭和44年（1969年）
2月生まれの男性　生月盤

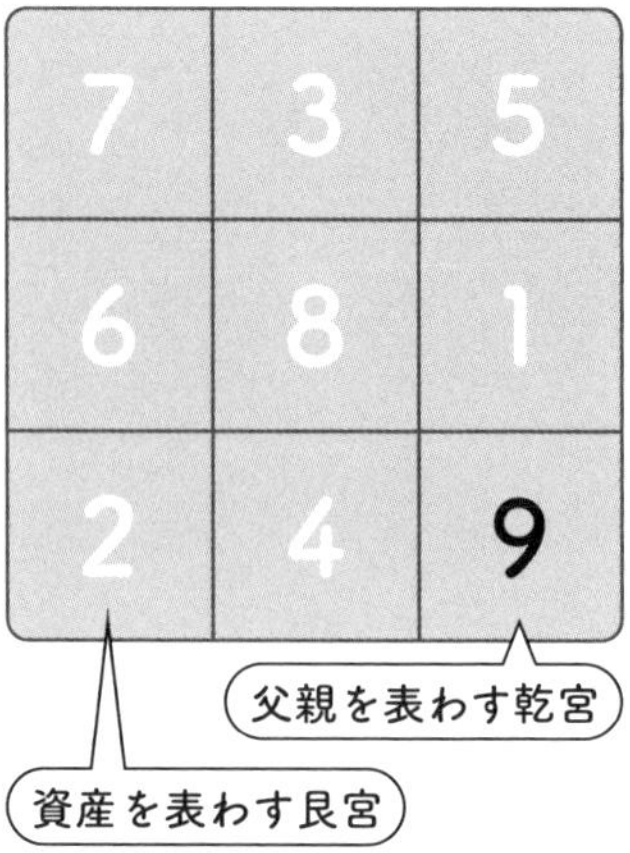

●父親を表わす「乾宮」に「九紫火星」が入っています。63ページの人物の象意を見ると、学者、医師、裁判官、試験官……とあります。ここで依頼者に質問をするならば、あなたのお父さんは専門的な知識や技術を必要とする職業。おそらく学問に関係することと出ていますが、医師や学者、研究者といったお仕事ではありませんか？　という具合にたずねましょう。

●さらに「九紫火星」の職種の象意から考えると、専門性が高い業務も見込めます。

●資産を表わす「艮宮」を見ると暗剣殺（五黄殺の反対側に当たる凶星）になっているので、財テクや不動産投資には興味がない。お金には無頓着だといえます。

　ちなみにこの依頼者は実在する方で、お父さんは某省庁の重責を担う役職に就かれているそうです。

　次は女性の母親を鑑定していきます。左ページの生月盤にあるとおり、昭和40年11月生まれの方です。彼女の母親を表わす「坤宮」には8が入り「八白土星」になります。

　性格はわりと頑固。融通が利かないタイプでしょう。気苦労や迷いも多いといえるかもしれません。身内を最優先に考えることが多いといえます。

八白土星は基本的に働き者で、情が深い点が特徴です。暗剣殺になっているため、象意の意味は、強欲、肥満、高圧的、行き詰まり、やり直しといった悪いものが連想されます。

父母運はこの程度できれば第一段階として問題ないでしょう。

● 昭和40年（1965年）
11月生まれの女性　生月盤

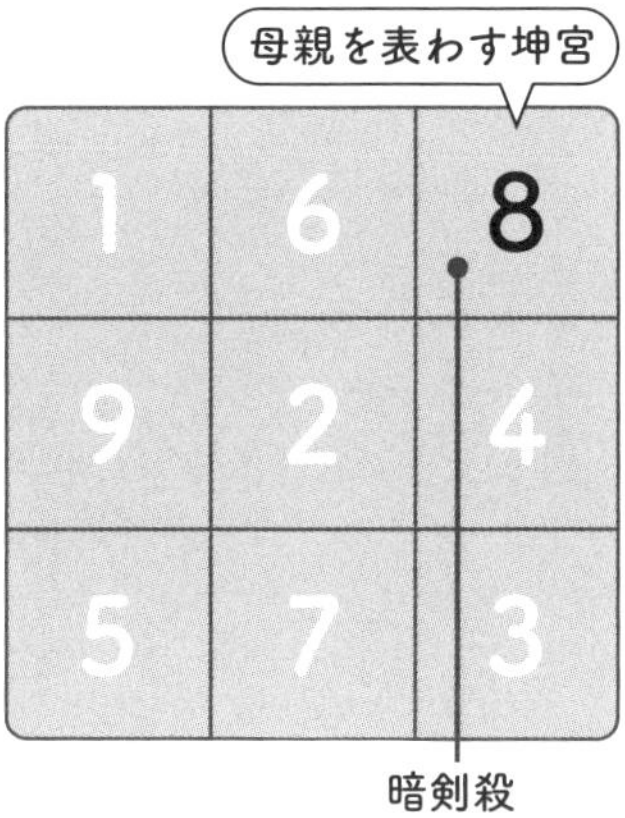

金銭運

金銭運は2つの星と2つの宮で見る

お金に関する運勢は、金銭運といったり、財産運・財運といったりしますが、厳密に書くと金銭運と財運とでは判断する宮が異なります。

日々の売り上げのように、お金の出入りが頻繁にある場合は「金銭運・動産運（流動性が高い財産）」とします。見るのは「七赤金星」と「兌宮」です。

反対に日々の金銭の出入りはほとんどなく、**金額が格段に大きい場合や、すぐに現金化できない資産（不動産や有価証券など）が中心であれば、「財産運（財運）・不動産運」として「八**

白土星」と「艮宮」を中心に見ます。

これが基本ですが、実際は「七赤金星」と「八白土星」、「兌宮」と「艮宮」を同時に見て、考えるといいでしょう。

ちなみに財産運は解釈が難しく、初年運、中年運、晩年運と3段階に分けて、財を成しやすい時期を見る……という流派もありますが、筆者の考えとしては、運を判断するには38ページに書いた「大運」と「流年運」に任せるべきだと思います。

ここでは、「九星術」の生月盤を用いる方法と、「艮宮」と「兌宮」と凶星との関係で判断する方法を説明します。

九星術での判断は、生月盤の「艮宮」に入る星を見る

☯一白水星が入ると……普通の状態。日々問題なく生活ができ、貯蓄も少しはある生活。

☯二黒土星が入ると……金運はあまりないです。地道な生活を心掛けて。

☯三碧木星か四緑木星が入ると……普通の状態。日々問題なく生活ができますが、浪費もしやすいため注意。

☯五黄土星が入ると……浮き沈みが激しく、極端になりやすい。貧乏かお金持ちかいずれか。

☯六白金星が入ると……経済状況はまあまあ。よい生活ができるでしょう。

☯七赤金星が入ると……わりと財を成せるでしょう。平均以上の暮らしを送れます。

☯八白土星が入ると……経済は高いレベルで安定し、十分余裕がある生活ができるでしょう。

☯九紫火星が入ると……お金には比較的困りま

せん。中級以上の暮らしでしょう。

「艮宮」と「兌宮」と凶星との関係で判断する

凶星とは五黄殺、暗剣殺、歳破、月破のことで、凶を意味しています。それぞれの凶星の解説は36ページを参照してください。

☯艮宮、兌宮のどちらにも暗剣殺も月破も付かない……動産、不動産のどちらにも大きな失敗はありません。

☯兌宮に暗剣殺が付く……動産に問題が出やすいです。どういう問題かは、どの九星が兌宮に入ったかによって決まります。

☯兌宮に月破が付く……思い違い、考え違い、文書の手違いから、今まで貯めたお金のすべてを使ってしまう危険があります。

☯兌宮に五黄殺がある……思いがけないことで大金を手にする可能性がありますが、気が大きくなって投資などで失敗する恐れがあります。

☯兌宮に暗剣殺と月破が付く……動産との縁はまったく期待できないでしょう。もし受け取ればたちまち大凶になり、ギャンブルや投資などで破産する危険性があります。

☯艮宮に暗剣殺が付く……不動産を手に入れやすいですが、同時にトラブルも多い暗示です。だまされて物件を購入したり、アパート経営で住人とトラブルになりやすいです。

☯艮宮に月破が付く……不動産に関連したトラブルに遭いやすいです。急な出来事や事件によって、保有資産を手放しやすいといえます。

☯艮宮に五黄殺が付く……不動産に関してラッキーとアンラッキーとを交互に経験する人が

多いでしょう。
☯艮宮に暗剣殺と月破の両方が付く………不動産運はかなり悪いです。不動産はあきらめて、資産形成は動産をメインに考えましょう。

職業運

独立を考えている人は必見!

職業運は勤め人であるか、自営業であるかによって変わりますし、本人の傾斜宮によっても大きく変化しやすいといえます。**勤め人の場合は「坤宮」を見て、自営業の方は「乾宮」を見て、暗剣殺や五黄殺、月破の有無で大きく変わります。**

☯坤宮に暗剣殺と月破が付かない………勤め人に向いています。自分の運に合った仕事ができることに喜びを感じるでしょう。

☯坤宮に暗剣殺が付く………職場ではいつもライバルに出遅れて損をします。ですがライバルに勝とうと無理するのは止めておきましょう。

☯坤宮に月破が付く………苦労が多く、責任も重い職につきやすい可能性があります。そのうえ報酬も安い、気の毒な状態です。

☯坤宮に暗剣殺と月破が付く………勤め人にはまったく向いていません。もし勤め人であれば、早期独立を視野に入れてください。

☯乾宮に暗剣殺と月破が付かない………独立したほうが、何ごとも順調に進むでしょう。1人でも、数人で始めても大丈夫です。

☯乾宮に暗剣殺が付く………独立するにあたって迷いやすい傾向にあります。ただし独立しても迷いはなくならないでしょう。

乾宮に月破が付く……独立して、迷いながら進みます。知人から引き立てられてもうまくいかない傾向にあります。

乾宮に暗剣殺と月破が付く……独立運は最悪です。独立の考えは捨てて、組織の中でのポジションを固めていきましょう。

坤宮に月破、乾宮に暗剣殺が付く……この組み合わせは一白・四緑・七赤生まれで、翌年1月の生まれの人だけに起こります。暗剣殺は月破より軽いので、最初は勤め人として力をつけ、後に独立するとよいでしょう。

坤宮か乾宮に五黄殺がある……自営業はかなり難しいので、独立開業は考えないほうがいいでしょう。

こういう基本的な特徴を理解できたら、次に傾斜宮別にそれぞれの適職を探しましょう。代表的な適職の例をあげておきます。

傾斜宮から見た代表的な適職の例

乾宮傾斜……官吏、政治家、政党職員、弁護士、検察官、銀行業、証券業、自衛官、警察官、精密機械製造、自動車修理・販売、バイク修理・販売、航空機関連、教育者、思想哲学者など。

兌宮傾斜……言葉を使った仕事（アナウンサー・落語家・漫談家・講釈師・タレント・演劇関連など）、映画・ビデオ関連、飲食関連（レストラン、居酒屋、バーなど）、歯科医、外科医、食品加工業、金属・製鉄関連、貴金属・宝石関連、レジャー産業関連、遊園地、税務、経理関連など。

離宮傾斜……作家、芸術家、ファッション関係、モデル業、薬剤師、医薬品メーカー、政治家、教師、警察・警備関係、自衛官、弁護士や裁判官などの司法関係、出版関係、証券業、会計士、眼科医師など。

☯震宮傾斜………放送関連（テレビ・ラジオ・YouTubeなど）、新聞雑誌・マスコミ・広告関連、ＩＴ業、営業職、レコード・ＣＤ関連、司会者、オーディオ関連、電気器具の販売修理など。

☯巽宮傾斜………そばうどん製造販売、そばうどん店、ラーメン店、船舶業・船舶製造販売業、運輸業、製紙業、観光レジャー業、旅行業、土木業、建築資材・材木業、情報産業など。

☯坎宮傾斜………小料理屋、酒類販売業、水産業・水産物加工業、販売業、繊維関連業者、幼児関連商品製造販売業者、温泉・銭湯経営、クリーニング業者（衣類、ハウス）など。

☯艮宮傾斜………不動産業、建築業、機械工場関連、デパート・スーパー経営、ホテル・旅館経営、金融業、弁護士、宗教家など。

☯坤宮傾斜………雑貨類販売や卸業、骨董商、リサイクル業者、小口金融業者、土木技術士、不動産業、葬儀関連の業種、繊維関連業、教師、塾講師、教育者、小児科医師、お菓子製造販売業など。

職業判断は象意と想像力を大切に

代表的な適職の例をあげましたが、ここで息抜き代わりに象意と想像力について説明しましょう。

兌宮傾斜の職業例として、外科医師が入っていますが、これは象意に「刃物を扱う」意味があるからです。しかし外科とひと言でいっても、細かく分かれていて、すべてが兌宮というのも違和感があります。そこで試みとして、東京大学附属病院の①胃、食道外科、②大腸、肛門外科、③肝、胆、膵外科、④血管外科、⑤乳腺、内分泌外科、⑥人工臓器移植外科、⑦心臓外科、⑧呼吸器外科、⑨脳神経外科、⑩整形外科、⑪脊椎外科、⑫頭頸部外科、⑬形成外科、⑭美容外科、⑮小児外科、⑯女性外科という16の外科を八卦の象意に当てはめれば、さらに正確に分類できるのではないでしょうか（八卦の象意は64ページを参照してください）。

☯**乾卦**………⑨脳神経外科。一番重要
☯**兌卦**………⑫頭頸部外科（口、喉）
☯**離卦**………⑦心臓外科（空洞だから）、⑯女性外科（空洞だから）
☯**震卦**………⑥人工臓器移植外科（機械を移植）、⑩整形外科
☯**巽卦**………②大腸、肛門外科（長い）、④血管外科（細長い）、⑧呼吸器外科（息をする）
☯**坎卦**………⑤乳腺、内分泌外科（分泌する）
☯**艮卦**………⑪脊椎外科（脊椎の暗示から）、⑬形成外科（部分的にきれいにする）、⑭美容外科、⑮小児外科（小児の意味から）
☯**坤卦**………①胃、食道外科（消化）、③肝、胆、膵外科（一般）

このように分類してみれば「九星術」や「八卦」による見立てが、理に適っていると思いませんか。ただしこういった緻密な占断を行うには、日頃から連想する習慣をつけて、想像力を養う必要があるのです。

健康運（病気運）

危険なケガや病気を予測する

健康は人生において重要なことです。たとえば不慮の事故や大病で身体に障害が残ったり、前よりも体力が落ちたり、運動機能を損なう場合がほとんどです。できればそうならないために、**自分はどういうケガや病気に見舞われやすいかを知っておくべきでしょう。また、どういうとき（年齢）にそれが起きるのかを211ページの「大運・流年運」を見ておけば、あらかじめ注意することも可能です。**

何かの出来事の時期を知るには、第六章の卜占術で説明しているので、ここではまずはどんな病気に気をつけたらいいいか考えましょう。

①自分の生月盤で、凶星の暗剣殺、五黄殺、月破がどの宮に入るのかを理解してください。

②凶星がある宮に入っている九星が表わす象意の病気にかかりやすいといえます。

③五黄殺、暗剣殺、月破が入った宮に傾斜していなければ治りやすいといえます。

④いつか？は190ページから解説する流派ごとの解釈で判断してください。

危険な病気、気を付ける部位の一覧

病気やケガを占う場合、各傾斜宮の象意にある身体の部位で判断します。五黄殺、暗剣殺、月破といった凶星が各宮に入った場合は、該当する部位に気を付けましょう。一覧にまとめておいたので、参照してください。

☯**乾宮**………顔面、肺、血圧、頭部、右足

兌宮………口、歯、腎臓、右肺、血圧
離宮………目、心臓、血液、精神疾患
震宮………肝臓、喉、神経、声帯、足
巽宮………気管支、頭髪、肺、左手
坎宮………排尿器、腎臓、鼻、耳
艮宮………腰、関節、骨、左足、背中
坤宮………胃腸、腹部、皮膚、血液、右手

象意から見る点に注目する

「危険な病気、気をつけるべき部位の一覧」であげた例ですが、両手両足というグループで考えた場合、右手＝（坤）、左手＝（巽）、右足＝（乾）、左足＝（艮）と4つに分かれます。

しかし、足だけで考えた場合は、足＝（震）となっているのです。この分類はいわゆる科学的な分け方ではありません。これは「九星の象意」でも解説しましたが、似通った考え方です。たとえば人体の象意にある血ですが、「九紫火星（離宮）」と「二黒土星（坤宮）」の両方に該当します。

では解釈も同じかというと、九紫火星の示す血は、出血した血や、体内にある場合は動脈血を示します。一方、二黒土星が示す血は、皮膚の下に青く見える静脈血を表わしています。

この動脈と静脈の違いは、大昔の人々が科学的に分類したのではなく、見たままの感覚で示したに違いないのです。

本命星と月命星が同じ場合の流派ごとの傾斜法の解釈について

解釈①中村文聴《なかむらぶんそう》先生の流派

五黄殺などの凶方位へ自分自身と弟子が引っ越し、その効力がいつまで持続するのか、実験したことで知られ、いかなる凶方位であっても12年で消えることを実証。現在、九星術や八卦の占いにおいて12年で凶運が消えるというのは定説となっています。そんな中村先生の著書『気学占い方入門』(東洋書院刊)は、わりと古い本ですが、「傾斜宮」を表1のように判断しています。

一白水星が離宮傾斜で始まり、やや独自性が強い印象を受けますが傾斜宮の決め方はシンプルです(表1)。

九星術の生年盤と生月盤を出し、傾斜を見る↓それを宮位盤で見る↓陰陽を反対の八卦で見る＝傾斜宮としています。表2にまとめます。

表2で一白水星を八卦に直すと「坎」です。27ページの八卦が表わす方位を参照すると、反対側にあるのは「離」なので「離宮傾斜」となります。五黄土星の場合は八卦がないので、同じ土星の八白土星と二黒土星に当てます。八白土星は易でも男性を表わし、二黒土星は八卦でも女性を表わすので、男性を八白土星とし、女性を二黒土星としています。

傾斜宮は「兌は反対の艮」となり、「坤は反対の乾」となります(表3)。この組み合わせは、202ページからの相性運と結婚運の解説に出てくる東海林秀樹先生も同じ方法です。

表 1 中村文聰先生の傾斜法の解釈

本命星	月命星	傾斜宮
一白水星	一白水星	離宮傾斜
二黒土星	二黒土星	乾宮傾斜
三碧木星	三碧木星	巽宮傾斜
四緑木星	四緑木星	震宮傾斜
五黄土星	五黄土星	男　兌宮傾斜 女　乾宮傾斜
六白金星	六白金星	坤宮傾斜
七赤金星	七赤金星	艮宮傾斜
八白土星	八白土星	兌宮傾斜
九紫火星	九紫火星	坎宮傾斜

表 2

本命星	月命星	九星→八卦	反対＝傾斜宮
一白水星	一白水星	坎	離宮傾斜
二黒土星	二黒土星	坤	乾宮傾斜
三碧木星	三碧木星	震	巽宮傾斜
四緑木星	四緑木星	巽	震宮傾斜
五黄土星	五黄土星	男性・艮 女性・坤	男性・兌宮傾斜 女性・乾宮傾斜
六白金星	六白金星	乾	坤宮傾斜
七赤金星	七赤金星	兌	艮宮傾斜
八白土星	八白土星	艮	兌宮傾斜
九紫火星	九紫火星	離	坎宮傾斜

表 3 八卦の反対の形について

	乾	兌	離	震	巽	坎	艮	坤
八卦の形	☰	☱	☲	☳	☴	☵	☶	☷
	坤	艮	坎	巽	震	離	兌	乾
反対の形	☷	☶	☵	☴	☳	☲	☱	☰

解釈②井田成明《いだしげあき》先生の流派

井田先生は『現代九星占い』や『現代易入門』（いずれも明治書院）など、優れた本を書いておられます。昭和59年に出版された『現代九星占い』では本命星と月命星が同じ場合、下の表のように判定されています。

これを見る限り、井田先生は本命星が入る宮を傾斜宮にしています。中村先生と完全に違う配置になっています。

井田成明先生の傾斜法の解釈

本命星	月命星	傾　斜　宮
一白水星	一白水星	宮位盤では北に入っているから坎宮傾斜
二黒土星	二黒土星	宮位盤では南西に入っているから坤宮傾斜
三碧木星	三碧木星	宮位盤では東に入っているから震宮傾斜
四緑木星	四緑木星	宮位盤では南東に入っているから巽宮傾斜
五黄土星	五黄土星	宮位盤では入る宮がないので、 男は艮宮傾斜。女は坤宮傾斜
六白金星	六白金星	宮位盤では北西に入っているから乾宮傾斜
七赤金星	七赤金星	宮位盤では西に入っているから兌宮傾斜
八白土星	八白土星	宮位盤では北東に入っているから艮宮傾斜
九紫火星	九紫火星	宮位盤では南に入っているから離宮傾斜

定価:4180円(税込)
ISBS:978-4-537-21965-4

いちばんていねいな ルノルマンカード占い

桜野カレン 著

人気上昇中のルノルマンカードのトップリーダーである著者が「丁寧」にこだわってまとめあげた本書。フルカラーで図柄を多用し、圧巻のグランタブローなどをわかりやすくフォローしています。初心者から上級者まで楽しめる保存版!

オリジナルカード78枚ではじ いちばんたのしい、タロット占い

LUA 著 / 利光春華 イラスト

定価:5500円(税込)
ISBS:978-4-537-21961-6

大人気アー
んオリジナル
イ・ドリーム
セット&LUA
クス仕様の超
やすく、前向き
くれる。引き
引き」にも使え
ナルスプレッド

定価:297
ISBS:978

定価:2090円(税込)
ISBS:978-4-537-21916-6

一番わかりやすい はじめての インド占星術

村上幹智雄 ーミチユウー 著

論理的で数学的な技法を使った鑑定で、その的中率の高さが知られるインド占星術。インドでは、個人、ビジネス、国家でフル活用されています。難しいとされるインド占星術ですが、本書ではビジュアルを多用し、わかりやすく、初心者でも読み解ける1冊となっています。

キャメレオン竹田の すごいタロットカード

キャメレオン竹田 著

定価:5555円(税込)
ISBS:978-4-537-21971-5

多才な占い
作家として
著者の完全
ットカード
スト付。フ
持している
は、軽やか
波動。スペシ
そして特製の
ニタロット」
た豪華版です

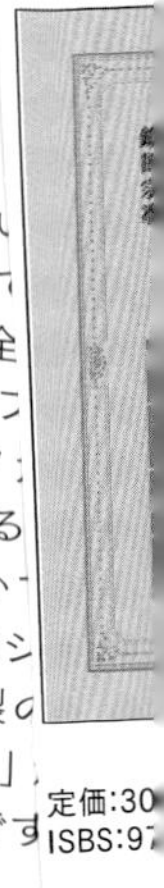

定価:30
ISBS:97

定価:3080円(税込)
ISBS:978-4-537- 21953-1

基礎からわかる 風水の完全独習

黒門 著

「九星」や「家相」をもとにした日本式風水や、韓国式風水があるなかで、本書は「中国伝統風水」を基礎とした風水独学のための1冊です。現代の考え方に更新し、複数の流派を組み合わせて鑑定することでより効果を発揮します。最強といわれる「玄空飛星派風水」も必見。

定価:1870円(税込)
ISBS:978-4-537-21530-4

78枚の いちば タロット

LUA 著

タロット本で
「これ1冊あ
くの声を頂き
●LUA著タ
『リーディングか
タロット読み解
書き込み式 78

完
一番
新刊情報は
公式サイト
スピ・占い部
※お求めは、お近

定価:2970円(税込)
ISBS:978-4-537- 21745-2

永久保存版 基礎からわかる完全メソッド 百発百中 手相術

西谷泰人 著

7万人を鑑定し、5千人のプロ手相家を育てた世界的手相家の永久保存版。基本から、精緻な鑑定結果を得られる西谷式流年法を丁寧に解説します。また、100人分のリアルな手相を掲載。実践的に「手の言葉を聞く技術」が学べる充実の内容です。

定価:2310円(税込)
ISBS:978-4-537-21915-9

いちば オラク

LUA / 大塚

30種類のオ
とともに紹介
クでき、カー
解説。どんな
いという人に
ったりのタイ
ド」がわかる

定価:3080円(税
ISBS:978-4-537

解釈③内藤《ないとう》文穏《ぶんおん》先生の流派

内藤先生は気学をおよそ10年ほど研究されてから、さらに気学の上に「奇門遁甲《きもんとんこう》」があると知って学ばれました。日本では奇門遁甲の草分け的な専門家です。昭和54年に一般向けの『秘伝・元空占術』（潮文社リブ）を上梓されました。

この本が出版された当時は、天中殺が流行語になるほど占いブームが過熱し、テレビ番組でもさまざまな占術が取り上げられました。

同書から内藤先生の解釈を引用します。「**諸流派ありますが、ここでは、陽遁の生まれは東南の巽、陰遁生まれは西北の乾と見なします**」。

これを下の表にまとめました。「陰遁・陽遁」で分けるというのも目新しい考え方です。

内藤文穏先生の傾斜法の解釈

本命星	月命星	傾斜宮
一白水星	一白水星	
二黒土星	二黒土星	
三碧木星	三碧木星	
四緑木星	四緑木星	
五黄土星	五黄土星	陽遁生まれ・巽宮傾斜 陰遁生まれ・乾宮傾斜
六白金星	六白金星	
七赤金星	七赤金星	
八白土星	八白土星	
九紫火星	九紫火星	

解釈④鮑黎明《ぱおりーみん》先生の流派

鮑先生の解釈は、生年盤、生月盤の両方が五黄土星の人は、男性であれば「坤宮傾斜」とし、女性であれば「艮宮傾斜」としています。もっとも、鮑先生は「○○傾斜」とは呼ばず「○命《めい》卦《か》」としていました。

「傾斜法」というのは不思議な術です。九星術の盤には「先天盤」と「後天盤」がありますが、これを融合すると九星から「傾斜宮」へと変化をします。「後天盤」は「後天九星盤」であり、「先天盤」は「先天八卦盤」でもあります。これらが融合している以上「九星術」と「八卦」は切っても切り離せないものになっているのだと、私は思います。

後天九星盤

四緑木星	九紫火星	二黒土星
三碧木星	五黄土星	七赤金星
八白土星	一白水星	六白金星

宮位盤（傾斜法で使う）

巽	離	坤
震		兌
艮	坎	乾

鮑先生は左の後天九星盤にある星の位置を、右の宮位盤にある８つの宮に当てはめる解釈を傾斜法としていた。すでに理解が進んでいる方なら、左の後天九星盤と右の宮位盤では宮の場所が同じとわかるでしょう

解釈⑤柴山壽子《しばやまひさこ》先生の流派

２０１１年に幻冬舎ルネサンスから『本当の方位学・気学を教えます』という本を出された柴山先生の傾斜法です。柴山先生は人相学、算命学、姓名判断、西洋占星術など、多くの占術を学んだ後に方位学・気学にたどり着いた方で、現在も多くの鑑定を行なっておられます。下の表を見てください。

傾斜宮の解釈は①の中村先生とほぼ同じですが、本命星が五黄土星、月命星が五黄土星の場合、女性は「乾宮傾斜」ですが、男性は「艮宮傾斜」になっています。中村先生の方法とはこの部分だけ違っています。

柴山壽子先生の傾斜法の解釈

本命星	月命星	傾斜宮
一白水星	一白水星	離宮傾斜
二黒土星	二黒土星	乾宮傾斜
三碧木星	三碧木星	巽宮傾斜
四緑木星	四緑木星	震宮傾斜
五黄土星	五黄土星	男性・艮宮傾斜 女性・乾宮傾斜
六白金星	六白金星	坤宮傾斜
七赤金星	七赤金星	艮宮傾斜
八白土星	八白土星	兌宮傾斜
九紫火星	九紫火星	坎宮傾斜

解釈⑥中津川《なかつがわ》りえ先生の流派

中津川先生は、大熊茅楊《おおくまちよう》先生（易の大家で日本占術協会の開祖）の門下生で、『傾斜宮占い入門』（中央公論新社）という本を書いておられます。これが興味深いのです。理由は８つの傾斜宮に中宮を足して「九宮の傾斜宮」という新しい手法をとっているからです。これだと傾斜の意味がかなり薄れるのではないかと思いますが、先生は独自の「傾斜宮占い」を編み出したとし、九星術＋易の新たな理論ができた、としています。中津川先生の傾斜宮の出し方は簡単です。

本命星と月命星が同じときにはすべて「中宮傾斜」とするのです。それ以外の宮に入った場合の解釈は従来の方法と違いはありません。

中津川先生の傾斜法の解釈

本命星	月命星	傾斜宮
一白水星	一白水星	中宮傾斜
二黒土星	二黒土星	
三碧木星	三碧木星	
四緑木星	四緑木星	
五黄土星	五黄土星	
六白金星	六白金星	
七赤金星	七赤金星	
八白土星	八白土星	
九紫火星	九紫火星	

ここまで6人の先生方の方法を紹介しましたが、傾斜法といってもいろいろな考え方や方法が存在します。

仮に一白水星の本命星が生月盤の一白水星と重なった場合、解釈①の中村先生は離宮傾斜ですが、解釈②の井田先生は坎宮傾斜、解釈③の内藤先生は、陽遁生まれは巽宮傾斜、陰遁生まれは乾宮傾斜というふうに、流派ごとにまったく異なります。

また、五黄土星は解釈がもっとも分かれるところで、解釈①の中村先生は男性は兌宮傾斜、女性は乾宮傾斜。解釈②の井田先生と解釈⑤の柴山先生は男性が艮宮傾斜で共通していますが、女性は坤宮、乾宮に分かれます。解釈④の鮑先生は男性が坤宮傾斜、女性が艮宮傾斜と井田先生と真逆。解釈⑥の中津川先生はすべて中宮傾斜としています。このように傾斜法の解釈は一致していない部分が多く、初心者が疑問を抱くところでしょう。

一般に自然科学の分野では、解析する手段が違ったり理論が違うのは、あってはならないとされています。

ですが、同じ科学の分野である医療はどうでしょう。たとえば肺炎の治療はどこの病院でも同じでしょうか。治療法は1つだけでしょうか。使う薬はすべて同じものでしょうか。おそらく違いますよね。

一般的には、担当医師が患者に合わせて、適していると思われる治療方針を決めるので、同じ病気であっても治療法が変わって当然。流派による傾斜宮の解釈の違いも、それと同じ理由だと私は思います。

相性運と結婚運

人間関係は相性がすべて

占いをしていると、さまざまな依頼を受けますが、それらの大部分は「相性」に関係しています。そして、相性占いの最たる例として結婚運があります。結婚は人生において大きな出来事なので、お互いの相性を判断したくなるのも当然でしょう。

そのためには①傾斜宮を使って相性を見る。②本命星と十二支を使って相性を見る。③本命星と五行とで相性を見る。④本命星だけで相性判断をするという具合に、何種類もの方法があります。

ここでは5人の先生方の相性の占い方を説明しましょう。

ちなみに相性は男女に限らず、同性にも当てはまります。異性間の相性と同性間の相性占いは、方法が異なるという流派も存在しますが、私は同じでよいと思っています。

石村素堂《いしむらそどう》先生の本命星を使った相性判断

石村先生の相性判断は、九星の本命星どうしを組み合わせて81通りの結果を見ていきます。

199ページの表の本命星が交差するところを見れば、異性も同性もそれぞれ相性が一目瞭然です。

まず大まかに見てわかるとおり、凶・大凶の割合がかなり多いです。これは相性がよい相手以外はすべて凶と判断するためです。**また、九**

石村素堂先生の相性診断

自分＼相手	一白	二黒	三碧	四緑	五黄	六白	七赤	八白	九紫
一白	●	●	●	◎	●	●	◎	●	●
二黒	●	●	●	●	●	◎	◎	●	◎
三碧	●	●	●	●	●	●	●	●	◎
四緑	◎	●	●	●	●	●	●	●	●
五黄	●	●	●	●	●	◎	◎	●	◎
六白	●	◎	●	●	◎	●	●	◎	●
七赤	◎	◎	●	●	◎	●	●	◎	●
八白	●	●	●	●	●	◎	◎	●	◎
九紫	●	◎	◎	●	◎	●	●	◎	●

◎＝大吉・中吉　●＝凶・大凶

紫火星は吉が多いからいい、三碧木星と四緑木星は凶が多いからダメというようなものでもありません（吉の相手が多いと、振り回されたりだまされやすくなったりするマイナス要素もあります）。

　たとえば、一白水星と三碧木星は凶・大凶なのに、一白水星と四緑木星は大吉・中吉になっており、28〜31ページで解説した五行とは解釈が異なります。三碧も四緑も木なので、通常は水の一白が相生する（エネルギーを使う）ため、どちらも凶と判断するのがセオリーです。さらに一白水星と六白金星は凶・大凶なのに一白水星と七赤金星は大吉・中吉になっています。それほどいい相性というのは貴重なのでしょう。もし四緑も七赤も凶・大凶だったら、一白の大吉・中吉の相手がいなくなってしまいます。

柴山壽子先生の相性診断

自分＼相手	一白	二黒	三碧	四緑	五黄	六白	七赤	八白	九紫
一白		小凶	大吉	大吉	小凶	小吉	小吉	小凶	大凶
二黒	大凶		小凶	小凶	中吉	大吉	大吉	中吉	小吉
三碧	小吉	大凶		中吉	大凶	小凶	小凶	大凶	大吉
四緑	小吉	大凶	中吉		大凶	小凶	小凶	大凶	大吉
五黄	大凶	中吉	小凶	小凶		大吉	大吉	中吉	小吉
六白	大吉	小吉	大凶	大凶	小吉		中吉	小吉	小凶
七赤	大吉	小吉	大凶	大凶	小吉	中吉		小吉	小凶
八白	大凶	中吉	小凶	小凶	中吉	大吉	大吉		小吉
九紫	小凶	大吉	小吉	小吉	大吉	大凶	大凶	大吉	

柴山壽子先生の傾斜法の相性判断

次は柴山先生の傾斜法で相性を見ていきましょう。柴山先生の占断は「方位学・気学」的な解釈が多いのですが「九星術」に含まれる部分もあります。

いずれも異なる術ですが、似通っている部分も多く、それぞれの多様さを理解して、自分の占いの精度を高めるために、知っておくとよいでしょう。

本命星どうしの相性は上の表を見てもらうとして、いくつか空欄があります。これは何を意味しているかというと、相性がいい、悪いではなく「なし」ということだそうです。「比和」と解釈しているのだと私は見ています。

内藤文穏先生の相性診断

自分＼相手	乾宮	兌宮	離宮	震宮	巽宮	坎宮	艮宮	坤宮
乾宮	×	●	●	×	△	●	○	△
兌宮	●	×	●	△	◎	◎	○	△
離宮	△	●	×	◎	●	△	○	○
震宮	△	△	◎	×	●	●	○	◎
巽宮	△	◎	●	●	×	◎	○	◎
坎宮	●	◎	△	●	◎	×	○	◎
艮宮	○	○	○	○	○	○	×	△
坤宮	○	○	○	○	○	○	△	×

表にある自分とは鑑定を依頼した方、相手とは、依頼者が相性を知りたい方になります。◎は大変よい関係。大吉です。○はまずまずよい関係。吉です。△は可もなく不可もなく、平運です。×はあまりよくなく、できれば避けたい相手。凶になります。最後に●は最悪の相性。大凶になります

内藤文穏先生の傾斜法の相性判断

すでに九星術の本命星で占断を始めている方であれば、傾斜宮を使わずに相性判断することもできます。ですが、少し見方を変えて占ったほうがよいこともあるので覚えておきましょう。

それは私が依頼者と話している間に「これは傾斜法でも占っておいたほうがいいな」と、直感したときです。私は長年の経験から、占いには直感が重要と考えています。また、直感を得てから傾斜法で占った場合の的中率は90%前後まで上がります。

上の表は内藤先生の判断に、私の経験した相性判断を加味したものです。本当は門外不出にしておきたいほどよく当たる判断方法です。

東海林秀樹先生の相性診断

自分＼相手	乾宮	兌宮	離宮	震宮	巽宮	坎宮	艮宮	坤宮
乾宮		◎				◎	◎	◎
兌宮	◎					◎	◎	◎
離宮				◎	◎		◎	◎
震宮			◎		◎	◎		
巽宮			◎	◎		◎		
坎宮	◎	◎		◎	◎			
艮宮	◎	◎	◎					◎
坤宮	◎	◎	◎				◎	

◎になっているところだけが吉で、空欄のところは凶という解釈です

東海林《しょうじ》秀樹《ひでき》先生の傾斜法の相性判断

今度は東海林先生の傾斜宮の判断を考えてみましょう。流派が違うため、内藤先生の結果とはいくつか正反対になっているところもあります。東海林先生の場合は傾斜宮だけでは判断はできないので、依頼者の「生月盤」を見て、さらに自由恋愛の場合は「兌宮」を見て、さらに七赤金星がどの宮に入っているか見て、総合的に判断するとのことです。

また依頼者が紹介された相手（お見合い相手など）との関係を見るには「巽宮」を見て、さらに四緑木星がどの宮に入っているかを見るそうです。やや複雑ですが、それだけ「人どうしの相性」を大切に占おうという気持ちの表われといえるでしょう。

中津川りえ先生の傾斜法の相性判断

中津川先生の傾斜法は、８宮ではなく９宮を使うのが特徴。つまり中宮も傾斜宮としている新しい解釈です。中津川先生があげている「対人運」は自分にも相手にも当てはまります。

坎宮

相手の心を潤す水を持っていて、どんな相手をも受け入れる柔らかさ、懐の深さがあります。

艮宮

頂点を極めようとする志があり、目標を共有できる仲間を厳選します。友人、仲間を大切にします。

震宮

相手の意図や気持ちを瞬時に理解し、正しく把握できる能力に長けています。そのため人々から一目置かれます。

巽宮

爽やかな風のような人当たりのよさがあります。先入観にとらわれず、初対面の相手でも心を捉えることができます。

離宮

出会った人を離さない華やかさがあり、邂逅と離別を繰り返すほど魅力的な人物へと成長していきます。

坤宮

聞き上手で相手の心を温かく受け止め、相手に安心感を与えることができ、あらゆる場面で好かれます。

兌宮

常に明るく振る舞い、出会う人に人生の楽しさや素晴らしさを感じさせます。また、そうありたいと思わせる魅力があります。

乾宮

誠意のかたまりといってよく、自分と同じように他人にも真摯に、裏表なく接するため厚い信頼を得られます。

中宮

独自の規準で周囲の人を吉、凶に分けますが、吉と決めた人には己のすべてをさらけ出せる度量があります。

以上、駆け足でしたが、中津川先生はこのように説明されています。そしてそれぞれの関係については、◎＝助けられる、○＝助ける、□＝似たものどうし、■＝頼り合う、△＝奪う、▲＝奪われる、☆＝大化けする、という関係になるとのことです。星の関係は／を挟んで上が自分、下が相手になっています。

◎／○　あなたは相手に助けられる、相手はあなたを助ける。

○／◎　あなたは相手を助ける。相手はあなたに助けられる。

□／□　あなたも相手も同等、似たものどうし。

■／■　互いに頼り頼られる関係。

△／▲　あなたは相手の運を奪う。相手はあなたに奪われる。

▲／△　あなたは相手に運を奪われる。相手はあなたから奪う。

☆／☆　互いに対立するか、大化けして大吉になる（かもしれない）。

という関係になっていて、相性は左ページの表のようになります。

中津川りえ先生の相性診断

相手＼自分	坎宮	艮宮	震宮	巽宮	離宮	坤宮	兌宮	乾宮	中宮
坎宮	□／□	△／▲	◎／○	◎／○	☆／☆	△／▲	○／◎	○／◎	△／▲
艮宮	▲／△	□／□	■／■	■／■	○／◎	□／□	◎／○	◎／○	□／□
震宮	○／◎	■／■	□／□	□／□	◎／○	■／■	△／▲	△／▲	■／■
巽宮	○／◎	■／■	□／□	□／□	◎／○	■／■	△／▲	△／▲	■／■
離宮	☆／☆	◎／○	○／◎	○／◎	□／□	◎／○	▲／△	▲／△	◎／○
坤宮	▲／△	□／□	■／■	■／■	○／◎	□／□	◎／○	◎／○	□／□
兌宮	◎／○	○／◎	▲／△	▲／△	△／▲	○／◎	□／□	□／□	○／◎
乾宮	◎／○	○／◎	▲／△	▲／△	△／▲	○／◎	□／□	□／□	○／◎
中宮	▲／△	□／□	■／■	■／■	○／◎	□／□	◎／○	◎／○	□／□

どの先生の傾斜法を選んでもいい

ここまで複数の先生の傾斜法による相性判断を見ましたが、いずれも解釈が異なっています。占い師どうしの間では、よく「1人1流派」といわれます。それぞれの先生が独自に研究して作り上げた術なので、どれか1つが正解というわけではないのです。

では、どの傾斜法を選べばよいのか。単純に「自分にとってよく当たる先生の占い」を選べばいいでしょう。

あなたが占う側として、何度か試してみて「これは確かに当たっている」と感じた方法がベストです。そして、次にその方法を何度も繰り返して、習熟度を高めましょう。占いの的中率を上げていくのはあなた自身です。

独身者が多い現代においての結婚運

現代の日本では、結婚に対するイメージが昔とずいぶん変わりました。離婚率も上がり、一生独身で暮らす人も増えました。「人生、結婚がすべてではない」という意見に共感する方も多いでしょう。昔は人間関係が今よりも濃密で世間体を気にしていたため、独身で居続けたり、離婚するのが難しかったのです。

一方で結婚はするものの、経済的な安定、女性の社会進出に加え、医療の進歩や平均寿命の伸びもあって晩婚化が進んでいます。いまや人生100年時代ですから、仮に30代で結婚すると、結婚後の人生のほうが長くなるわけです。一応の目安として、左ページに本命星ごとの婚期を早期・中期・晩期に分けた表を入れました。

現代における婚期の判断

婚期	九星の本命星	象意から見た年齢	現代的に解釈した年齢
早期	三碧・四緑	20代前半	20〜24歳、25〜28歳 34〜38歳、43〜46歳
中期	一白・九紫 二黒・五黄・八白	20代後半	24〜28歳、34〜37歳 43〜46歳、52〜55歳
晩期	二黒・五黄・八白 六白・七赤	30代前半	31〜34歳、43〜47歳 52〜55歳

現代的に解釈した年齢の中でも色文字の年齢が、特にいい婚期です。重複している星はどちらにも当てはまります

20代から50代まで、幅広い現代的な解釈になっていると思います。

これは大体の判断ですが、二黒土星・五黄土星・八白土星は中年運とする流派と、晩年運であるとする流派が存在します。この辺はどちらが間違いというわけではないので、占う方の年齢に合わせて鑑定してください。

さらに大運や流年運（209ページから解説します）、傾斜宮に入る九星をも判断に加えると、四緑木星や七赤金星が巽宮に入ったときに結婚や恋愛をしやすい傾向にあります。

逆に本命星や月命星、傾斜宮の巽宮の暗剣殺や五黄殺が入った場合には、恋愛関係が悪くなりますが、悪い大運が過ぎた後に恋愛や結婚に至ることもよくあります。悪いからといって全部ダメではありません。

命占術の傾斜法のまとめ

この章の冒頭で、傾斜法は内面的な傾向を見ると書きましたが命占術と命占術の傾斜法は表裏一体と理解していただけたと思います。

そして、あなた（もしくは鑑定依頼者）がどういう性格を持っているのか、この先お金持ちになれるのか、どういう結婚相手に出会うのか、子宝には恵まれるのか、その子どもがどんな性格を持って生まれるのか、適した職業が何なのか、気を付ける病気は何か……といったことを占えます。

そしてそれらを八卦の宮や九星の象意で判断する方法と解釈を説明してきました。流派による傾斜宮の決め方や解釈に差はあれど、これらが「命占術の傾斜法」です。

最後にどの運を宮位盤のどの宮で判断するか、次ページの図にまとめておきました。わからなくなったら見直してください。

図には例にあげた以外のものも入っています。しかし、動産運や不動産運は財運や金運を細分化したもの。見合い結婚運は恋愛結婚運と合わせて見ればいいでしょう。自営業運は仕事運の一種なのはいうまでもありません。また、離宮では、あなたの名誉運を大まかに判断することが可能です。名誉というものは、仕事運によって大きく影響される（仕事の成功が名誉につながることが多いため）ので、そちらも意識して判断にいかしてください。

それぞれの運はどの宮で判断するか

巽宮 結婚運（お見合い含む）	離宮 名誉運 勉学運、試験運	坤宮 父母運（母親） 妻運・妻の実家との関係 職業運（自営）
震宮 行動運	中宮	兌宮 恋愛運 動産運（金銭運）
艮宮 兄弟運 子ども運 財運・不動産運	坎宮 健康運	乾宮 父母運（父親） 職業運（勤め人）

離宮の名誉運は勉学運、試験運にも共通します。資格を取ったり、難関校に合格するのは名誉と判断しています

「運」の見方

運には「大運」と「流年運」があります

筆者は西洋占星術は門外漢ですが、東洋占術と同じように「大運」（10年ごとに巡ってくる運気）と「流年運」（1年ごとの運気）は存在すると思っています。「占星術」は西洋にも東洋にも存在していますし、占星術者どうしの交流もあったのできっとあるはずです。

211ページの大運判断表にもありますが、九星術では9年ごとに同じ運が巡るため、本命星が年盤のどの宮に入ったかで判断します。こで同じ運といっても6歳、15歳、24歳のとき、さらに33歳、42歳のときは注意せよということと

になっていますが、何がどう同じなのかわかりません。

そのため一時は、九星術の運気を見る方法に限界を感じたのですが、**1年ごとの運と、「大運」と呼ばれる数年間の運を読む方法**があることを知って、改めて納得しました。つまり「大運」と「流年運」の2つの見方をマスターすれば、より細かく運気を知ることができるのです。

ちなみに九星術には何種類かの大運判断方法がありますが、ここでは私が活用している横井先生と井田先生の方法を説明します。

横井《よこい》伯典《はくてん》先生の方法

横井先生の方法では、大運を判断するのに「生月盤」を使います。左ページの横井伯典先生の九星大運判断表に自分の生月盤を当てはめ、北の坎宮から年齢を順に追っていき、現在の年齢に該当する宮の象意（65〜68ページ参照）で判断します。一般的な占いでは、大きな運勢の流れを若年期、中年期、晩年期というふうに、大まかに分けて運勢を見ますが、横井先生の本来の大運判断では特に年齢の区切りを設けていません。おそらくそのほうがよく当たるからでしょう。

しかし何も目安がないと初心者には難しすぎるので、筆者自身の占断経験から当てはまる年齢を入れてあります。これは下の流年判断表も同じです。流年運は1年ごとの運で、見方は流年判断表から今の年齢を探します。その宮と同じ位置にある生月盤の九星を見て、象意（55〜63ページ）で判断します。

横井伯典先生の九星大運判断表

東南・巽宮 30代から 30代前半まで 30～35歳	南・離宮 40歳を中心とした数年 36～44歳	西南・坤宮 40代半ばから 40代後半まで 45～49歳
東・震宮 20代から 20代の終わりまで 20～29歳	生月盤は9種類あって それぞれの九星盤に どの九星が入るかで 象意を判断します	西・兌宮 50代から 60代前半まで 50～64歳
東北・艮宮 7歳から 10代の終わりまで 7～19歳	北・坎宮 出生から6歳まで 1～6歳	西北・乾宮 60代前半からそれ以降 65歳～

大運の数え方は中宮から数える流年運を加えて判断します。この表では9年ごとに年齢を区切っていますが、実際は少しズレることもあるため、おおむね9～12年を目安にしましょう。各マス目の年齢幅は、筆者が長年の占断経験で培ってきたもので、占いの目安にしてください（年齢は数え年です）

横井伯典先生の流年運判断表

9歳、18歳 27歳、36歳 45歳	5歳、14歳 23歳、32歳 41歳	7歳、16歳 25歳、34歳 43歳
8歳、17歳 26歳、35歳 44歳	1歳、10歳 19歳、28歳 37歳	3歳、12歳 21歳、30歳 39歳
4歳、13歳 22歳、31歳 40歳	6歳、15歳、24歳 33歳　女性の厄年 42歳　男性の厄年	2歳、11歳 20歳、29歳 38歳

上の表で見ると、一般にいわれる女性の厄年（33歳）も男性の厄年（42歳）も北の位置にある坎宮（流年運では大凶の位置）に入っていて、偶然ではないのがわかります

211ページの大運判断表と流年運判断表を用いて、1年の運勢を同会で出してみましょう。同会をおさらいすると、年ごとに決まっている年盤の中で、自分の本命星がある場所に印を付け、次に自分の生年盤を作り、同じ場所にある星を同じグループと判断します（同会の手順は39ページを参照）。

☯中宮同会の年

無明の世界から光明の世界へ大変化をもたらすと自覚しましょう。前年までの順調さがなくなりつつあるので、転換も視野に入れてください。どんなことも謙虚な姿勢で臨んでください。

☯乾宮同会の年

「大きい」、「活動」、「過分」、「剛毅」、「争い」に関することが起きるでしょう。自分に合った居場所を作るつもりで、身の丈以上の無理はしないでいましょう。無理をしないで1年を過ごせれば十分な成果を得られるでしょう。

☯兌宮同会の年

「喜び」、「金銭」、「口論」、「挫折」、「不足」、「険《けん》阻《そ》」、「手術」といったキーワードに注意です。金銭・喜び・恋愛・娯楽・異性運などが起こることも多いでしょう。挫折や頓挫しやすいので、好調でもはしゃぎすぎないようにしてください。

☯艮宮同会の年

万事に「変化」が出やすく、凶に変化しやすい時期だといえます。転職・移転・増改築・開業・対人関係などでトラブルを招きやすいので注意。不動産や相続面での変化も出やすいです。欲張らないことが大切です。

☯離宮同会の年

「火」、「先見の明」、「認められる」、「離合集散」、「平穏無事」といったキーワードに注意。「顕現化」しやすいときです。「保証、文書のトラブル」に関することが起きやすいでしょう。

坎宮同会の年

「険阻」、「交わり」、「粘り」、「起死回生」「始まり」に関することが起きるでしょう。厄年に当たるので、あらゆる面で注意が必要です。「粘り」によって「起死回生」が「始まり」ます。粘り強く頑張って！

坤宮同会の年

「従う」、「働く」、「得しようという強い思い」、「開運する」、「不動産」なことが起きやすい時期です。すぐに結果が出なくてもあせりは禁物です。地道な努力がものをいいます。開運準備期なので、あらゆる面で緻密さが求められます。

震宮同会の年

「前進」、「発奮」、「発展」、「新しい」、「反省」を連想するといいです。隠れていたことはいいことも悪いことも明らかになりやすいでしょう。すべてにおいてあせらずじっくり対処できれば問題ありません。

巽宮同会の年

「整う」、「信用」、「縁談」、「交際」、「旅行」、「遠方」、「風」を連想するといいです。前年に続いて「整う」、「結実」しやすいでしょう。「交際」が広がりそう。相手の出方をよく見てから行動に移してください。

井《い》田《だ》成《しげ》明《あき》先生の方法

前述したとおり井田先生は『現代九星占い』や『現代易入門』（明治書院）という本を書かれています。この『現代九星占い』は「命、卜、方、相」の4分野を解説していますが、内容が上級者向けなので、さらに九星術を学ぼうと思われる方は手にとってみてください。

井田先生の「大運判断」には左ページ（上）の年齢を当てはめた「後天九星盤（生年盤）」を使います。実例をあげて説明していきましょう。

Yさん（男性）、平成3年（1991年）3月14日生まれ（九紫火星年・四緑木星月・八白土星日生まれ）。これを干支《かんし》と九星でいうと辛《かのと》未《ひつじ》年・九紫火星年になります。現在は令和4年（2022年）ですから、数え年で32歳です。

手順は次のようになります。

①左ページ上の「後天九星盤の各宮に相当する年齢」を使用して、九星の定位置の通りの順番で、一白→二黒→三碧→四緑→五黄→六白→七赤→八白→九紫と9年ずつ宮ごとに分けて基本の位置を決めます。

②Yさんは自分の生年盤を書きます（左ページの下図）。

③Yさんは自分の生年盤と「後天九星盤の各宮に相当する年齢」とを比べて年齢を探せばいいのです。今は数えで32歳です。

④年代は左ページ上の「後天九星盤の各宮に相当する年齢」のとおり。各宮の象意は本命星の盤で見ます（年代別の見方の詳細は216ページを参照）。

後天九星盤の各宮に相当する年齢

四緑木星・巽宮 28～36歳	九紫火星・離宮 73～81歳	二黒土星・坤宮 10～18歳
三碧木星・震宮 19～27歳	五黄土星・中宮 37～45歳	七赤金星・兌宮 55～63歳
八白土星・艮宮 64～72歳	一白水星・坎宮 1～9歳	六白金星・乾宮 46～54歳

Yさんの生年盤に年齢を当てはめたもの

8 28～36歳	4 73～81歳	6 10～18歳
7 19～27歳	9 37～45歳	2 55～63歳
3 64～72歳	5 1～9歳	1 46～54歳

※82歳以降は5に戻って繰り返し

後天九星盤には各宮ごとに意味があります

坎宮、一白水星（創始の星）／坤宮、二黒土星（働く、実行、準備の星）／震宮、三碧木星（発展、進出の星）／巽宮、四緑木星（完成、信用の星）／中宮、五黄土星（中心）／乾宮、六白金星（施し、活動の星）／兌宮、七赤金星（趣味、喜びの星）／艮宮、八白土星（変化、整理の星）／離宮、九紫火星（名誉、離別の星）を示しています。そしてYさんの生年盤を九星盤に合わせるのですが、そうすると……。

1～9歳………五黄土星／自分が中心の幼年期。お金持ちの家に生まれている。

10～18歳………六白金星／施し、活動。ボランティア活動に従事する。

19～27歳………七赤金星／趣味、喜び。趣味に徹する日々。喜びも知る。

28～36歳………八白土星／変化。整理。活動期に入り、これまでの日々が変わる。

37～45歳………九紫火星／名誉、離別。名誉を得るが離別、離婚を経験するかも。

46～54歳………一白水星／創始の星。心機一転、新しい道を模索する。

55～63歳………二黒土星／働く、実行、準備。全力で働く。次を見据えて準備を始める。

64～72歳………三碧木星／発展、進出。新しい発展をし、進出を果たす。

73～81歳………四緑木星／完成、信用。晩年で完成し、信用を得る。

という人生を送る可能性があるのです。**Yさんの28～36歳は「変化・整理」の年です。**井田先生の判断方法ではここまでになりますが、もう少し詳しく知りたい場合は「大運」と「流年運」の2つの結果を組み合わせて判断します。これは筆者がよく行う方法で、大運（9年間）の中の流年運（1年間）を見ます。令和4年は年の九星が六白金星から五黄土星に変わります。

その結果Yさんの本命星は離宮に入り、さらに五黄土星の年なので他の年よりも影響が出やすいでしょう（五黄土星はパワーが強いため）。「名誉が上がるが、そのために誰かと別れなければならないかもしれない年」となります。Yさんが既婚者であれば、もしかすると離婚や別居を経験するかもしれません。しかし、それによって1つの整理がつくともいえるでしょう。

● Yさんの本命星　九紫火星

8	4	6
7	⑨	2
3	5	1

● 令和４年の九星盤　五黄土星

4 巽宮	⑨ 離宮	2 坤宮
3 震宮	5 中宮	7 兌宮
8 艮宮	1 坎宮	6 乾宮

左の本命星の盤の9が、右の令和4年の年盤でどこにあるか見ると、離宮に入っています。年盤は1年間だけの流午運ですが、本命星の九紫火星と五黄土星の相性も見て、大運判断とします。これらを混ぜ合わせて考えてみるといいでしょう

九星術は開運法か？

一般的に九星術は、占いと同時に開運法の一つとして知られているケースが多いです。これは方位術を含んでいるからだと思われますが、筆者はちまたでいわれる開運法とは少し違うと考えています。

いわゆるパワースポット巡りや金運アップの風水術、合格祈願のお守りなどを否定するつもりはありません。しかし開運というからには、本来開運しなかった「本来の運」と「開いた運（改めた運）」を比較して、その違いを明確にできなければいけないと思います。でなければ、開運したように思えるだけで、実はそうなる運命だったのかもしれません。

第七章で方位術について解説していますが、何でもかんでも方位術で開運ができるわけではありません。むしろ凶を避けるための術でもあるのです。

六白金星

第六章

九星術の
卜占術を学ぶ

九星の卜占術《ぼくせんじゅつ》についての基本

人生に起きる出来事を占う「卜占術」

ここからは九星術の「卜占術」について解説します。**第一章でもお話しましたが、「卜占術」は人間そのものを占うのではなく、「出来事」や「事件」を占うことに向いた占術です。**

第四章の「命占術」においても「命」の分野（＝いつ、どのような状況か）と「卜」の分野（＝いつ、その状況が現実になるか）に分かれていました。

人の一生を占う「命占術」に対して、命占術以外の人生に起こる大部分の出来事を、原因から顛末まで予測、予知しようという試みが卜占術なのです。

卜占術に該当するのは、たとえば「明日遠方の得意先を訪問するが、商談はうまくまとまるだろうか？」、「数年来、片思いの相手がいて告白のベストなタイミングが知りたい」、「子どもの受験結果を占って欲しい」といった、いわゆる一般的なものです。

卜占術の種類は４つ

九星術の「命占術」がそうだったように、九星術の「卜占術」にもいろいろな種類が存在します。

①四盤掛《よんばんが》け

これは卜占術では初級といわれますが、かなり的中率が高い術です。

②中免法《ちゅうめんほう》（日時盤鑑定）

これは「日盤」と「時盤」で占うことができ、九星を八卦に直して判断するものがあります。筆者が得意な術でもあります。

③奥免法《おくめんほう》（日盤鑑定）

日盤だけを用いてあらゆる分野を鑑定します。

④霊数秘伝《れいすうひでん》

霊という見えない存在から、現世への影響を判断する方法です。

本書ではこの中から①の「四盤掛け」を解説します。九星術をさらに深く学びたい方は、②～④についても専門書や、先生に師事して習得されるといいでしょう。

卜占術は偶然的な占い

暦から本命星を導き出して占う命占術と違い、卜占術は占おうと思った（もしくは占いを依頼された）年月日時の年盤、月盤、日盤、時盤を出して占います。四盤掛けに用いるのは、この年盤、月盤、日盤、時盤です。

占おうと思ったタイミングの年月日時ということは、結果がコロコロ変わってしまうじゃないか、と思われるでしょう。もちろんそれでいいのです。たとえばタロット占いを例にあげると、占いに使うカードは毎回同じです。同じカードですが、並んだ順番やカードの正位置、逆位置などで結果が変わります。これは偶然でしかありませんが、だからこそ意味を持つと考えられています。九星術の卜占術も同じで、占おうと思ったタイミング（＝偶然）が重要になってきます。なぜなら、偶然には人の思惑や欲が介在しにくく、ほぼ直感に近いからです。もともと直感が鋭い方は、卜占術の的中率も高くなるでしょう。卜占術はあくまで占おうと思ったタイミングを何よりも重視してください。

話のついでなので、偶然的な占いと必然的な占いについてもう少し解説しましょう。「偶然《ぐうぜん》占術《せんじゅつ》」と呼ばれるものには、九星術の卜占術の他に、タロット占い、トランプ占い、易などがあります。たまたま出たカードの位置やサイコロの目などから意味を導き出し、占う対象に当てはめる占いです。コインを投げて、裏表で物事を判断するというのも偶然占術の一種です。

次に暦を使って占うもの。九星術では命占術や方位術が当てはまり、他の占いでは西洋占星術や四柱推命術、動物占いなどがよく知られているところでしょう。これらは生年月日という不動の要素を暦に当てはめて占うため「暦法占《れきほうせん》術《じゅつ》」と呼ばれます。さて、ここで複雑になるのですが、九星術の卜占術で決まった年月日時を四盤掛けしたらどうなるでしょうか。過去でも未来でも構いません。試験の日、結婚式の日、事件があった日などを四盤掛けする場合は、必ず暦を使います。ということは、卜占術であっても、「暦法占術」に該当するのです。

「四盤掛け」には陰遁と陽遁がある

九星術を使った「四盤掛け」の4盤とは、年、月、日、時の本命星を書き入れた後天九星盤のこと。ここでは年盤、月盤、日盤、時盤と略します。この4つの盤を作成するところから四盤掛けが始まります。また4つの盤は陽遁と陰遁という状態に分かれます。

「年盤」と「月盤」は陰遁だけ。「日盤」と「時盤」は、陰遁と陽遁とが存在します。

陽遁とは、一白水星、二黒土星、三碧木星、四緑木星、五黄土星、六白金星、七赤金星、八白土星・九紫火星と九星の数字が増えていく順番に並ぶことをいいます。

前述しましたが、陰遁とは、九紫火星、八白土星、七赤金星、六白金星、五黄土星、四緑木星、三碧木星、二黒土星、一白水星のように九星の数字が減っていく順番に並ぶことをいいます。

そして陰遁と陽遁に変化する日時でも九星術の解釈が変化します。次の4つは陰遁、陽遁が変化する決まりごとです。

①夏至と冬至の日。

②夏至に一番近い癸亥《みずのとい》の日の九紫火星に陰遁に変化し、冬至に一番近い癸亥の日に一白水星になって翌日から再度陽遁に変化します。

③必ず夏至・冬至の前の癸亥の日なのか、夏至・冬至の前を過ぎてすぐの癸亥の日か、近ければいいのかが委ねられているので、術者の意向が強く反映されます。

④令和4年では冬至・夏至から陰遁・陽遁に切り替わるまで19日のズレがありますが、このズレが占いに影響するかしないかも術者が考える必要があります。

九星術の卜占術を学ぶ方は、自分でこれらを解決していくわけですが、初歩の段階においては、4つの盤をすべて暦どおりに写すことから始めましょう。

実践　4つの盤を出してみる

ここでは例として、令和3（2021）年9月13日午前11時20分（本稿執筆時）で盤を作成します。

「万年暦」をお持ちの方は手元に準備して、一緒に盤を作っていきましょう。私が使っている万年暦は、『精解　吉象　万年暦』（東洋書院刊）です。万年暦をお持ちでない方にもわかるように書いていきます。

まず年盤から。万年暦、令和3年の年盤は六白金星なので、中央に6を書きます。

続いて9月を見ると、左上の表記例のように日にちと時間が書いてあります。これは「9月は7日の18時52分から始まる」という意味です。よって7日の18時51分までは8月となりますが、

万年暦の表記例

9月（月）
7日 18：52（節入りの日時）

万年暦には上のように各月の始まる日時（節入り）が明記してあるので、月盤を作る際には必ず参考にしましょう

年盤

南

	5	1	3	
東	4	6	8	西
	9	2	7	

北

月盤

南

	6	2	4	
東	5	7	9	西
	1	3	8	

北

年盤、月盤とも盤の並びや星が持つ意味がわからなくなったら、第二章の本命星の解説に戻って見直しましょう

本稿執筆時は9月13日なので9月で問題ありません。２０２１年9月の九星は七赤金星になっています。よって月盤は七赤金星になり、月盤の中央に7を書きます。

次は日盤です。**実社会では午前0時から23時59分までが1日ですが、九星術においては前日の23時から当日の23時までを1日と考えます。**実社会よりも少し早まるので注意してください。

現時刻が午前11時20分なので、作成する日盤は、九星を動かす必要がありません。万年暦をお持ちの場合、13日の欄を見ると、おそらく三碧の文字の上に印があったり、グレーになっているでしょう。これは「陰遁」を意味します。陰遁の三碧と覚えておきつつ、日盤の中央に3を書き入れてください。

年盤

		南		
	5	1	3	
東	4	6	8	西
	9	2	7	
		北		

月盤

		南		
	6	2	4	
東	5	7	9	西
	1	3	8	
		北		

日盤

		南		
	2	7	9	
東	1	3	5	西
	6	8	4	
		北		

ここでは占う日の年盤、月盤、日盤を作成していますが、占う相手の生年月日はもちろん、試験や大事な仕事がある日、何かの記念日になりそうな日など、年月日時に関係することはすべて盤を作成して占うことができます

陰遁日と陽遁日から見る時間の本命星

表内の1〜9の数字は、一白〜九紫の星を表わしています

刻限	時間	陰遁日の十二支			陽遁日の十二支		
		寅巳申亥	丑辰未戌	子卯午酉	寅巳申亥	丑辰未戌	子卯午酉
子刻	23時1分〜1時	3	6	9	7	4	1
丑刻	1時1分〜3時	2	5	8	8	5	2
寅刻	3時1分〜5時	1	4	7	9	6	3
卯刻	5時1分〜7時	9	3	6	1	7	4
辰刻	7時1分〜9時	8	2	5	2	8	5
巳刻	9時1分〜11時	7	1	4	3	9	6
午刻	11時1分〜13時	6	9	3	4	1	7
未刻	13時1分〜15時	5	8	2	5	2	8
申刻	15時1分〜17時	4	7	1	6	3	9
酉刻	17時1分〜19時	3	6	9	7	4	1
戌刻	19時1分〜21時	2	5	8	8	5	2
亥刻	21時1分〜23時	1	4	7	9	6	3

陰遁日はここを見る　陽遁日はここを見る

最後は「時盤」です。右ページの表にあるように時間は午前11時20分で、午の刻。**時盤には陰遁と陽遁の2つの盤があり、その年の十二支によって変化するので注意です。**作成している時間は「陰遁」なので、右の表の陰遁日の十二支「子卯午酉」と午刻が交わる部分（マルで囲んであるところ）を見ると三碧木星になっています。よって時盤の中央に3を入れます。

時盤の出し方は、万年暦で陰遁日か陽遁日かがわかれば、右ページの表の時間か刻限を見れば本命星がわかります。

このように4つの盤を導き出せればOKです。ではここで1つ問題です。次の時間の4盤を出してください。ヒントと答えは次ページに！

【問題】令和4年2月3日（陽遁、丁亥《ひのとい》日）午後1時50分の4盤を出してください。

224～227ページで出した実例の4盤

年盤

5	1	3
4	6	8
9	2	7

月盤

6	2	4
5	7	9
1	3	8

日盤（陰遁）

2	7	9
1	3	5
6	8	4

時盤（陰遁）

2	7	9
1	3	5
6	8	4

①節分、立春近くでは十分な注意が必要です。令和4年（2022年）では節分・立春は2月4日5時51分なので、年盤、月盤は節入り前になります。

②令和4年は壬寅《みずのえとら》、五黄土星の年ですが、前年ということで六白金星になります。

③月盤も前月なので1月になって、三碧木星になります。

④日盤はそのままなので、陽遁、丁亥《ひのとい》日の六白金星になります。

⑤時盤は陽遁、丁亥日の午後1時50分（＝未刻）なので五黄土星になります。左に4盤を出しておいたので、答え合わせしてください。

令和4年2月3日
午後1時50分の4盤の答え

年盤

		南		
	5	1	3	
東	4	6	8	西
	9	2	7	
		北		

月盤

		南		
	2	7	9	
東	1	3	5	西
	6	8	4	
		北		

日盤（陽遁）

		南		
	5	1	3	
東	4	6	8	西
	9	2	7	
		北		

時盤（陽遁）

		南		
	4	9	2	
東	3	5	7	西
	8	1	6	
		北		

「四盤掛け」を実践する

さてここまでで、年、月、日、時の4つの盤の出し方は大丈夫でしょう。次のステップはこれらの盤を掛けて占う四盤掛けです。これは過去、現在、未来が占えるのが特徴です。

ちなみに「掛ける」というのは、4つの盤に入っている星どうしの相関関係がどうなっているかを見ることで、数字をかけ算するわけではありません。星が持つ意味や象意を解釈したり、4つの盤の九星がどの宮に入っているかなど、占いの判断を吟味することと思ってください。四盤掛けの判断には傾斜法にも用いた宮位盤を使います。今一度、宮の位置を確認しておきましょう。

四盤掛けに使う宮位盤

南

巽宮《そんきゅう》	離宮《りきゅう》	坤宮《こんきゅう》
震宮《しんきゅう》	中宮《ちゅうぐう》	兌宮《だきゅう》
艮宮《ごんきゅう》	坎宮《かんきゅう》	乾宮《けんきゅう》

東　西

北

次の230ページから各宮の象意を説明します。傾斜法では中宮に星が入った場合、他の宮に置き換えて判断する流派が多かったですが、四盤掛けでは中宮にも象意があり、９つの宮で判断しますここで今一度、九星の星が持つ象意と、九宮が持つ象意について簡単におさらいしておきます。年盤、月盤、日盤、時盤においても九星と九宮が持つ象意を把握しておきましょう。

九星が持つ主な象意

一白………水、困難、下に潜るなど。
二黒………大地、一般、庶民、日常、穏やかなど。
三碧………進む、声はあるが姿は見えない、電気、雷、宣伝など。
四緑………通信、紙、信用、誤解、左右する、整うなど。
五黄………皇帝、指示をする、腐る、壊れる、破壊するなど。
六白………天・盛大、高貴、豊か、立派など。
七赤………貴金属、笑う、口、歯、食べる、泣く、論争、刃物など。
八白………山、動かない、止まる、進む、変化、無口など。
九紫………火、明らか、付く、離れる、華やか、学問など。

九宮が持つ主な象意

中宮

中宮は勢いが一番強い状態です。勢いがあるため、他の人がどのような状態であるか、どんな境遇であるかは気にしません。勢いが一番強いということは、すでにピークであり、これから徐々に下がっていく意味もあります。

この位置は五黄土星の定位置ですが、本来、八卦には五黄土星に当てはまるものがないので、位置があっても時間がないという特殊な意味を持ちます。そのため勢いの変化、勢いの混乱が起こりやすくなります。状況が大きく変化し始める宮として、対処法を考えるべきときです。

乾宮

中宮に続いて勢いはさらに落ちます。以前「中宮」に本命星が入ったときに冷静沈着に行動できた人は、この乾宮に入って運勢が持ち直しますが、そうでない人はより混乱や変動が起きる傾向にあります。

兌宮

この宮は「喜悦宮《きえつきゅう》」ともいって、喜び・楽しみが起こりやすい時期で、金銭との縁も深く、食べ物などの「口に関する縁」が深まる時期とされます。ですが、反対に挫折・刃物・誘惑・口論・嘆く・中傷といった口に関する悪い意味も持つ「複雑な宮」と解釈すべきだと思います。簡単にいえば、自分にとって悪い星が入れば凶、いい星が入れば吉と考えればいいのです。

艮宮

この宮は「変動宮」とも「鬼門」ともいわれます。この宮の意味は「大きく止まる」であり、新しく動くでもあります。ですから、変動の時期とされ、鬼門と恐れられたのでしょう。

怖いのは、前の「兌宮」で失敗、あるいは無理なことをしてその影響が残っていると「艮宮」でもそれが現われる可能性が高いです。**失敗すれば今後6〜7年ほど続き（10年という説もあります）、逆に成功していれば同じく6〜**

7年程度、よい結果が続くとされます。

離宮

この宮は「和合・離合」といって、自分にとって必要な人と知り合いになれる場合と、自分が頼っている方と離れなければいけない状況のいずれかが起きやすいとされます。使い方によっては、離れたい相手としっかりと離れることもできます。

さらに「争いの宮」でもあるので、訴訟や裁判にも縁があるでしょう。また投資やギャンブルに手を出す暗示もあります。もっといえば、善行が認められて表彰される暗示もありますが、逆に隠していた悪事や影の事実が公になる意味もあるため、心当たりがある人は、十分な注意が必要です。

坎宮

ありとあらゆるマイナスが出やすい宮と考えられています。病気、ケガ、入院、借金、貧困、破産、倒産といった人生でおよそ遭遇したくない問題のうち、どれかに見舞われやすいのですが、いったいどれが出るのかわからないという怖さがある宮です。季節は冬で、時間帯は真夜中になるので、物ごとが進展しにくい時期、時間の暗示です。

坤宮

どうしようもない時期を過ぎて、これから新たな一歩を進もうとする「準備の宮」です。「準備宮」といわれるだけあって、大きな動きや派手なパフォーマンスは望めませんが、**この時期は、やればやっただけ、努力すれば努力しただ**

け、後に成果が得られる時期だといえます。

震宮

「幸運宮」といわれ、全般的に喜ばしいことが起こりやすい宮です。会社で業績を認められて出世したり、スポーツで活躍したり、何かのコンテストで入賞したり、ここまでの努力が実を結ぶ可能性が高いといえます。

ただし「離宮」と同じく影の事実が公になる、過去の病気が再発するといった意味もあるため、もし悪事に心当たりがあれば、それは露見しやすいでしょう。もっとも、基本的に幸運が訪れる時期なので、悪事が露見しても実害が少なかったり、許されたり、運よく露見しないで済むことも考えられます

また、新しい分野や新しい仕事に携わることになりますが、そういう場合は充分に準備しておくと次の宮に移ったときも安心です。

巽宮

前の「震宮」に続き幸運期です。**この宮には整う意味があり、仕事も社会的地位も恋愛・結婚もすべてうまくいき、まさに順風満帆です。**

反面、この宮には風の意味もあり、何度も繰り返す、伏すという意味もあるために、方針が一貫しなかったり、考えが揺らいだりといったこともあるでしょう。

整うというのは、次にやって来るであろう増減、波乱を予期させる複雑な暗示なのです。

実践で出した盤を「四盤掛け」する

227ページで作成した4つの盤を使って「四盤掛け」をしていきます。左に同じ4つの盤を再度載せます。まず占いたい方の本命星を把握します。ここでは、依頼者を仕事運が知りたいTさんとしましょう。Tさんの生年月日は平成5年10月10日です。本書の50ページの表もしくは「万年暦」などから本命星を導き出します。

Tさんの本命星は七赤金星で、2020年は30歳（数え年）です。四盤掛けは1〜4段掛けという4つの手順で行います。ここではTさんの仕事運を見ながら解説します。

224〜227ページの実践で出した4盤

年盤

5	1	3
4	6	8
9	2	7

月盤

6	2	4
5	7	9
1	3	8

日盤

2	7	9
1	3	5
6	8	4

時盤

2	7	9
1	3	5
6	8	4

Tさんの生年盤
本命星は七赤金星

6	2	4
5	7	9
1	3	8

【手順1】1段掛け

1段掛けは時盤から月盤において行います。本命星の「七赤金星」が、「時盤」のどこにあるか見ます。「時盤」で「七赤金星」が入っているのは真ん中上段の「離宮」です（229ページの宮位盤参照）。次に「月盤」の「離宮」（同じ場所にある宮）に入っている星が何か見ます。「離宮」には「二黒土星」が入っています。最後に「五行の生剋に基づく大吉、大凶、比和表」（240ページ参照）で吉凶を見ます。「七赤」と「二黒」が交差する欄を見ると「大吉」とあります。

ここまでが1段掛けの手順で、この結果を「1段掛けは、離宮にいて二黒土星が掛かり、大吉とする」と表現します。

1段掛けは時間的に、この問題が生じた時点での過去の状況が出るか、現在の状況が出やすいです。230〜233ページの九星と九宮が持つ主な象意から見て、Tさんは地道にコツコツ仕事をして、評価されているようです。

1段掛けの流れ

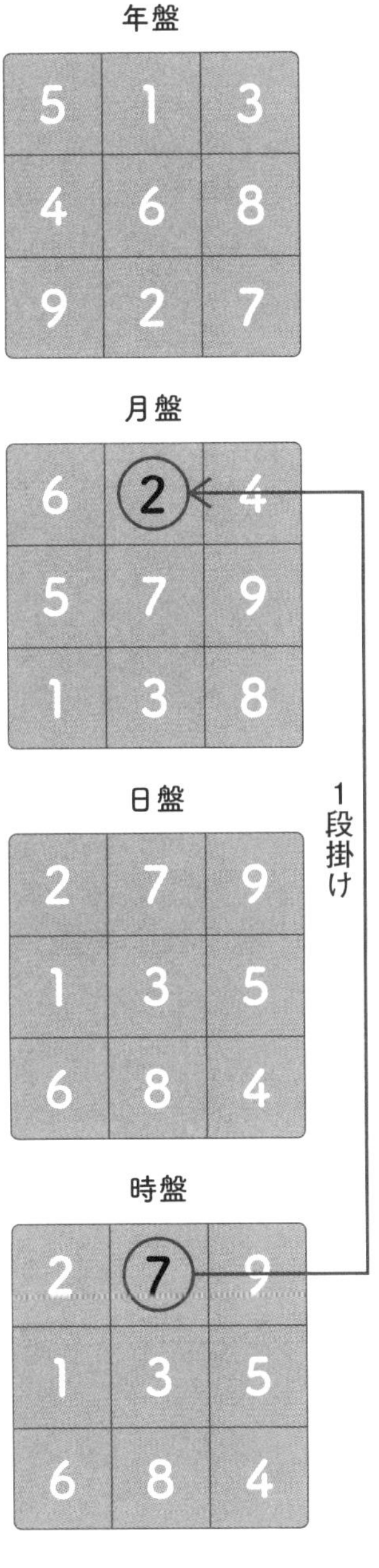

【手順2】 2段掛け

2段掛けは「日盤」から「年盤」において行います。本命星の「七赤金星」が「日盤」のどこにあるのか見ます。日盤で「七赤金星」が入っているのは「離宮」です。

次に「年盤」の「離宮」に入っている星を見ます。「離宮」には「一白水星」が入っています。最後に「五行の生剋に基づく大吉、大凶、比和表」で吉凶を見ます。「七赤」と「一白」が交差する欄を見ると「大吉」とあります。

ここまでが2段掛けの手順で、この結果を「2段掛けは、離宮にいて一白水星が掛かり、大吉とする」と表現します。2段掛けは時間的に、この問題が生じた時点での現在の状況が出やすいと判断します。もしくは、1段掛けと2段掛けを合わせて「現在」と見てもいいでしょう。

Tさんの仕事はスムーズにいっていますが、やや熱意が薄れているようです。

2段掛けの流れ

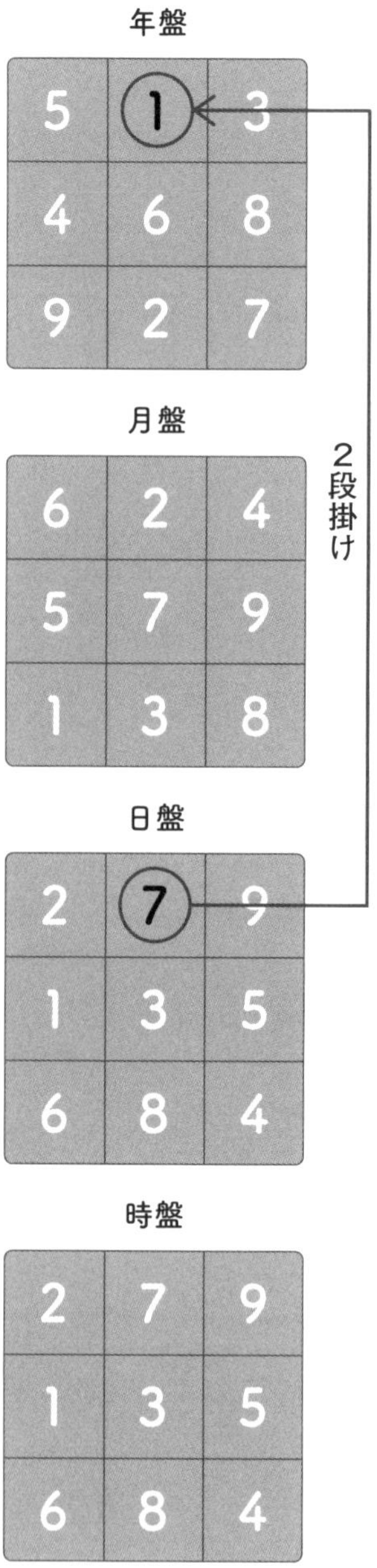

【手順3】　3段掛け

3段掛けは「年盤」から「日盤」において行います。本命星の「七赤金星」が「年盤」のどこにあるのかを見ます。「年盤」で「七赤金星」が入っているのは「乾宮」です。次に「日盤」の「乾宮」に入っている星を見ます。「乾宮」には「四緑木星」が入っています。

最後に２４０ページの「五行の生剋に基づく大吉、大凶、比和表」で吉凶を見ます。「七赤」と「四緑」が交わる欄には「大凶」とあります。

ここまでが3段掛けの手順で、この結果を「3段掛けは、乾宮にいて四緑木星が掛かり、大凶とする」と表現します。3段掛けは時間的に、ある程度の時間が経過した中間の時点が出やすいと判断します。あるいは成り行きを示していると判断してもよいでしょう。Tさんはこの先何らかの理由で、仕事上の信用を損なう可能性があります。

3段掛けの流れ

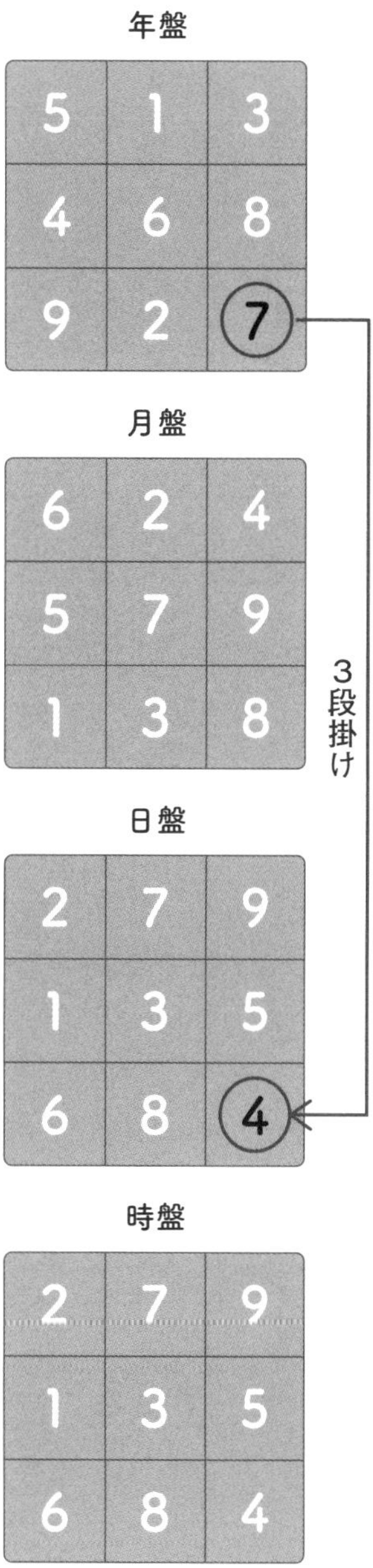

【手順4】 4段掛け

4段掛けは「月盤」から「時盤」において行います。本命星の「七赤金星」が「月盤」のどこにあるのかを見ます。「月盤」で「七赤金星」が入っているのは「中宮」です。

次に「時盤」の「中宮」に入っている星を見ます。「中宮」には「三碧木星」が入っています。

最後に240ページの「五行の生剋に基づく大吉、大凶、比和表」で吉凶を見ます。「七赤」と「三碧」が交差する欄を見ると「大凶」とあります。

ここまでが4段掛けの手順で、この結果を「4段掛けは、中宮にいて三碧木星が掛かり、大凶とする」と表現します。4段掛けは時間的に最終段階になるので、この出来事、問題の結果、最終的に訪れる結末と判断します。Tさんは独立を考えているのでしょうか。発展の見込みはありますが、今はまだ早いようです。

4段掛けの流れ

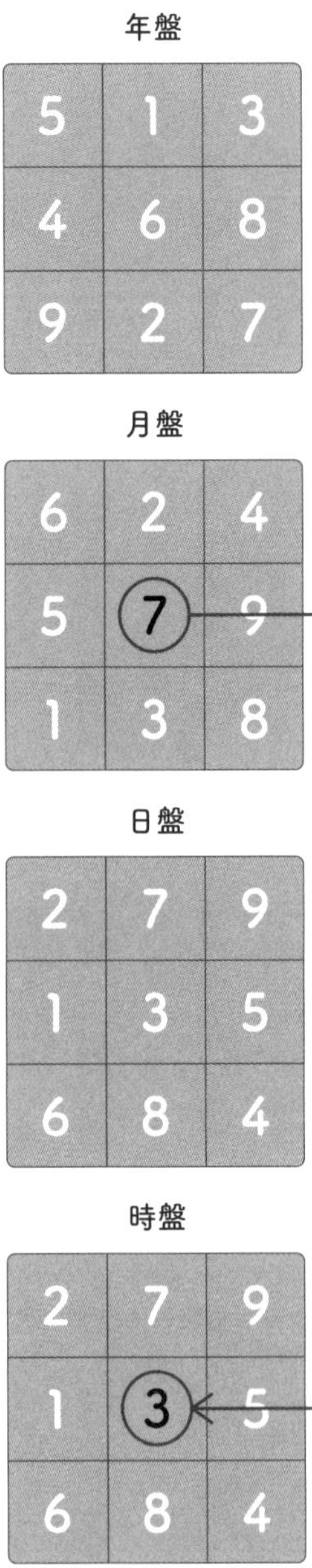

現在は「1段掛け」、「2段掛け」。未来は「3段掛け」、「4段掛け」で占う

手順のところでも説明しましたが、「1段掛け」と「2段掛け」は、占いたい物事の現在の状態を判断するのに有効です。特に1段掛けで出た現状が、占いたい物事の現状（もしくは依頼者が置かれている現状）としっかり合った場合は、2段掛け以降の結果もかなりの確率で合います。

さらに暗剣殺、五黄殺、月破といった「凶星」も含めて判断できるようになれば、四盤掛けの中級者といってもいいでしょう。

1〜4段掛けをさらに解説すると

この項目で解説した四盤掛けは、よく当たるうえ、占っていく過程も楽しいので、ハマってしまうかもしれません。そこで、手順を箇条書きにして整理しておきます。

①1段掛けは時間的に、この問題が生じた時点の過去の状況が出るか、現在の状況が出やすい。

②2段掛けは時間的に、この問題が生じた時点での現在の状況が出やすい。1段掛けと2段掛けとを合わせて「現在」と見ることも可能。

③3段掛けは、この問題が生じてある程度の時間が経過した中間の時点が出やすいと判断する。あるいは今後の成り行きを示していると判断してもよい。

④4段掛けは時間的に見て最後の段階なので、この問題の結論、最終判断が出るものとする。

新聞やテレビの報道に出てくる事件や出来事の日時を片っ端から占っていくと、四盤掛けの

よい練習になるので、ぜひ試してみてください。

五行の相生相剋で吉凶を見る

この章の最後に「四盤掛けの手順」に出てきた「五行の生剋」を吉凶に置きかえた「五行の生剋に基づく大吉、大凶、比和表」を見てください。縦の列と横の列に九星の星が入っていて、それぞれが交差する欄に「大吉、比和、大凶」のいずれかが入っています。

これを見れば、単純にその組み合わせの吉凶がどうなっているか、ひと目でわかるはずです。「相生の関係は大吉」、「相剋の関係は大凶」、「どちらでもない関係は比和」となります。大吉にマルをつけるなどして、より使いやすくしてみましょう。

五行の生剋に基づく大吉、大凶、比和表

物事を表わす九星	自分の本命星								
	1白	2黒	3碧	4禄	5黄	6白	7赤	8白	9紫
1白	比和	大凶	大吉	大吉	大凶	大吉	大吉	大凶	大凶
2黒	大凶	比和	大凶	大凶	比和	大吉	大吉	比和	大吉
3碧	大吉	大凶	比和	比和	大凶	大凶	大凶	大凶	大吉
4禄	大吉	大凶	比和	比和	大凶	大凶	大凶	大凶	大吉
5黄	大凶	比和	大凶	大凶	比和	大吉	大吉	比和	大吉
6白	大吉	大吉	大凶	大凶	大凶	比和	比和	大吉	大凶
7赤	大吉	大吉	大凶	大凶	大凶	比和	比和	大吉	大凶
8白	大凶	比和	大凶	大凶	比和	大吉	大吉	比和	大吉
9紫	大凶	大吉	大吉	大吉	大吉	大凶	大凶	大吉	比和

桐山靖雄著『密教占星術Ⅱ』（平河出版社）より引用

七赤金星

第七章

九星術の方位術を学ぶ

九星の方位術《ほういじゅつ》についての基本

動くことで運気が変わる

九星術では動くこと（行動すること）で吉凶が生じると考えられています。ときには果報は寝て待てというケースもありますが、基本的には自らが行動して運勢を開いていく占いです。「動く」といって誰もが思い浮かぶのが移動でしょう。ひと言でいえば、方位術は移動することで生じる吉凶を知るための占いです。ごく単純に書いてしまうと、吉方位に向かえば運気がアップし、凶方位に向かえば運気がダウンするというものです。では、吉方位や凶方位は何によって導き出すかというと、あらかじめ吉凶の方位が定められた月盤や時盤と自分の本命星がわかれば大丈夫です。本書では月盤で方位を取る方法と、時盤で方位を取る方法の2つを解説します。少し話がそれますが、なぜ吉方位に向かうと運気が上がるのかというと「いい気」を受けられるから、と考えられています。突然「気」といわれても何のことか理解できない人も多いと思います。筆者自身も「気」について、科学的根拠を示した解説ができないのですが、これは何も超能力的なものではなく、気力や気心という言葉があるように、人間がもともと備えているものなのでしょう。たとえば元気いっぱいで気分が乗っていると、実力以上の働きができたり、いいアイデアが浮かぶものです。逆に疲労困憊したり、落ち込んだり、気力がなくなるとミスしたり誤った判断をしがちになります。前者は吉、後者は凶といえるでしょう。吉方位を取るというのは「いい気」を受けること。凶方位を取るというのは「悪い気」を受けることと覚えてください。

「いい気」を受けて「悪い気」を避ける

「気」を説明する際に、電気に置き換えて考えるとわかりやすいかもしれません。私たちの体内に電池があったと仮定して、さまざまなことで電力が減っていきます。充電量の回復方法はいくつか考えられますが、その1つが方位術で吉方位を取ること、と思ってください。疲れているときや落ち込んでいるときは、充電量が残り少ない状態といえるでしょう。

次に説明したいのは「いい気」を受ける（充電する）ために移動するケースと、移動することが決まっていて「悪い気」を受けたくないケースです。前者は開運法としてはポピュラーで、とにかく運をよくしたい場合や過去の凶を相殺したい場合に有効とされています。移動距離や滞在時間の決まりはありますが、吉方位に出向くだけなので難しくはありません。

むしろ現代において役立てたいのは、後者です。出張や転居などで移動せざるを得ない状況で、できるだけ凶方位を避けて「悪い気」を受けないように備える。これに尽きます。ただし安心してください。凶方位を取ってしまっても対処法はいくつもあります。それに年、月、日、時の4つの盤で方位を出して、凶が1つ2つ出るのはよくあること。方位術が発展してきた経緯や効果が及ぶ割合についての考え方は、246ページから書きますが、ここでは前段階として、方位術についてざっくり理解してもらえればOKです。

方位術が目指すのは開運か改運か？

ここからは方位術についてもう少し具体的に解説していきます。開運のために方位を占うことを方位を取るといいます。

「方位術」は「開運」に直結した術であり、「気学」や「風水」でも頻繁に用いられるので、占いにあまり興味がない方でも気になるところだと思います。「命占術」や「卜占術」を飛ばして「開運」に関係するこの占いだけを覚えたいという方もいるでしょう。また、宝くじを買いに行くので、当たる方位を知りたいというのは、昔も今もよく聞く依頼です。しかし「方位術」とは、本来そういったものではありません。現在、日本に伝わる「方位術」は古代中国で生まれました。古代中国には厳然たる身分制度があり、貴族と庶民とに分かれていました。そして当時から貴族たちの間で用いられていたのが「易《えき》」や「奇門遁甲《きもんとんこう》」などの軍事に関係する占術でした。「方位術」もその中の1つです。

特に戦乱が続いた時代において「方位術」は陣地を決めたり、作戦を立てるのに使われていました。また、支配している土地の土を掘ったり、何かを埋めたりする場合に用いられたそうです。これらは運を開く「開運」というよりも、井戸を掘ったり、肥沃な土を運んでくる努力をして、土地を改善する「改運」を目的としていたのではないかと私は思います。

古代中国を発祥とする「九星術」は、歴史的な考え方とは切り離せないものです。「方位術」も本来の使い方を頭の片隅に入れていただいたうえで、現代に合った「運勢」を開くための「方位術」を説明していきましょう。

方位術の限界について

先述したとおり、「開運」の占いとして「方位術」は人気があります。しかし「南南東の方角に行けば運が開ける」、「西へ向かうと金運がアップする」という具合に「方位術」をまるで魔法か何かのように考えるのは、間違いだと理解してください。何の努力もせずに方角を変えるだけで、自分の思ったように運が開けたり、世の中が動くようなことはありません。では「方位術」はデタラメなのかといえば、もちろんそんなことはありません。

もしあなたが自分の運を変えたいと考えていて、そのために自分を変える必要があるとしたら、何を変える努力をしますか？　変えるべき物事が重要であればあるほど、効果があるとしたらどうでしょうか。

生年月日は変えられませんし、親や兄弟も変えられません。性別もそう簡単には変えられません。名前や国籍は変えられなくはありませんが、かなりハードルが高いでしょう。住所は比較的変えやすい。少し整理しましょう。

●変えられないもの＝生年月日、親兄弟

●変えられるが難しいもの＝名前、性別、国籍

●変えやすいもの＝住所

つまり3分の1だけが自分の意志で変えられます。このことから「九星の方位術」でも「変えられるのは同じく3分の1」と考え、そして同時にこれが「方位術」の限界となるのです。「なんだ、変えられるのは3分の1だけか。あまり期待できないな」と思われるかもしれませんが、先に「開運」と「改運」の話を出したように、自分にない運を（強引に）開こうとするのであれば、それは徒労に終わるでしょう。反対に、自分を改めて、自分の中に眠っているまだ発動していない運を開こうというのであれば、「方位術」は役に立つでしょう。

方位術の効果が約30％は多いか少ないか

「方位術」の効果は最大約30％と説明しました。この約30％という割合は占いとして大きいのか小さいのか。占いの専門家として答えると、絶大だといえます。「方位術」の効果を十分に享受するには、「命占術」で自分の限界を理解したうえで、限界上限付近で行動するための指針として方位を使うのです。

運勢の基本的な見立ては「命占術」によって導き出せます。その運勢には浮き沈みという「幅」があります。「方位術」は運勢の幅の中で、向かうべき方向を知るために用います。いうなれば人生における方位磁石や羅針盤です。持つか持たざるかで非常に大きな差が生じるのはいうまでもないでしょう。

方位の区分。真北か磁北か？30度・60度か45度か？

「方位術」を学ぶうえで必ずぶつかるのは、流派によって「北」の位置と「方位の区分」が異なる問題です。

まず「北」には「真北」と「磁北」があり、次に「方位の区分」には「30度・60度」と「45度」があります。

我々が普段用いている地図は「上が真北」になっていますが、「真北」は北極点の方向で、子午線の北に向かう方向です。「磁北」は方位磁石の針が示す北で、日時で少しずつ変化します。「真北」と「磁北」は一致しません。

「九星の方位術」では「真北」と「磁北」は用いる流派によって分かれます。私は「真北」で見るようにしているので、本書では「真北」で説明していきます。

次に方位の区分ですが、「30度、60度」では方位（360度）を12区分と6区分に分けます。12区分は多すぎますし、6区分は少なすぎると思うので、私は「45度」を用いています。45度だと360度を8つに分けられ、これは「八卦」にも通じます（34〜35ページを参照）。

さらに方位を取って気力を充実させようとする場合は、筆者は「ゆったり」、「のんびり」できるように、「北に向かう」のであれば北の0度近くに行くようにしていますし、「東北に向かう」場合は60度の真ん中を取るようにしています。そうすると、「30度・60度」か「45度」かを区別する必要はなくなります。

取るべき方位と避けるべき方位は？

方位が吉方位になるのは、その方位に吉星が入っている場合です。同様に凶方位となるのは凶星が入っているのですぐにわかります。問題は、吉星と凶星が同じ宮に入ったときにどうなるかです。こういうときは凶と見るのが普通です。ではその方位を見てみましょう。

凶星について

九星術では行動することで初めて吉凶の影響が出るとされます。ここでは気を付けたい凶星を解説します。

暗剣殺《あんけんさつ》

暗剣殺の凶意は一番強いです。あっという間に察知できない分野の凶が、直接及んだり、突発的な災いや妨害作用をもたらします。五黄殺の正反対の方位に当たります。

五黄殺《ごおうさつ》

五黄殺は五黄土星がある方位で、さまざまなトラブルが起こると考えられます。しかし五黄土星は大凶だけではなく、使い方によっては大吉にも変化します。まるでピンチを救うために現れたヒーローのように感じるでしょう。

月破《げっぱ》

その月の十二支の正反対の方位を月破といいます。寅月であれば申の方位、午月であれば子の方位が月破となります（33ページの図を参照）。

本命殺《ほんめいさつ》

本命星がある方位をこう呼びます。同様に月命殺もあって月命星のある方位を示します。本命殺の方位を取る（使ってしまう）と10年以内に大病になるといわれますが、発病までの時間が曖昧なので本書では使用しません。

本命的殺《ほんめいてきさつ》

本命星がある方位と反対の位置をこう呼びます。本命的殺の方位を取る（使ってしまう）と生命に係わる事件・事故が起きるとされますが、恐れてばかりいては何もできないので、本書では使いません。

吉方位について

九星術の方位術では凶方位の他に、吉方位もあります。257ページから掲載している「方位術で使う月盤一覧」には、吉方位も記されていますが、ここではそれぞれの吉方位について解説します。ちなみに吉方位の名前は、吉神と呼ばれる幸運の神様の名前にそれぞれ由来しています。

天道《てんどう》

天の祝福を受け、物事を開く作用があります。積極的な幸運を受けられる大吉の方位です。

天徳《てんとく》

凶を吉へと変える強い作用があるとされます。大吉の方位です。

天徳合《てんとくごう》

天道と天徳が合わさった状態。天徳より一段階下がりますが、吉の方位です。

月徳《げっとく》

凶を抑え、吉に向かわせる作用があるとされます。天道より一段階下がりますが、吉の方位です。

月徳合《げっとくごう》

天徳と月徳が合わさった状態。天徳より一段階下がりますが、吉の方位です。

生気《せいき》

気力と活力を与え、吉に導く方位です。作用はかなり強いとされています。

方位の効果と移動距離の関係

「九星術」で述べられている方位の効果は、どのくらい移動すれば出るかが、大きな関心事項だと思います。移動距離と同時にどの盤を使ったかで、移動の効果がどの程度かもわかるようになっています。私が普段実行している方位取りを説明します。

●使用する盤＝月盤／効果：長期出張（1カ月半以上）・引越しなど。長期にわたるものに対して、効果が期待できる。最大12年まで効果と考えられる。

◆移動距離：大体7km以上。

●使用する盤＝時盤／効果：日帰り旅行。帰宅後3日から5日で効果が出て1週間で消える。

◆移動距離：35km～400km。もっとも効果が出る距離があるといわれますが、個人個人で違うそうです。筆者は400km移動しても大して効果が出ず、反対に50kmほど進むだけでそれなりの効果が出る方もいました。

日盤で方位を取るのは使いづらいので、普通は使いません。

方位術の効果が出るまでの時間

効果が出るまでの時間は、一般に「応期《おうき》」といいます。どんな術でも3つのポイントがあります。①どのような効果が出るのか、②いつその効果は現れるのか。③その効果はどの程度か？　です。この「応期」ですが、これがわからなければト占術とはいえません。絶対に必要な点です。

わかりやすい例として「宝くじの購入」で説明しましょう。宝くじの購入は、いつ買うか、自宅から見てどの方位か、いつ当たるか、いくら当たるかを知りたいでしょう。宝くじの購入を占う場合、この4つが当たらなければダメだといえます。

依頼者「宝くじを買えば当たる？」
占い師「当たります！」
依頼者「それはいつ？」
占い師「わかりません！」

これでは占いとしては成立しません。肝心な「いつ買えばいいいか」がわからないからです。この「いつ」を「応期」といい、実は判断するのが一番難しいです。「方位術」では「応期」の判断のために「直線の理論」というものがあるとされます。複雑になりすぎないよう、少しだけ紹介しておきます。

直線の理論は十干の「甲・乙・丙・丁・戊」と「己・庚・辛・壬・癸」がちょうど半分になるため、方位を取りたい人が生まれた年から数えてちょうど6つを数えるタイミングで変化が起きます。つまり6刻、6日、6カ月、6年目という具合に、予測でき、これが応期を判断する手がかりです。6つを数えるタイミングというのは、1なら6、2なら7、3なら8と、相対する組み合わせが一直線になるため「直線の理論」と呼ばれます（252ページの図を参照）。

十干が表わす直線の理論

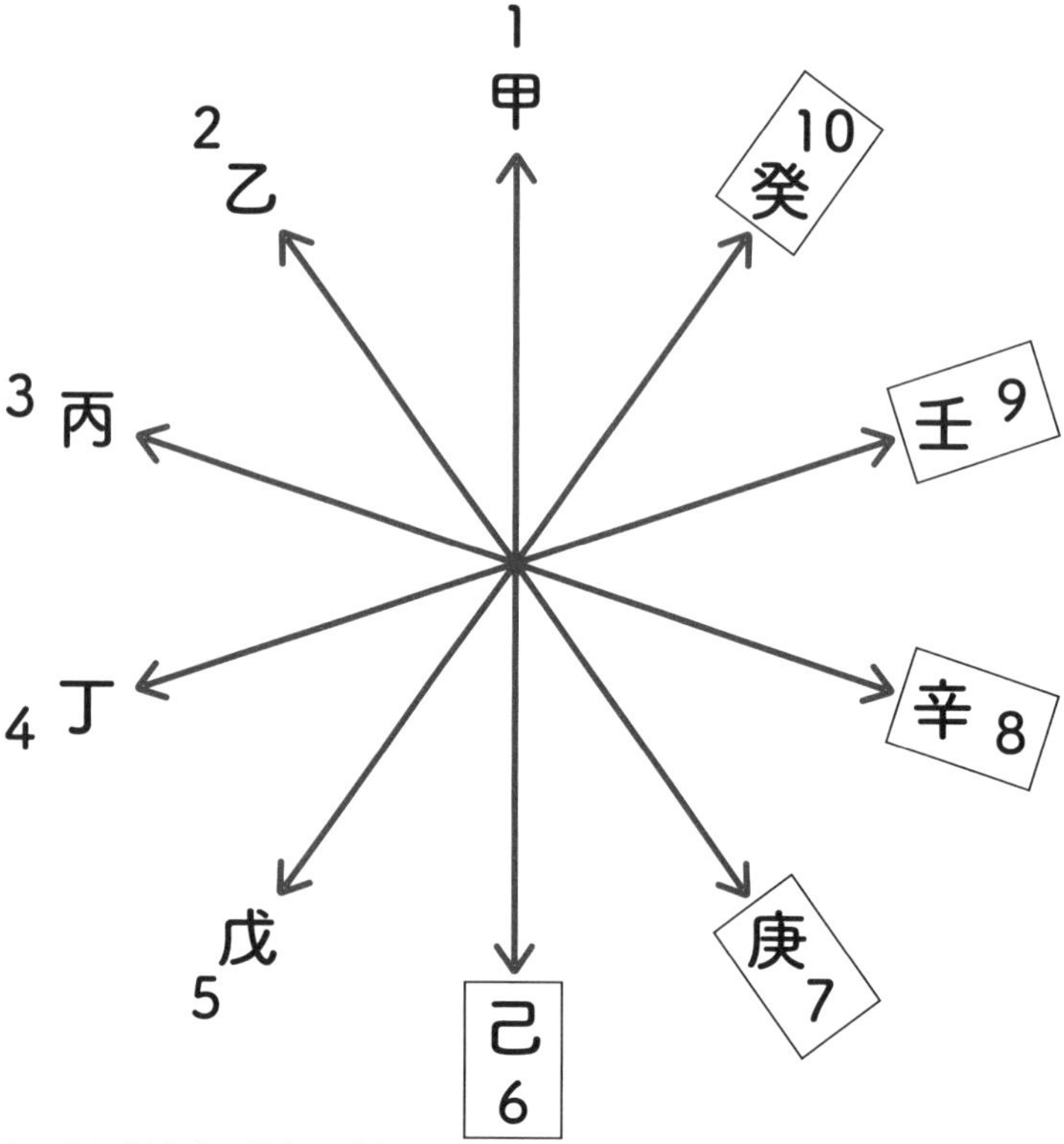

十干の１～５に相当する甲から戊と、
６～10に相当する己から癸はそれぞ
れ直線で対称になります

1	2	3	4	5
甲	乙	丙	丁	戊
6	7	8	9	10
己	庚	辛	壬	癸

十干を半分に分けると１の甲は６の己と対称になります。このように１から６へ直線的につながることから、直線の理論とされています。この直線の対称関係が方位に現われるときに、行動上の変化や身体的な変化が応期として生じるとされています

方位は気力に通じています

方位の吉凶で、具体的に何が変わると思いますか。科学的根拠があるわけではありませんが、一説によると気力に影響があるそうです。シンプルに吉方位は気力を増し、凶方位は気力を削ぐと考えてください。気力が充実すれば困難を乗り越えられるでしょうし、病は気からともいいます。では、なぜ方位と気力が関係するのかについては、筆者も自分なりの答えを持っておらず、ただ昔からそう考えられているから、というしかありません。

方位使用上のポイント

長い人生において「方位の使用上のポイント」はちゃんとあります。基本的に吉は祐気、凶は剋気と理解してください（38ページ参照）。では、この用い方はどうすればいいでしょうか。肝心なのは祐気も剋気も使い方次第ということ。薬の用法用量が大事なのと同じですね。

目的達成のためには祐気を用いる

祐気をどこでどう用いるかは人それぞれ。そして祐気といっても「生気」、「比和」、「退気」という3つの吉がありました。

・生気＝先方から持ってこられる吉です。
・比和＝互角レベルの吉です。
・退気＝自分が努力しないとうまくつかめない吉です。

人はどうしても上げ膳、据え膳、棚ぼた式、神様仏様ご先祖様という、自分では何もしなくても自然とよくなる可能性だったり、何でもおかげさまといった暗示を求めがちですが、世の中そう都合よくはいきません。ですから自然と吉が現われる生気ではなく、自分で努力しなければならない退気を使うべきだと思います。

若い方は初めに剋気を取るようにして

これは私も驚いたのですが、若いうちは「凶方位」である「剋気」を取ってみるべきだと、横井伯典先生はいわれます。

私が教わった話は「どんなに遅くとも33歳までに剋気を取って、凶をじかに体験するべきで、それが済んでいれば、後の暗剣殺や五黄殺が来てもすんなりと乗り越えられる」というものでした。そしてその後は問題がなかったそうです。きっと誰かが実験したのでしょう。

反対にそれほど体力がなく「凶方位を取るのが怖い」という方は、少なくとも「退気」を取るべきだと横井先生はいわれます。頑張る気持ちがないまま無為に人生を過ごしたり、他人の力をあてにしてはいけないという教えです。

若くても体力のない方、虚弱体質の方は祐気を用いてもよい

これも横井先生の剋気取りの考え方ですが、健康な人でも42歳を過ぎてから「剋気」を取ると疲労がひどくなり、いい結果を導けないそうです。健康な人であっても体調に変化が出やすくなる33歳頃から「祐気」を取ったほうが無難です。虚弱体質だったり、体力のない人は20代から「祐気」取りをしてもよい、とのお話でした。

一般的に男性は42歳、女性は33歳が厄年とい

われ、これは211ページの流年運の解説にもあるとおり「九星術」で「坎宮」に自分の本命星が入ったときに当たるのですが、最近は少し時代に合わせて変化しているようで、男女ともに45歳までは気にしなくても大丈夫です。

交渉事や縁談は祐気を取ればうまくいくが、剋気だと時間がかかる

仕事の場合、「剋気」を気にしていられないでしょう。「大凶だから交渉は中止」というわけにもいきません。

凶は凶、剋気は剋気として、対処するなり凌ぐなりして、仕事に打ち込むようにしましょう。

厳しい状況に置かれているときほど、人間性の本質や仕事に対する考え方が見えてくるものです。また、そういう場面で生まれる信頼関係や、開花する能力があるのも事実です。「剋気」だからといって、マイナス思考に陥るのではなく、自分で運気を変えて難局を乗り切るくらいの気持ちで臨めば、自ずと道は開けるでしょう。

逆に「祐気」だからと、あぐらをかいていては、せっかくの運気も下がる恐れがあります。自分から行動を起こしましょう。

重病人には最初から大吉の方位を使わない

重病人には、大吉の方位を使いたくなりますが、ときに命が絶えることが吉の場合もあるため、最初は「退気」を使って、容態が落ち着いてから「生気」を使うようにしてください。

さてここまでが「方位術」の基本です。確実に習得するためには、何度も繰り返して練習すること。それが一番です。

月盤で方位を取る方法

①各月ごとの月盤から、自分の本命星がどこにあるかを見ます。

②自分の本命星がある場所から見て、「天道、天徳、天徳合、月徳、月徳合、生気」のある方角が吉になります。また、「五黄殺、暗剣殺、月破」のある方角が凶方位となります。

本格的に占うともっと複雑になるのですが、本書ではわかりやすさを重視して、シンプルに書いています。本命星の場所と吉方位や凶方位が一緒になっている場合もあるでしょう。これはケースバイケースと考えてください。もちろん吉方位では移動する、凶方位は移動しないというのが基本です。ただし、凶が1つくらいでは気にしないで構いませんし、若いうちに凶方位を取っておくという考え方もあるので、一概にはいえません。

左ページから掲載する月盤の見方を解説します。月盤は干支の十二支を「子、卯、午、酉の年」、「丑、辰、未、戌の年」、「寅、巳、申、亥の年」の3グループに分け、それぞれのグループごとに1〜12月の月盤が決まっています。各月の月盤には、九星の星を数字が入っていて、凶方位の「五黄殺、暗剣殺、月破」を色付きの文字で示しています。五黄土星の月には五黄殺、暗剣殺はありません。（凶方位の解説は36〜37ページを参照）。黒い文字は吉方位の「天道、天徳、天徳合、月徳、月徳合、生気」のいずれかです。

方位術で使う月盤一覧　子・卯・午・酉の年（一白・四緑・七赤の年）

2月（寅）

南

7	三合 天道・天徳 月徳 3	月破 五黄殺 5
6	8	月徳合 1
暗剣殺 2	生気 天徳合 4	9

北

3月（卯）

南

6	月徳合 2	天道天徳 4
五黄殺 月徳 5	7	月破 暗剣殺 9
生気 1	3	8

北

4月（辰）

南

五黄殺 5	生気 天徳合・月徳合 1	3
4	6	8
9	天道・天徳 2	暗剣殺 月破 7

北

5月（巳）

南

4	天徳合 9	2
生気 月徳合 3	5	月徳 天道・天徳 7
8	1	月破 6

北

6月（午）

南

暗剣殺 生気 3	月徳 8	1
2	4	月徳合 6
三合 7	月破 9	五黄殺 5

北

7月（未）

南

6	天徳合 月徳合 7	9
暗剣殺 天道・天徳 月徳・三合 1	3	五黄殺 生気 5
月破 6	8	4

北

子・卯・午・酉の年（一白・四緑・七赤の年）

8月（申）

南

1	生気 月徳合 天徳合 6	暗剣殺 8
9	2	4
五黄殺 月破 5	月徳 天道・天徳 7	3

北

9月（酉）

南

9	五黄殺 5	生気 7
月破 天徳合 8	1	月徳 3
天道・天徳 4	暗剣殺 6	2

北

10月（戌）

南

月破 8	暗剣殺 月徳 天道天徳 4	6
7	9	月徳合 天徳合 2
三合 3	五黄殺 生気 5	1

北

11月（亥）

南

月破 7	月徳合 3	五黄殺 5
天道・天徳 月徳 6	8	天徳合 生気 1
暗剣殺 2	4	9

北

12月（子）

南

三合 天道・天徳 6	月破 月徳合 2	4
五黄殺 5	7	暗剣殺 9
1	月徳 3	生気 8

北

1月（丑）

南

五黄殺 5	1	月破 3
生気 天徳合 月徳合 4	6	月徳 天道・天徳 8
9	2	暗剣殺 7

北

丑・辰・未・戌の年（三碧・六白・九紫の年）

2月（寅）

南

4	天徳 天道・天徳 9	月破 2
3	5	天徳合 7
8	天徳合 生気 1	6

北

3月（卯）

南

暗剣殺 3	月徳合 8	天道・天徳 1
月徳 2	4	月破 6
生気 7	9	五黄殺 5

北

4月（辰）

南

2	天徳合 月徳合 生気 7	9
暗剣殺 1	3	五黄殺 5
6	天道・天徳 月徳 8	月破 4

北

5月（巳）

南

1	天徳合 6	暗剣殺 8
月徳合 生気 9	2	月徳 天道・天徳 4
五黄殺 5	7	月破 3

北

6月（午）

南

生気 9	五黄殺 月徳 5	7
8	1	月徳合 3
4	暗剣殺 月破 6	天道・天徳 2

北

7月（未）

南

8	暗剣殺 天徳合 月徳合 4	6
天道・天徳 月徳 7	9	生気 2
月破 3	五黄殺 5	1

北

丑・辰・未・戌の年（三碧・六白・九紫の年）

8月（申）

南

三合 7	生気 天徳合 月徳合 3	五黄殺 5
6	8	1
暗剣殺 月破 2	月徳・三合 天道天徳 4	9

北

9月（酉）

南

6	2	生気 4
五黄殺 月破 月徳合 5	7	暗剣殺 月徳 9
天道・天徳 1	3	8

北

10月（戌）

南

五黄殺 月破 5	月徳・三合 天道天徳 1	3
4	6	天徳合 月徳合 8
三合 9	生気 2	暗剣殺 7

北

11月（亥）

南

4	月徳合 9	2
月徳 天道・天徳 3	5	天徳合 生気 7
8	1	6

北

12月（子）

南

暗剣殺 3	月徳合 月破 8	1
2	4	6
7	月徳 9	五黄殺 生気 5

北

1月（丑）

南

2	7	月破 9
暗剣殺 生気 天徳合・月徳合 1	3	五黄殺 月徳 天道・天徳 5
6	8	4

北

寅・巳・申・亥の年（二黒・五黄・八白の年）

2月（寅）

南

1	天道・天徳 月徳 6	暗剣殺 月破 8
9	2	4
五黄殺 5	天徳合 生気 7	3

北

3月（卯）

南

9	五黄殺 天徳合 5	天道・天徳 7
月破 8	1	月破 3
生気 4	暗剣殺 6	2

北

4月（辰）

南

8	暗剣殺 生気 天徳合月徳合 4	6
定位対沖 7	9	2
3	五黄殺 天道・天徳 月徳 5	月破 1

北

5月（巳）

南

7	天徳合 3	五黄殺 5
生気 月徳合 6	8	月徳 天道・天徳 1
暗剣殺 三合 2	4	月破 9

北

6月（午）

南

生気 6	月徳 2	4
五黄殺 5	7	暗剣殺 月徳合 9
1	月破 3	天道・天徳 8

北

7月（未）

南

五黄殺 5	天徳合・月徳合 1	3
月徳 天道天徳 4	6	生気 8
月破 9	2	暗剣殺 三合 7

北

寅・巳・申・亥の年（二黒・五黄・八白の年）

8月（申）

南

4	生気 天徳合 月徳合 9	2
3	5	7
月破 8	月徳 天道・天徳 1	6

北

9月（酉）

南

暗剣殺 3	8	生気 1
月破 月徳合 2	4	月徳 6
天道・天徳 7	9	五黄殺 5

北

10月（戌）

南

月破 2	三合 月徳 天道天徳 7	9
暗剣殺 1	3	五黄殺 天徳合月徳合 5
6	生気 8	4

北

11月（亥）

南

月破 1	月徳合 6	暗剣殺 三合 8
月徳 天道・天徳 9	2	天徳合 生気 4
五黄殺 5	7	3

北

12月（子）

南

天道・天徳 9	五黄殺 月破 月徳合 5	7
8	1	3
4	暗剣殺 月徳 6	生気 2

北

1月（丑）

南

8	暗剣殺 4	月破 6
生気 天徳合・月徳合 7	9	天道・天徳 月徳 2
3	五黄殺 5	1

北

悪い方位に出かけなければいけない場合の対処法

仕事で出張が多い営業マンや、日常的に長距離移動をするドライバー、交通機関の乗務員といった方々にとって、方位取りはあまり効果がないといわれています。

仕事であれば、方位を取る取らないに関係なく移動しなければいけないでしょうし、当然ながら時間優先になるため、移動手段も限定されるでしょう。このようなお仕事に就かれている方は「方位術」よりも「家相の開運法」で対処するといい効果を得られるようです。

筆者は九星術の家相術の知見が少ないため、残念ながら開運法を解説できません。ただ家相術を扱った書籍は多数あるので、そちらで学んでいただければと思います。

凶方位に出かけた場合、まず264ページから解説している「挨星法《あいせいほう》」のルールの逆を実行しましょう。

中でも一番おすすめしたいのは、凶方位の出張から帰って来たら、午後11時を大きく過ぎてから寝る。翌日に5km以上移動する、というもの。これは吉凶に関係なく方位を無効にできる強力なリセット法です。

また、方位術で吉凶の効果を得ようとする場合、効果が出るのも消えるのも早いです。反対に、家相で吉の効果を出すには時間がかかりますが、そのぶん効果は長く続きます。そこで、凶方位の悪い効果は覚悟しつつ、日頃から家相で吉を取っておいて、凶を和らげる……という方法もあります。

時盤で方位を取る方法

時盤の方位は、挨星法《あいせいほう》という方法をおすすめします。256ページで解説した月盤の方位の取り方のように吉方位、凶方位を細かく分けず、単純に吉か凶かだけを見ていく方法です。筆者がいろいろ試した中でも一番効果がありました。挨星法の考案者は、日本における奇門遁甲術《きもんとんこうじゅつ》（方位に特化した古代中国発祥の占い）のパイオニア、内藤文穏《ないとうぶんおん》先生です。挨星法の詳細は、奇門遁甲術の秘伝中の秘伝なので詳しくは書けません。ご容赦願います。ここでは基本になる13のルールを解説しましょう。

①**日盤と時盤には「陽遁」と「陰遁」があります。**万年の暦には必ず6月と12月に「陽遁はじめ」と「陰遁はじめ」が書いてあります。そのときから日盤の陽遁と陰遁が変わります。これを間違えないでください。1年に2回度変化します。

②**方位を取るための出発時間は、自然時間（太陽が南中している時刻を正午とする）で決めます。**日本において正午は、子午線が通る兵庫県明石市が基準ですが、複雑になるため近畿地方より東は30分早め、近畿地方より西は30分遅らせてください（実際の正午が東日本と西日本で30分以上の時差があるわけではありません。あくまで九星術の時盤を出す場合の時刻です）。

③**乗り物を利用して移動する際の方位は、電車であれば駅から、飛行機であれば空港からとします。**自動車は渋滞に巻き込まれると、途中で時間が変わってしまうためにおすすめできませ

ん。どうしてもの場合は、途中のサービスエリアなどで再度方位を取り直してください。移動するスピードは、おおむね同じ速度を維持してください。

④飛行機のようにかなり速い速度で、空港の上を旋回する場合は、出発する空港から到着する空港への方角をみてください。旋回中の方角は無視して問題はありません。

⑤**徒歩で移動する場合は、５km程度で方位の効果が出ます。**それより少ないとあまり期待はできません。本来乗り物を利用する場合は、少なくとも１００kmは移動すべきですが、35km程度で効果が出るケースもあります。とにかくやってみましょう。

ちなみに徒歩と自転車で移動した場合は、すぐに帰っても構いませんが、乗り物を利用した場合は、次の方位を取るために移動先で4時間以上の滞在が必要となります。

⑥その昔（方位を取る方法が完成したころ）、移動は徒歩が当たり前で、早く行動するには馬を使うしかありませんでした。それゆえ、**現代においてもなるべく馬に近い速度で、できるだけ長時間の移動を心がけてください。**

⑦**徒歩↓タクシー↓在来線↓新幹線↓在来線↓タクシー↓徒歩というように、移動するスピードが頻繁に変わる場合、術の効果は期待できません**（おすすめしません）。

⑧267〜290ページに掲載している「挨星法で見た時盤の方位」は、干支の「子、卯、午、酉」の年、「丑、辰、未、戌」の年、「寅、巳、申、亥」の年の3グループに分け、さらに十干の「甲、乙、丙、丁、戊、己、庚、辛、壬、癸」に当てはまる

日とそうでない日に分け、時刻ごとの方位盤を出しています。盤には方位の吉凶を◎＝大吉、○＝吉、△＝凶、×＝大凶という意味で記しました（時刻は226ページを参照）。

⑨数回試して効果が感じられなかったら、違う術（風水など）を試してください。

⑩移動した帰りの時間はいつでも構いません。ただし留まるのは長くても1泊程度まで。

⑪**帰宅後、長距離の移動は3日間は禁止です。5㎞以上の移動はしないように。**通勤・通学の距離が長い方は、挨星法で移動する距離をできるだけ長くしてください。仮に挨星法で100㎞移動し、その後3日間を5㎞までOKとすれば、挨星法200㎞で10㎞、挨星法400㎞で20㎞という具合です。さらに午後11時までには帰宅し、横になってください。就寝しなくてもいいので、横になりましょう。横にならないと術の効果は半減してしまいます。

⑫**術の効果はおよそ3日目から表われ始めます。**普通は2週間程度で消えますが、長い場合は1ヵ月以上も続いた例もあります。

⑬時盤の方位の右列にあるのは例外的な法則ですが、日にちの「十干」を間違えないように。また**「挨星法」は太陽に関係しているので、日中に使うこと。できるだけ晴れている日に使うようにしましょう。**

以上が基本のルールです。次ページから時盤の方位を掲載しますが、盤の見方が秘伝のため詳しく書けません。**十二支で日を分け、十干でさらに日を分け、最後に時刻ごとの盤を見るとだけ覚えてください。なぜそうなるかは気にせず、単純に覚えていただくのが一番です。**

●挨星法で見た時盤の方位（陽遁編）

子・卯・午・酉の日

子の刻

←そのほかの日

南

×	×	×
○		△
△	◎	△

北

→甲・戊・己・癸の日

南

△	×	×
△		△
△	△	×

北

丑の刻

←そのほかの日

南

○	◎	△
◎		×
×	△	×

北

→丁・壬の日

南

×	△	△
△		△
×	×	△

北

寅の刻

←そのほかの日

南

×	△	◎
○		×
◎	△	×

北

→丙・戊・辛・癸の日

南

△	○	×
△		×
△	×	×

北

子・卯・午・酉の日

卯の刻

←そのほかの日

南

×	×	△
△		×
×	△	×

北

→乙・庚の日

南

△	○	×
○		◎
×	○	×

北

辰の刻

←そのほかの日

南

△	△	○
○		△
○	△	×

北

→甲・丁・己・壬の日

南

×	×	△
×		◎
×	△	△

北

巳の刻

←すべての日

南

×	○	◎
△		×
×	×	×

北

子・卯・午・酉の日

午の刻

←そのほかの日

南

○	×	○
×		○
×	△	×

北

→丙・辛の日

南

○	×	×
○		△
△	◎	△

北

未の刻

←すべての日

南

△	×	△
△		×
×	×	○

北

申の刻

←そのほかの日

南

×	◎	○
×		×
△	×	×

北

→乙・庚の日

南

○	×	◎
×		△
○	○	×

北

子・卯・午・酉の日

酉の刻

←すべての日

南

○	△	△
×		×
×	△	×

北

戌の刻

←そのほかの日

南

×	△	△
△		×
×	△	×

北

→甲・己の日

南

×	×	△
△		◎
×	×	×

北

亥の刻

←そのほかの日

南

×	△	△
×		×
△	△	×

北

→戊・癸の日

南

×	○	×
△		×
○	△	△

北

丑・辰・未・戌の日

子の刻

←そのほかの日

南

×	○	×
△		◎
×	×	×

北

→甲・己・戊・癸の日

南

×	×	○
△		×
△	○	×

北

丑の刻

←そのほかの日

南

×	◎	×
×		△
△	○	◎

北

→丁・壬の日

南

△	○	△
×		△
×	○	×

北

寅の刻

←そのほかの日

南

×	○	×
×		△
◎	×	△

北

→丙・戊・辛・壬の日

南

×	×	△
△		○
○	△	×

北

丑・辰・未・戌の日

卯の刻

←そのほかの日

南

×	△	△
×		△
△	×	×

北

→乙・庚の日

南

○	○	×
×		◎
△	×	○

北

辰の刻

←そのほかの日

南

△	○	×
×		△
○	△	△

北

→甲・己・丁・壬の日

南

×	△	×
◎		×
○	△	○

北

巳の刻

←すべての日

南

×	△	◎
△		×
×	×	×

北

丑・辰・未・戌の日

午の刻

←そのほかの日

南

○	×	○
×		○
×	△	×

北

→丙・辛の日

南

○	×	×
○		△
△	◎	△

北

未の刻

←すべての日

南

△	×	△
△		×
×	×	○

北

申の刻

←そのほかの日

南

×	◎	○
×		×
△	×	×

北

→乙・庚の日

南

○	×	◎
△		×
○	○	×

北

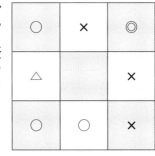

丑・辰・未・戌の日

酉の刻

南

○	△	△
×		×
×	△	×

北

←すべての日

戌の刻

南

×	△	△
△		×
×	△	×

北

←そのほかの日

→甲・己の日

南

×	×	△
△		◎
×	×	×

北

亥の刻

南

×	△	△
×		×
△	△	×

北

←そのほかの日

→戊・癸の日

南

×	○	×
△		×
○	△	△

北

寅・巳・申・亥の日

子の刻

←そのほかの日

南

◎	△	△
×		×
△	△	○

北

→甲・己・戊・癸の日

南

×	×	×
×		△
△	○	△

北

丑の刻

←そのほかの日

南

△	×	×
◎		○
×	×	◎

北

→丁・壬の日

南

×	○	×
×		△
×	×	△

北

寅の刻

←そのほかの日

南

△	×	◎
△		×
×	×	○

北

→丙・辛・戊・癸の日

南

○	×	○
×		○
×	×	△

北

寅・巳・申・亥の日

卯の刻

そのほかの日

南

△	×	×
×		×
△	×	△

北

乙・庚の日

南

×	×	○
×		×
△	△	△

北

辰の刻

そのほかの日

南

△	×	○
△		△
×	△	○

北

甲・己・丁・壬の日

南

△	○	○
◎		×
×	×	×

北

巳の刻

すべての日

南

△	×	×
○		×
△	×	×

北

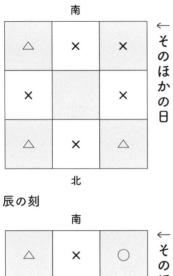

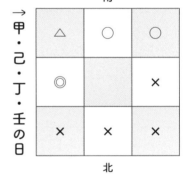

寅・巳・申・亥の日

午の刻

←そのほかの日

南

○	×	×
×		△
○	○	×

北

→丙・辛の日

南

×	○	△
○		○
×	◎	×

北

未の刻

←すべての日

南

△	△	×
△		×
△	×	△

北

申の刻

←そのほかの日

南

×	×	×
×		×
○	×	◎

北

→乙・庚の日

南

×	△	×
×		×
×	△	○

北

寅・巳・申・亥の日

酉の刻

←すべての日

南

△	×	△
×		△
×	△	△

北

戌の刻

←そのほかの日

南

×	△	×
×		△
△	×	△

北

→甲・己の日

南

△	×	×
◎		×
×	△	△

北

亥の刻

←そのほかの日

南

×	×	×
×		△
△	×	△

北

→戊・癸の日

南

△	×	×
×		×
○	×	△

北

挨星法で見た時盤の方位（陰遁編）

子・卯・午・酉の日

子の刻

←そのほかの日

南

×	×	△
×		△
○	×	○

北

→甲・己・戊・癸の日

南

○	△	◎
×		△
△	×	×

北

丑の刻

←そのほかの日

南

△	○	×
×		△
×	×	△

北

→丁・壬の日

南

△	×	×
◎		○
×	×	◎

北

寅の刻

←そのほかの日

南

◎	×	△
×		△
×	×	×

北

→丙・辛・戊・癸の日

南

◎	×	×
×		◎
○	×	△

北

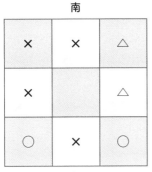

子・卯・午・酉の日

卯の刻

←そのほかの日

南

×	△	○
×		△
△	×	×

北

→乙・庚の日

南

×	△	×
△		×
△	△	×

北

辰の刻

←そのほかの日

南

×	△	△
×		○
×	△	△

北

→甲・己・丁・壬の日

南

△	△	○
○		△
○	△	×

北

巳の刻

←すべての日

南

○	○	△
○		×
△	△	×

北

子・卯・午・酉の日

午の刻

←そのほかの日

南

×	×	△
△		×
×	△	×

北

→丙・辛の日

南

×	○	○
×		×
△	×	×

北

未の刻

←すべての日

南

×	△	×
○		×
×	◎	×

北

申の刻

←そのほかの日

南

△	×	△
×		×
△	◎	×

北

→乙・庚の日

南

○	×	◎
×		×
×	△	×

北

子・卯・午・酉の日

酉の刻

←すべての日

南

×	×	△
×		○
×	×	○

北

戌の刻

←そのほかの日

南

△	×	×
◎		×
×	△	△

北

→甲・己の日

南

×	△	×
×		△
△	×	△

北

亥の刻

←そのほかの日

南

◎	△	△
×		○
×	△	○

北

→戊・癸の日

南

×	△	×
×		△
△	△	×

北

丑・辰・未・戌の日

子の刻

←そのほかの日

南

×	×	×
△		×
△	×	△

北

→甲・己・戊・癸の日

南

×	×	△
△		○
×	△	×

北

丑の刻

←そのほかの日

南

△	○	△
×		△
×	◎	×

北

→丁・壬の日

南

×	◎	×
×		△
△	○	◎

北

寅の刻

←そのほかの日

南

△	×	×
△		×
◎	×	×

北

→丙・辛・戊・癸の日

南

×	△	○
×		◎
△	◎	△

北

丑・辰・未・戌の日

卯の刻

←そのほかの日

南

△	△	○
○		×
×	×	△

北

→乙・庚の日

南

△	×	△
△		×
	×	△

北

辰の刻

←そのほかの日

南

△	○	○
◎		×
×	×	×

北

→甲・己・丁・壬の日

南

△	×	○
△		△
×	△	○

北

巳の刻

←すべての日

南

△	×	△
○		○
△	×	○

北

丑・辰・未・戌の日

午の刻

←そのほかの日

南

×	△	×
△		△
×	×	○

北

→丙・辛の日

南

×	×	△
○		×
○	×	×

北

未の刻

←すべての日

南

◎	×	×
△		×
×	×	○

北

申の刻

←そのほかの日

南

×	△	×
×		×
×	△	×

北

→乙・庚の日

南

△	×	×
×		○
×	×	×

北

丑・辰・未・戌の日

酉の刻

南

×	○	×
×		×
×	△	×

北

←すべての日

戌の刻

南

×	×	△
△		◎
×	×	×

北

←そのほかの日

→甲・己の日

南

×	△	△
△		×
×	△	×

北

亥の刻

南

×	×	△
△		△
○	×	×

北

←そのほかの日

→戊・癸の日

南

△	×	×
△		×
×	△	×

北

寅・巳・申・亥の日

子の刻

←そのほかの日

南

△	◎	×
×		×
×	×	×

北

→甲・己・戊・癸の日

南

△	×	×
×		×
◎	○	△

北

丑の刻

←そのほかの日

南

×	△	△
△		△
×	×	△

北

→丁・壬の日

南

○	◎	△
◎		×
×	△	×

北

寅の刻

←そのほかの日

南

×	×	×
×		○
×	△	△

北

→丙・辛・戊・癸の日

南

◎	×	△
△		×
×	◎	×

北

寅・巳・申・亥の日

卯の刻

←そのほかの日

南

△	△	△
×		×
△	×	×

北

→乙・庚の日

南

×	△	×
×		△
×	×	△

北

辰の刻

←そのほかの日

南

×	△	×
◎		×
△	△	○

北

→甲・己・丁・壬の日

南

△	○	×
×		△
○	△	△

北

巳の刻

←すべての日

南

×	○	△
×		△
△	○	○

北

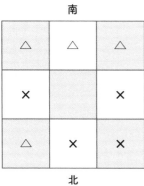

寅・巳・申・亥の日

午の刻

←そのほかの日

南

×	×	△
△		△
△	×	×

北

→丙・辛の日

南

×	×	○
×		×
○	×	○

北

未の刻

←すべての日

南

×	○	×
×		◎
×	×	△

北

申の刻

←そのほかの日

南

○	×	○
△		△
×	×	×

北

→乙・庚の日

南

×	×	×
×		△
◎	○	×

北

寅・巳・申・亥の日

酉の刻

南

△	×	×
○		×
△	×	×

北

←すべての日

戌の刻

南

○	△	×
×		×
×	×	○

北

←そのほかの日

→甲・己の日

南

△	×	×
△		×
×	×	△

北

亥の刻

南

◎	×	×
○		×
×	○	○

北

←そのほかの日

→戊・癸の日

南

△	×	×
×		△
×	×	△

北

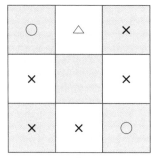

第八章

鑑定実例

～筆者はいかに九星術を使ったか～

筆者の実体験に見る占断結果の活かし方

九星術で一命をとりとめた

この章では少し趣向を変えて、占い師は占断結果をどのように使うかについて、私、鎗田宗准の実体験を題材に解説していきます。

この体験を書くにあたり、最初ずいぶん悩みました。なぜかというと、第一に起きてはならない悪い結果が当たってしまったからです。第二には、開運法として知られている「方位術」の限界を思い知らされたからです。

第七章で吉方位について解説しましたが、「必ず成功する方位」や「オールマイティな方位」はありません。それどころか条件が合わず使えなかったり、使っても効果が出ないことが時々あります。

あなたが方位術に詳しくなっても、「あと2時間で吉に変わるから待つ」、「南が吉方位だからそちらへ行く」というふうに、なんでも方位頼みにするのはおすすめしません。もちろん悪いことではないのですが、たとえば急病で倒れて1分1秒を急ぐような場合に「2時間待ってから救急車を呼ぼう」となるでしょうか。

極端な例をあげましたが、これは1つの限界だと私は考えています。では、九星術は緊急時に無力なのでしょうか。いいえ、そんなことはありません。ここまで前置きが長くなりましたが、これから書くことは筆者の実体験で、まぎれもない事実です。

街中で急病になって倒れたものの、そこに至るまでに九星術を使って、最悪の事態は免れたという話。私がどのように占いを使ったかを書いていきます。

凶星が重なる時期は要注意

話は２００８年９月23日の朝に始まります。この日は秋の彼岸の中日にあたり、家族そろって墓参りに行く予定でした。

墓地は自宅から東北の方角にあって、寺院までは電車と徒歩で１時間程度かかります。この年は私にとって厳重注意の年の始まりでした。

私の本命星は五黄土星で、傾斜法で見ると一白水星と九紫火星の時期は「五黄殺」と「暗剣殺」になります。普通であれば「暗剣殺」、「五黄殺」、「月破」という凶星の影響を受ける年でも、どれか１つだけなら、それほど恐れる必要はありません。注意すべきはこれらの凶星が、二重三重になる大凶の時期です。

私の本命星は「五黄土星」で、月命星は「一白水星」、日命星は「二黒土星」です（３つの盤は左を参照）。

筆者の生年盤

4	9	2
3	5	7
8	1	6

筆者の生月盤

9	5	7
8	1	3
4	6	2

筆者の生日盤

1	6	8
9	2	4
5	7	3

鎗田宗准

占術日：2008年9月23日
生年月日：1960年○月○日

数え年齢
50歳

本命星：五黄土星
月命星：一白水星
日命星：二黒土星

占断時の年盤

9	5	7
8	1	3
4	6	2

占断時の月盤

8	4	6
7	9	2
3	5	1

占断時の日盤

8	4	6
7	9	2
3	5	1

占断時の時盤

7	3	5
6	8	1
2	4	9

大運、流年運、流月運、流日運のすべてが大凶に！

＊当時、数え年で50歳だった私は、大運を見ると九紫火星で五黄殺という大凶運に当たっていました。この大凶運は、基本的に数え年49～60歳まで影響します。その理由は、五黄殺と暗剣殺が連続するためです。

＊1年ごとの運気を表わす流年運も、2008年は一白水星となり暗剣殺の大凶運でした。

＊さらに月ごとの運である流月運でも9月は一白水星で暗剣殺でした。

＊最後に日ごとの運である流日運を見ると、23日は一白水星。もちろん暗剣殺つまり、大運、流年運、流月運、流日運のすべての運勢が、五黄殺＆暗剣殺というスーパー大凶（!?）の条件で成立していました。

※ここで記載している年盤、月盤、日盤、時盤は中国標準万年暦をもとにしており、日本版の万年暦とは九星が異なります。大運、流年運については209～211ページを参照。ただし流月、流日運は初歩の範囲を超えるので本書では解説していません

自分の九星と干支から大運、流年運を出す

先に書いてしまいますが、私は自分自身の占断で「死ぬかもしれない」と直感しました。そして実際に脳梗塞で倒れ、緊急入院して一命を取りとめました。

もし私が自分を占わず、凶星への対処もしていなければ、もっと厳しい結果が待っていたかもしれません。

少し話を戻します。当時私が使用した万年暦（中国標準の万年暦）は、故・鮑黎明先生監修のもので、年盤が一白水星、月盤が九紫火星、日盤も九紫火星、時盤は八白土星でした。これがたとえば日本人の先生が監修なさっている暦では、２００８年9月23日の九星は、年盤が一白水星、月盤が一白水星、日盤が四緑木星となっていて、鮑先生の暦とズレているのですが、ここでは私が実際に使った中国標準の万年暦で説明を続けます。

さて、皆さんはご自分が大運の大凶運期、流年運の大凶運期（筆者の場合はさらに他の大凶もありました）にどこかへ出かけなければいけないとしたらどうしますか？

九星術では、命、卜、方という3つの占術で総合的に判断するので、吉の兆しがあれば吉に変化させようと努力します。仮に命占術で大凶が出ても、簡単に諦めるべきではありません。卜占術と方位術を使って、なんとか大凶を凶に変え、さらに同じ凶であっても影響が小さくなるようにします。これは術者であれば当然のことですし、努力して切り開いてこそ開運です。

次に私は9月23日の方位を考えました。この日の墓参りに辰の刻、巳の刻、午の刻の時間帯と、自宅からお墓がある場所の方位を探りました。開運法（改運法）を行ったのです。

まず方位は東北と判明しました。そして辰刻（7時1分〜9時）は暗剣殺と出ました。巳刻（9時1分〜11時）と午刻（11時1分〜13時）を見ると、午の刻のほうが安全そうなので、午の刻に移動することにしました。

●2008年9月23日の大運と流年（流月、流日）運の結果

大運　暗

8	4	6
7	9	2
3	5	1

五

流年運　五　戊子年

9	5	7
8	1	3
4	6	2

暗

流月運　五破　酉月

9	5	7
8	1	3
4	6	2

暗

流日運　五　戊寅日

9	5	7
8	1	3
4	6	2

暗

大運以外の流年運、流月運、流日運の盤が筆者の本命星（五黄土星）を相剋する一白水星となり、大凶が3つ重なる結果でした

第七章でも解説しましたが、方位術の開運（改運）は、①35km以上進む。②方位の効果は3日目くらいから現われる。という条件があります。なので当日に方位を取っても効果は不確かなものの、取らないよりマシと考えました。まして辰の刻に出発すれば方位も暗剣殺で大凶。生年月日に加えて5つ目の大凶が出現することになります。それだけは避けたかったのです。

そこで凶を避けるために、私は「方違え《かたたが》」をすることにしました。方違えとは、凶方位が出た場合に直接目的地へ行かず、一度別の方位に移動して新たな方位を取り直してから目的地へと向かう、凶方位を避けるオーソドックスな方法です。別の方位へ移動して、ある程度滞在しないといけないというルールがありますが、時間が許せば有効な対処法です。

方違えの時盤は割愛しますが、五黄殺も暗剣殺もなく、ひとまず問題はなさそうです。

しかし、まだ安心はできません。最後に卜占術で運全体がどう動くかを調べました。卜占術には中免法や奥免法などの方法がありますが、私は長年使って確実性が高いと思っている「四盤掛け」（第六章で解説）で臨みました。

●2008年9月23日の
辰、巳、午の刻の
方位の見立て

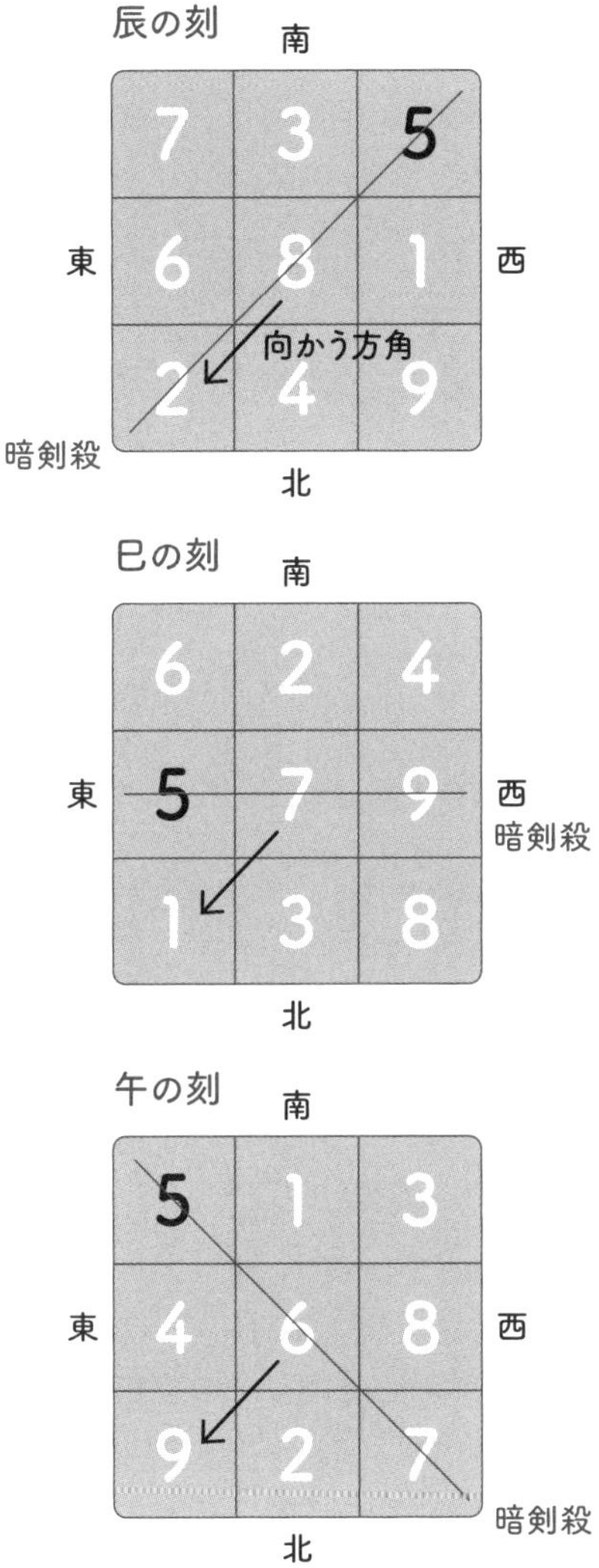

方位の見立ては、自分がいる場所を中央のマスとし、移動したい方位に凶星の有無を見ます。上図では辰の刻（午前7〜9時）に移動すると暗剣殺です

では「4段掛け」の結果を見ていきましょう。

【1段掛け】坤宮で六白が掛かるのは穏やかな動きで、さほど問題はない。判断は「吉」。

【2段掛け】坎宮で六白が掛かり、抱えている問題は、大きくなる可能性がある。判断は「吉」。

【3段掛け】離宮に四緑が掛かるのは、急な変化が起きやすい時期。散財や離別が考えられる。病人は重症、手術の暗示。判断は「大凶」。

【4段掛け】坎宮に四緑が掛かると、あせりで運勢を悪くする。一家離散の危機。急病は治る可能性あり。判断は「大凶」。というものでした。


　3段掛けの離宮の象意には人体の脳や心臓、血管があり、4段掛けの坎宮の象意には血液やリンパ液があります。脳出血や大動脈解離などの深刻な急病を連想しました。坎宮には冷たいイメージもあるので血管が詰まる脳梗塞や心筋梗塞も考えられます。しかし、結果を表わす4段掛けでは治る可能性があるとも出ています。

● 4段掛けを行なった様子

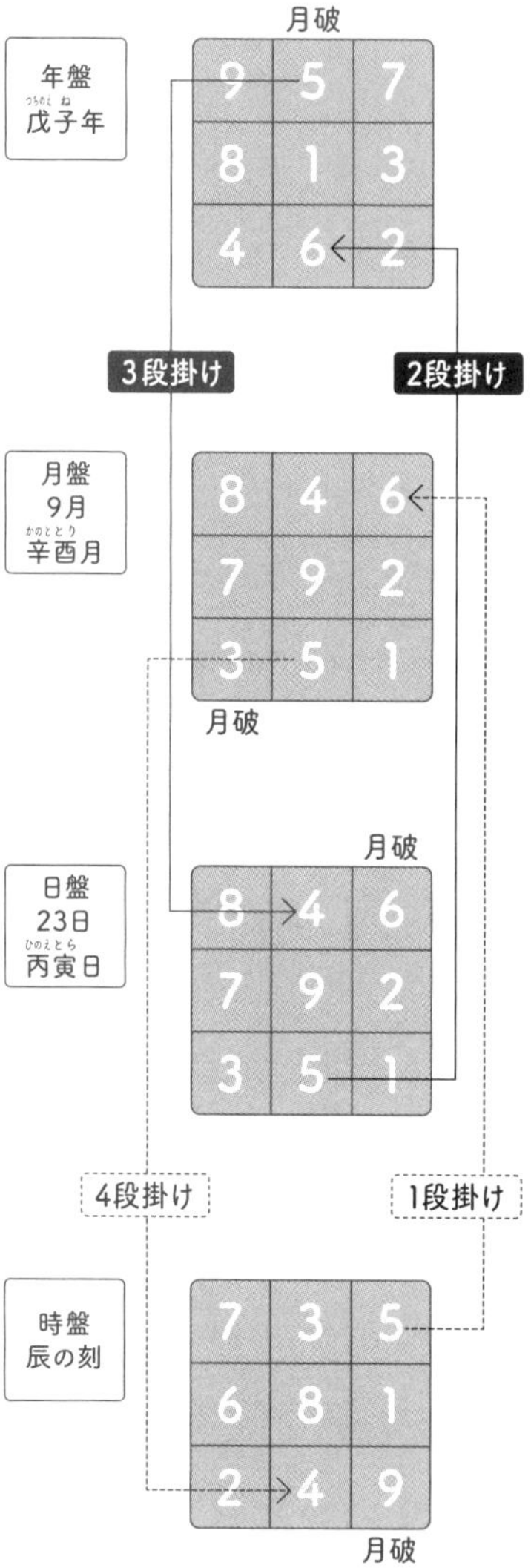

占ったのは2008年９月23日の辰の刻。九星でいうと年盤が一白水星、月盤が九紫火星、日盤が九紫火星、時盤が八白土星になります。４段掛けの手順と判断できることは、①時盤→月盤（現在とそこに至る原因）。②日盤→年盤（途中経過その１）。③年盤→日盤（途中経過その２）。④月盤→時盤（結果、結論）となります

ここまで命占術の凶運が重なり、卜占術でも凶が出た。今日急病に見舞われるのは、もはや決まったようなものです。私はここで腹をくりました。そもそも命占術の結果、健康面に大凶が出ていてもせめて少しでも和らげたいと思うのが本音です。帰りの時間を見たら申刻と酉刻では、申刻のほうがいい結果でした。そこで、少しでも軽く済むようにと、帰宅時間を申の刻（15時1分～17時）にすると決めました。

人によっては、時盤の効果はわずかと思われるかもしれません。一般的にはそのとおりで、仮に時計の日付を年盤、時針を月盤、分針を日盤、秒針を時盤とした場合、秒針が10秒から50秒に進んでも、日付や時針には表面上の変化はありません。九星術の盤にも同じことがいいえ、作用の差が厳然と存在します。

方違えの方法

出発地から目的地に直接向かうと、方位的に「凶」となる場合、いったん異なる方位へと向かい、そこから目的地へ向かうようにする。これを「方違え」といいます。たとえば東京から大阪へ向かう際に、西が凶方位と出たら、いったん金沢へ移動し、そこから大阪へ向かうといった具合にするといいでしょう

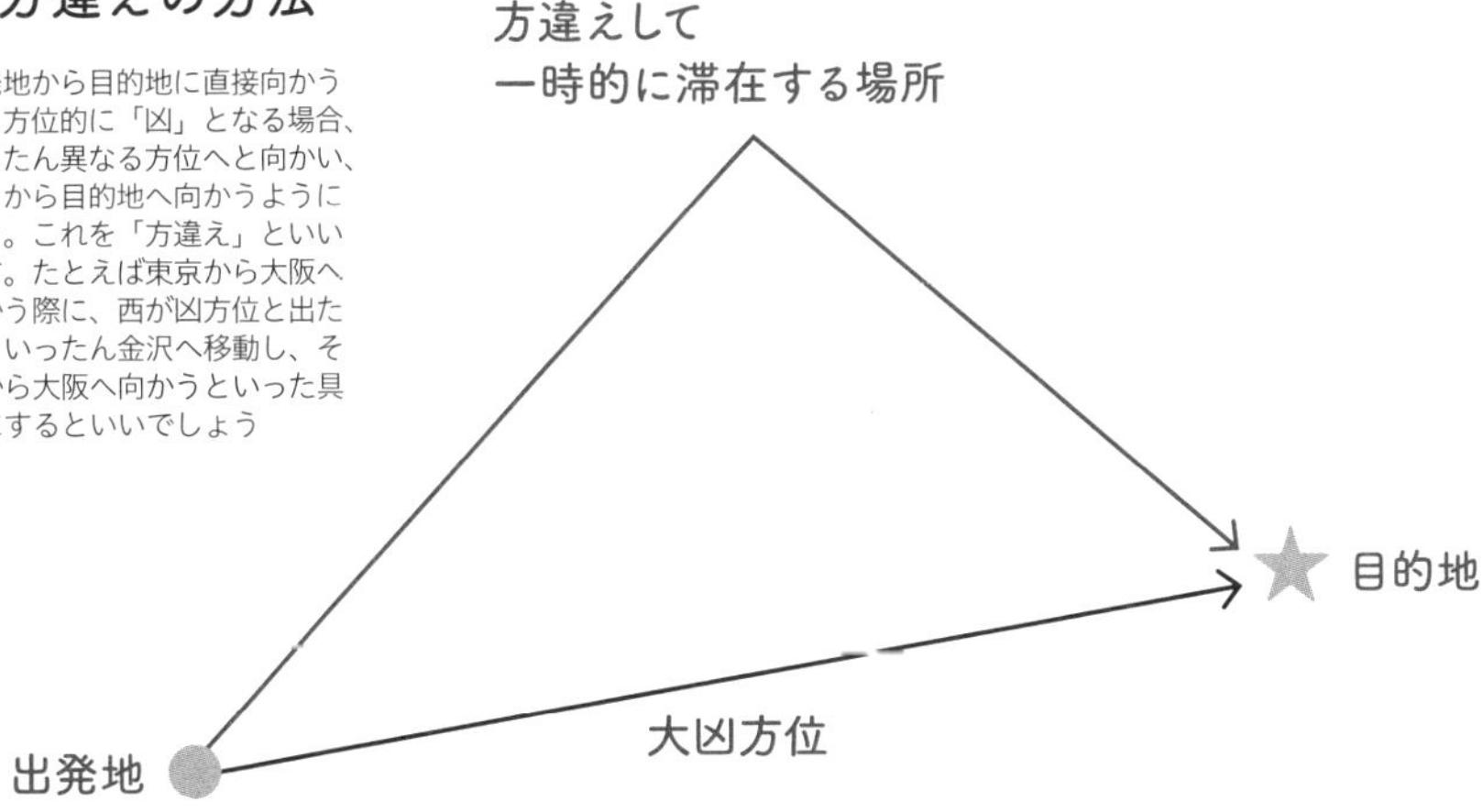

そして来るべきときが

　さてここまで一応の準備をし、方違えをして寺院に到着しました。墓の掃除をして近くのショッピングモールで昼食をとり、午後4時近くになったので、そろそろ帰ろうということになりました。ところが娘が買い物をせがむので付き合うことにしました。幸い娘の目当てのものはすぐに見つかったのですが、買い物の途中から人が増えてきているのがわかりました。私は娘と慌ててレジへ向かいましたが、すでにレジにも行列ができています。しまった、こういう事態も想定しておくべきだった！　私は反省しました。でもまだ間に合うぞ、と私たち家族は駅へと急いで走りました。娘は妻に任せ、私は幼い息子をベビーカーに乗せて、改札を通ろうとしたときに身体が突然動かなくなりました。目に入ってきたのは17時3分という次の電車の発車時刻表示。近くにいた駅員さんが「大丈夫ですか⁉」と声をかけてくれましたが、私はとうとう来たか！と思いながら倒れ込みました。この後、救急車で搬送されて緊急入院しました。

　ここから先は後日妻から聞いた話になりますが、最初に救急搬送された病院に専門医がいないとのことで、別の救急病院に再搬送されました。そこで専門医から「血栓溶解療法をします」と告げられ、妻が私に確認を求めると「易は立てたか？」といったそうです（ちなみに妻も占いを嗜んでいます）。妻から易の結果を聞くと、私は「たぶん死なないけれど、しばらくの間迷惑をかけると思う。よろしく頼む」といったそうです。

その後、血栓溶解療法を受けて気がついたのは4日目のことでした。目が覚めてしばらくは状況が把握できず、時間の感覚もない短期記憶障害という状態でした。覚えていたのはなんと般若心経《はんにゃしんぎょう》と観音経《かんのんぎょう》、それに梅花心易《ばいかしんえき》（中国北宋時代（11世紀）に完成された易の一種で、私が得意とする占いの1つです）だけ。自分の氏名も何を書いていいのかわかりませんでした。最初はそんな不安な状態でしたが、日に日に回復し3週間で何とか退院できました。退院後はリハビリテーション専門の病院に通い、日常生活に不都合がない程度まで回復できました。そのリハビリ中に担当医から「脳梗塞は再発しやすいので、精密検査をして原因を調べておいたほうがいい」といわれました。私はもう身体も元気になっていたし、あまり気乗りしなかったのですが、家族のことも考えて精密検査を受けることにしました。検査ではあっけなく脳梗塞の原因が見つかりました。それは心臓にできた腫瘍で、３×４㎝くらいの大きさでした。これは切除するしかなく、手術は無事に成功し、脳梗塞再発の危険性は大きく下がりました。

術後にベッドで横になっていた私は、あることに気づきました。四盤掛けの3段掛けで、手術と出ていたような……（２９８ページ参照）。なるほど、ここまでが九星術の占いの結果だったのか。２００８年9月23日に倒れ、心臓の腫瘍摘出手術を終えて退院する２００９年4月までの7カ月間を九星術はしっかり占断してくれていたのです。

九星術をぜひ役立ててください

この件があってから、私は改めて九星術を見直すようになりました。これはいろいろな方に助けられながら、私自身がつかんだ貴重な結果です。私は2022年の現在もリハビリを継続しています。家族に助けられ、大勢の医師や看護師の力を借りて長らえさせてもらった身体です。このまま朽ちていっては申し訳ありません。生きている間にもっと皆さまのお役に立ちたい、心に残る占いができるように日々研鑽に励んでいきたいと願っています。

今回九星術を初歩から学んでいただける本書の執筆を依頼されたことも、私が役に立てることの1つと思って臨ませていただきました。九星術で九死に一生を得たから、というわけではありませんが、この素晴らしい占いを皆さんにも学んでいただき、自分のため、まわりの人のために役立てて、より幸せな日々を手に入れていただければと心より願う次第です。随所に書きましたが、本書は初歩にフォーカスした内容になっているので、九星術をより深く学びたいと思われる方は、専門書を読んだり、各流派の先生に師事されるといいでしょう。

さて、本書における九星術の解説はここまでです。次の第九章では鑑定の練習問題とさせていただきました。いずれも九星術の占いの基本をおさらいする問題になっているので、楽しみながらチャレンジしてください。

九紫火星

第九章

鑑定の練習問題

九星術 鑑定問題集

九星術の上達には、占う回数を増やすのが一番ですが、いきなり占うのは不安という方に向けて問題を作成しました。問1〜4を解くことで、九星術の占いの流れを復習できるようになっているので、ぜひチャレンジしてみてください。

Q.1

次の生まれ年の本命星を答えてください。

（ア）昭和45年1月生まれ。

（イ）平成10年6月生まれ。

（ウ）西暦2007年9月生まれ。

A.1

（ア）1月生まれは前年として数えるため、昭和44年生まれとなり「四緑木星」

（イ）平成10年生まれは「二黒土星」

（ウ）西暦2007年は平成19年なので、「二黒土星」

※50ページもしくは133ページの表を参照

Q.2 次の（ア）～（エ）の人の生年月日を九星盤を使って、生年盤、生月盤、生日盤を出してみましょう。すでに入っているところをヒントに、各盤の空いているところを埋めてください。さらに答えられる方は、日盤が陰遁か陽遁かも考えてみましょう。

※万年暦をお持ちの方は参照しましょう。お持ちでない方は、生年盤は52～53ページ、生月盤は139ページを参照してください。生日盤は本書だけでは導き出せないので未記入で構いません

（ア）昭和40年12月24日生まれ

南

6	8	1
2	4	

生年盤

南

	1	

生月盤

南

1	3	5
	8	4

生日盤

（イ）昭和49年3月10日生まれ

南

	3	
6	8	
	4	9

生年盤

南

	5	7
	1	
	6	

生月盤

南

	8	

生日盤

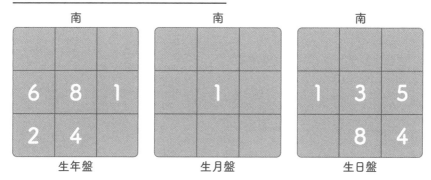

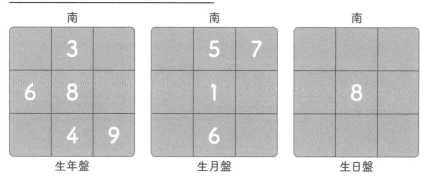

（ウ）平成16年10月22日生まれ

南

	5	

生年盤

南

2		9
	3	5
		4

生月盤

南

	5	

生日盤

（エ）平成20年2月2日生まれ

南

生年盤

南

6	9	1
2		9

生月盤

南

		3
	6	
9		7

生日盤

ヒント

誕生日が節分より前の場合は、
前年生まれと考えます

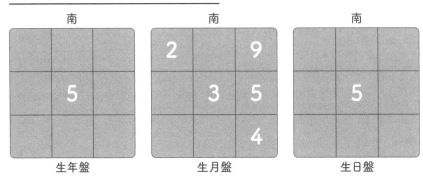

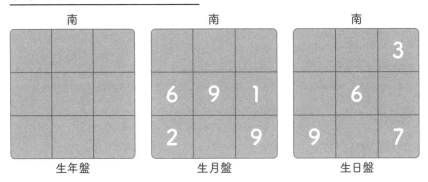

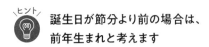

A.2

(ア) 昭和 40 年乙巳《きのと み》(八白土星) 12 月戊子《つちのえ ね》(一白水星) 24 日壬子《みずのえ ね》(三碧木星) 陰遁

南

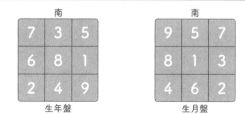

7	3	5
6	8	1
2	4	9

生年盤

南

9	5	7
8	1	3
4	6	2

生月盤

南

2	7	9
1	3	5
6	8	4

生日盤

(イ) 昭和 49 年甲寅《きのえとら》(八白土星) 3月丁卯《ひのと う》(一白水星) 10 日庚戌《かのえいぬ》(八白土星) 陽遁

南

7	3	5
6	8	1
2	4	9

生年盤

南

9	5	7
8	1	3
4	6	2

生月盤

南

7	3	5
6	8	1
2	4	9

生日盤

(ウ) 平成 16 年甲申《きのえさる》(五黄土星)10 月甲戌《きのえいぬ》(三碧木星)22 日甲戌《きのえいぬ》(五黄土星) 陰遁

南

4	9	2
3	5	7
8	1	6

生年盤

南

2	7	9
1	3	5
6	8	4

生月盤

南

4	9	2
3	5	7
8	1	6

生日盤

(エ) 平成 20 年丁亥《ひのと い》(二黒土星) 2月癸丑《みずのとうし》(九紫火星) 2日壬申《みずのえさる》(六白金星) 陽遁

南

1	6	8
9	2	4
5	7	3

生年盤

南

8	4	6
7	9	2
3	5	1

生月盤

南

5	1	3
4	6	8
9	2	7

生日盤

※平成20年２月は甲寅（八白土星）ですが、節入り前のため月盤は１月になります

Q.3

次の（ア）～（エ）の生年月日で「暗剣殺」、「五黄殺」と「月破」を示してください。

（ア）昭和 40 年12 月 24 日生まれ　（イ）昭和 49 年3月 10 日生まれ

（ウ）平成 16 年 10 月 22 日生まれ　（エ）平成 20 年2月2日生まれ

A.3

（ア）昭和 40 年乙《きのと》巳《み》（八白土星） 12 月戊《つちのえ》子《ね》（一白水星） 24 日壬《みずのえ》子《ね》（三碧木星） 陰遁

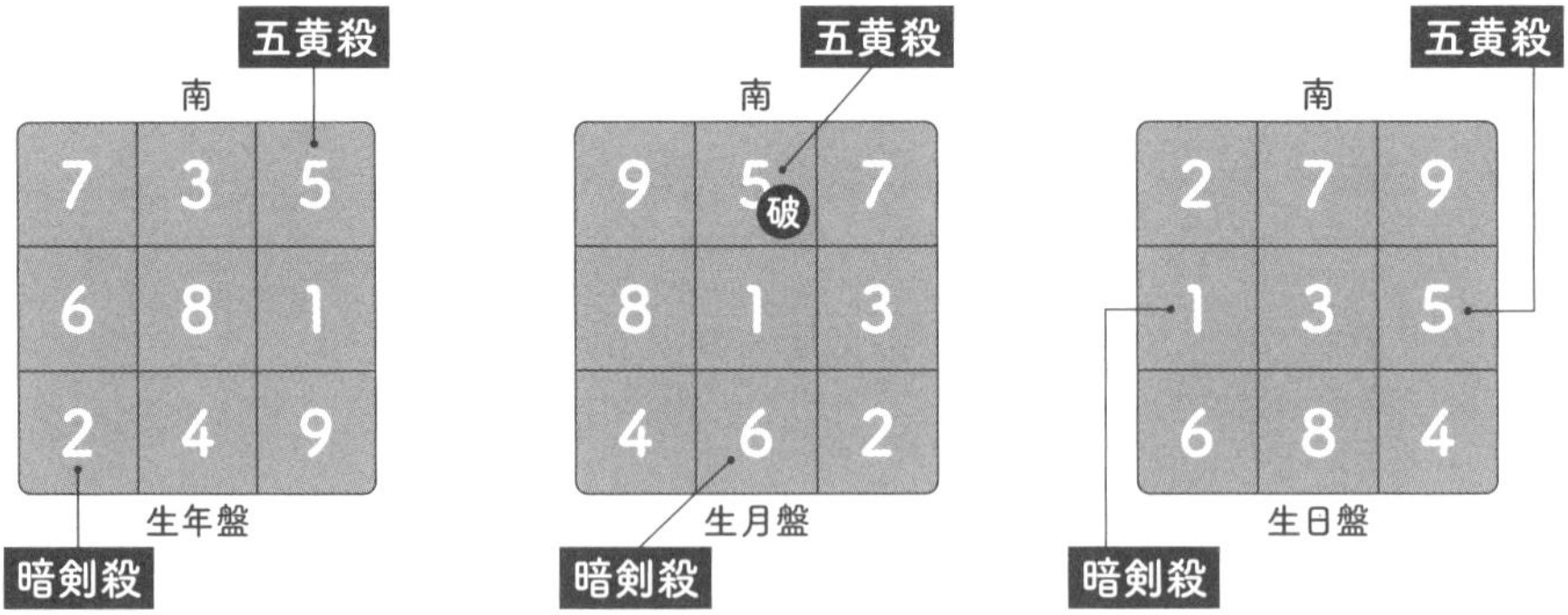

※五黄殺、暗剣殺、月破の解説は36～37ページを参照。五黄殺は五黄土星が入る場所、暗剣殺は五黄殺と常に対になる場所、月破は月ごとに凶方位が決まっています

（イ）昭和 49 年甲寅《きのえとら》（八白土星） 3月丁卯《ひのとう》（一白水星） 10 日庚戌《かのえいぬ》（八白土星） 陽遁

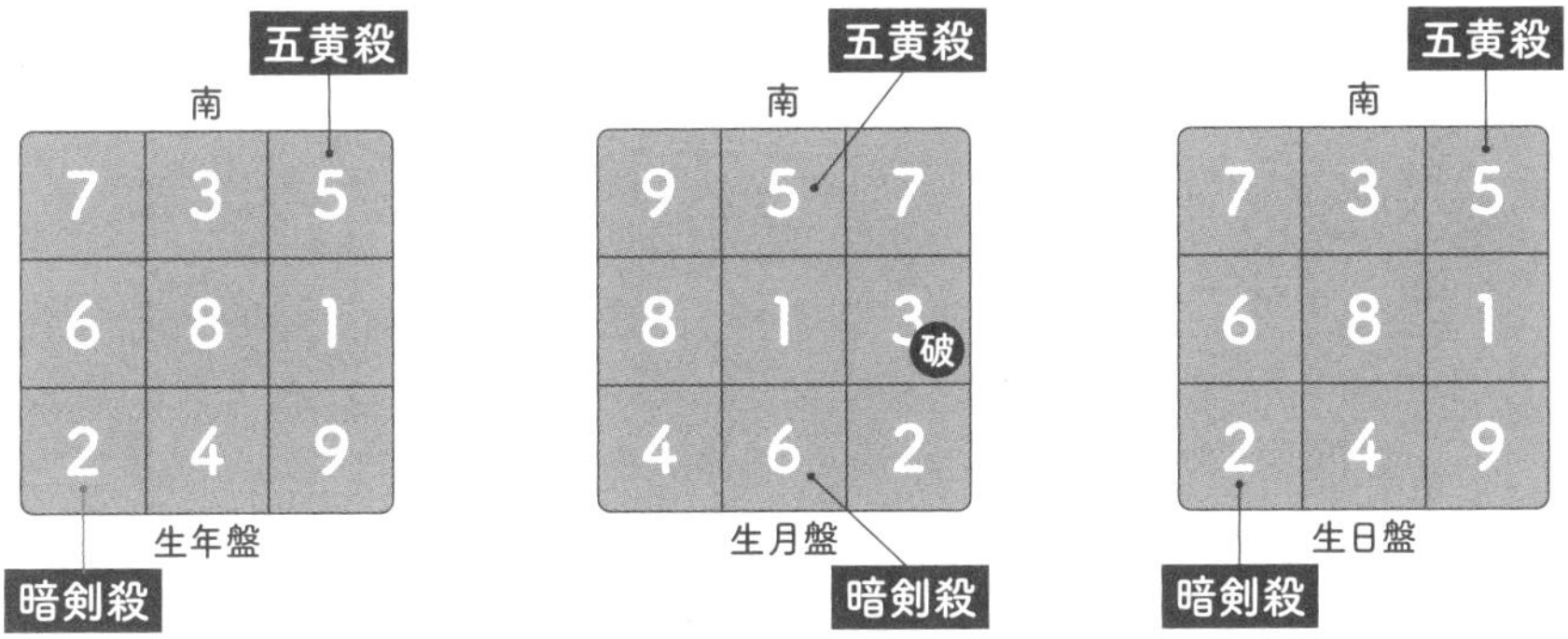

（ウ）平成 16 年甲申《きのえさる》（五黄土星） 10 月甲戌《きのえいぬ》（三碧木星） 22 日甲戌《きのえいぬ》（五黄土星） 陰遁

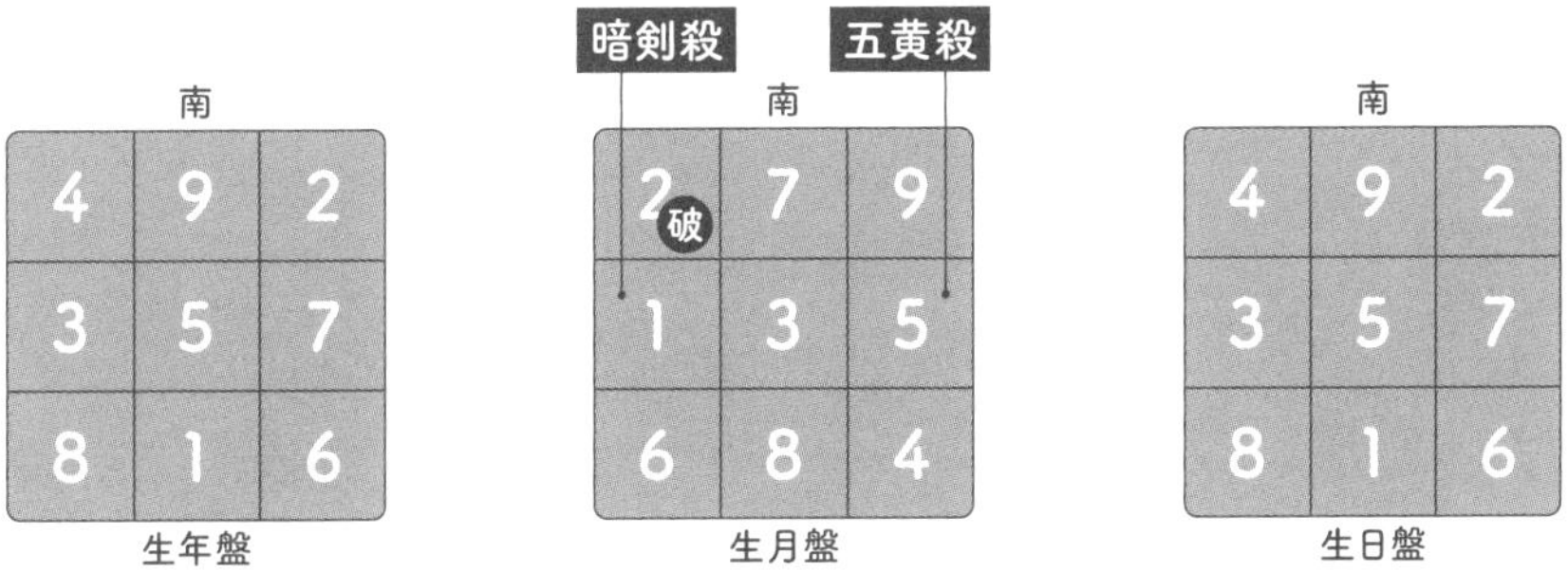

（エ）平成 20 年丁亥《ひのとい》（二黒土星） 2月癸丑《みずのとうし》（九紫火星） 2日壬申《みずのえさる》（六白金星） 陽遁

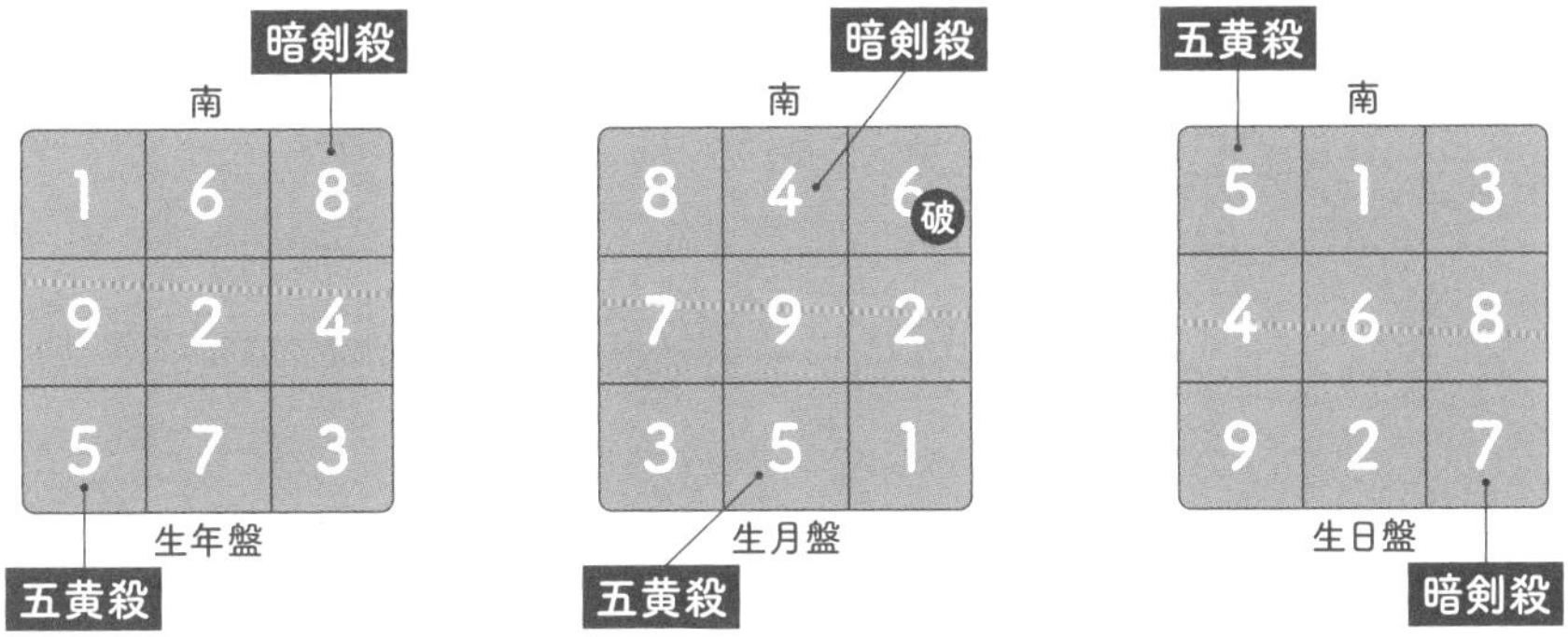

Q.4

次の（ア）～（エ）の生年月日で、それぞれの「傾斜宮」を出してみましょう。

（ア）昭和 40 年 12 月 24 日生まれ　（イ）昭和 49 年3月 10 日生まれ

（ウ）平成 16 年 10 月 22 日生まれ　（エ）平成 20 年2月2日生まれ

※傾斜宮の導き出し方は160～161ページを参照。傾斜宮を見る場合は45ページか157ページの宮位盤を用います。本書では日盤の傾斜法鑑定までは解説していませんが、傾斜宮の出し方は同じなので、参考までに記載しておきます

A.4

（ア）昭和 40 年乙《きのと》巳《み》（八白土星） 12 月戊《つちのえ》子《ね》（一白水星） 24 日壬《みずのえ》子《ね》（三碧木星） 陰遁

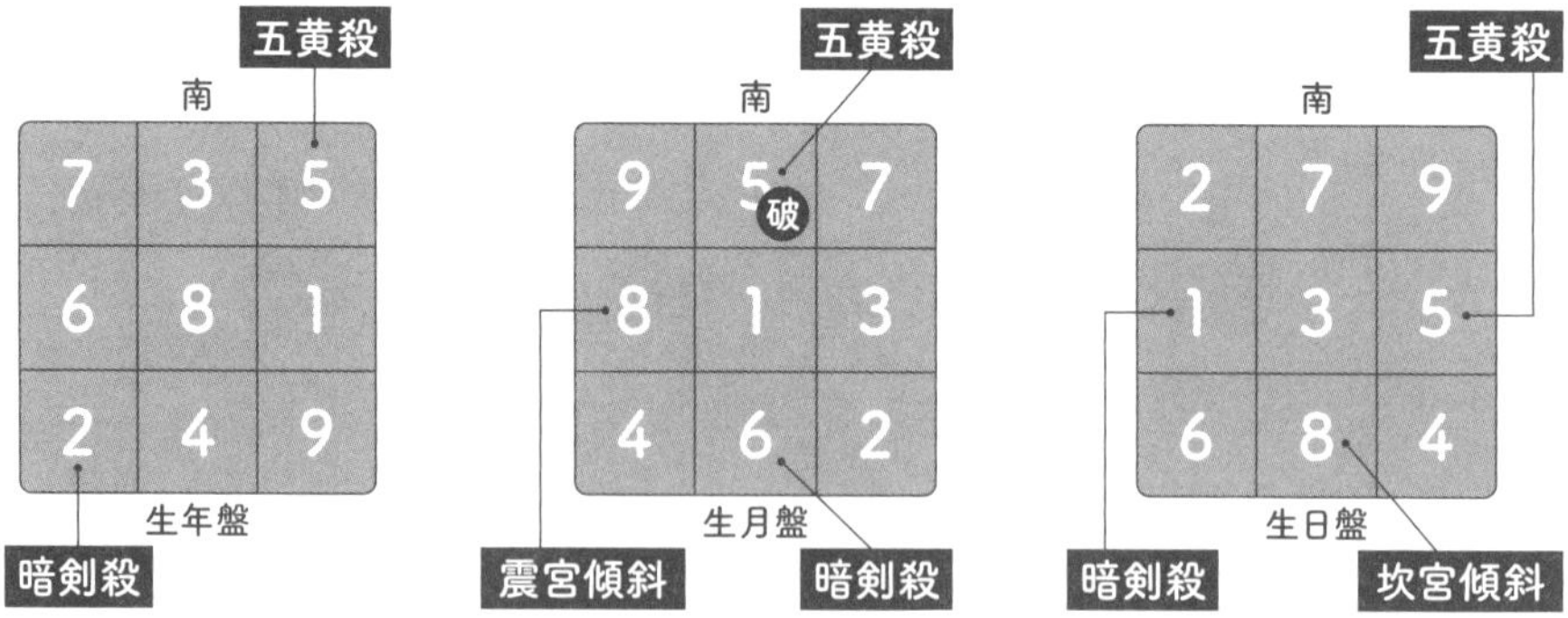

（イ）昭和 49 年甲寅《きのえとら》（八白土星）3月丁卯《ひのとう》（一白水星）10 日庚戌《かのえいぬ》（八白土星）陽遁

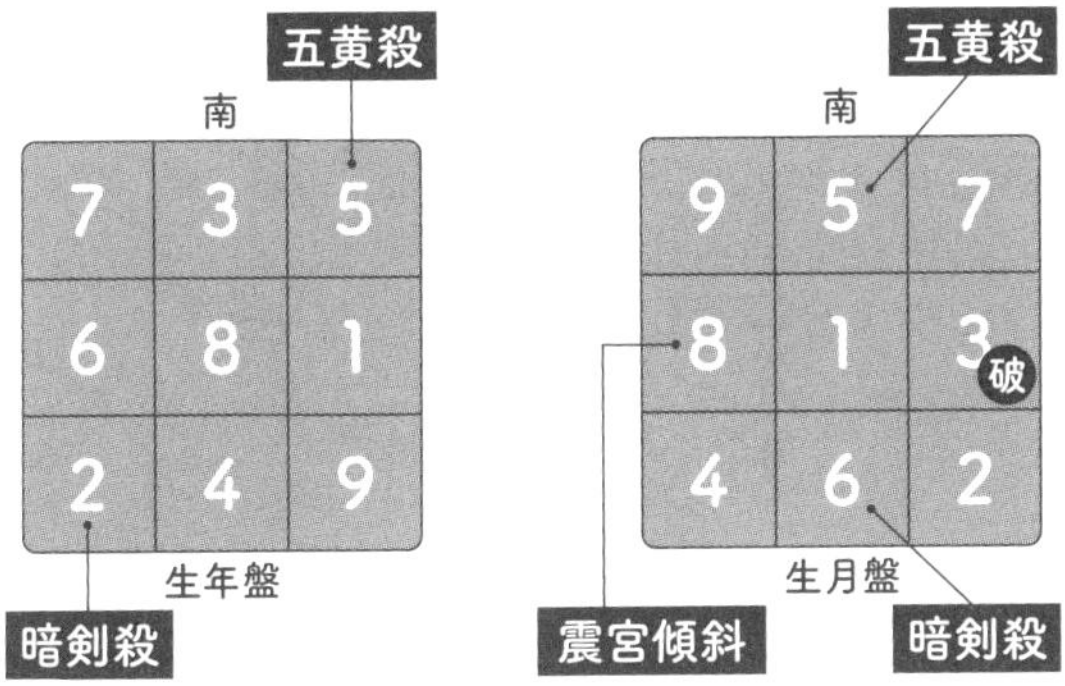

（ウ）平成 16 年甲申《きのえさる》（五黄土星）10 月甲戌《きのえいぬ》（三碧木星）22 日甲戌《きのえいぬ》（五黄土星）陰遁

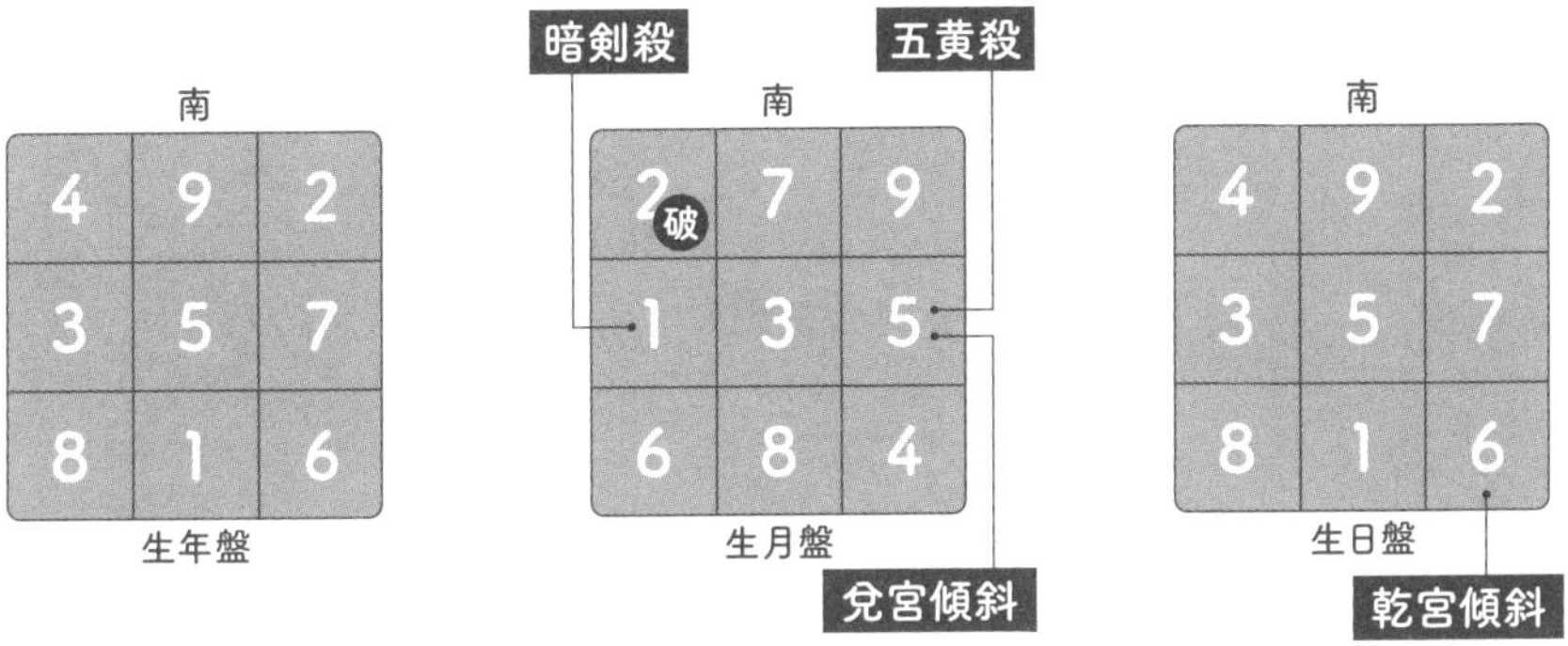

（エ）平成 20 年丁亥《ひのとい》（二黒土星）2月癸丑《みずのとうし》（九紫火星）2日壬申《みずのえさる》（六白金星）陽遁

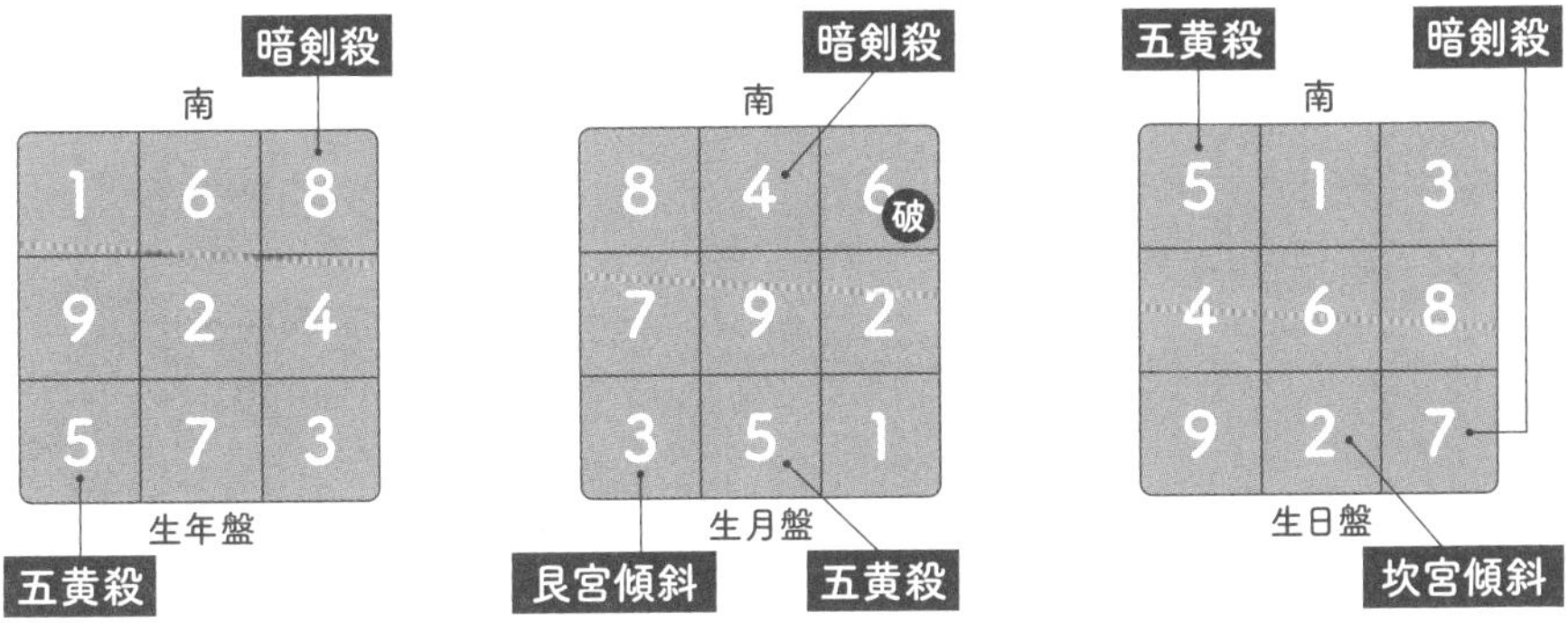

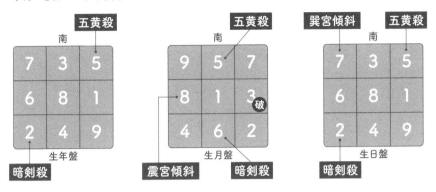

九星術占断書と占断方位盤の使い方

本書で学んだ九星術で占う際に、記入してお使いいただける占断書をご用意しました。314～315ページは「命占術」、「命占術の傾斜法」、「卜占術の四盤掛け」用。316ページは方位術用になっています。記入方法は各項目をご覧ください。

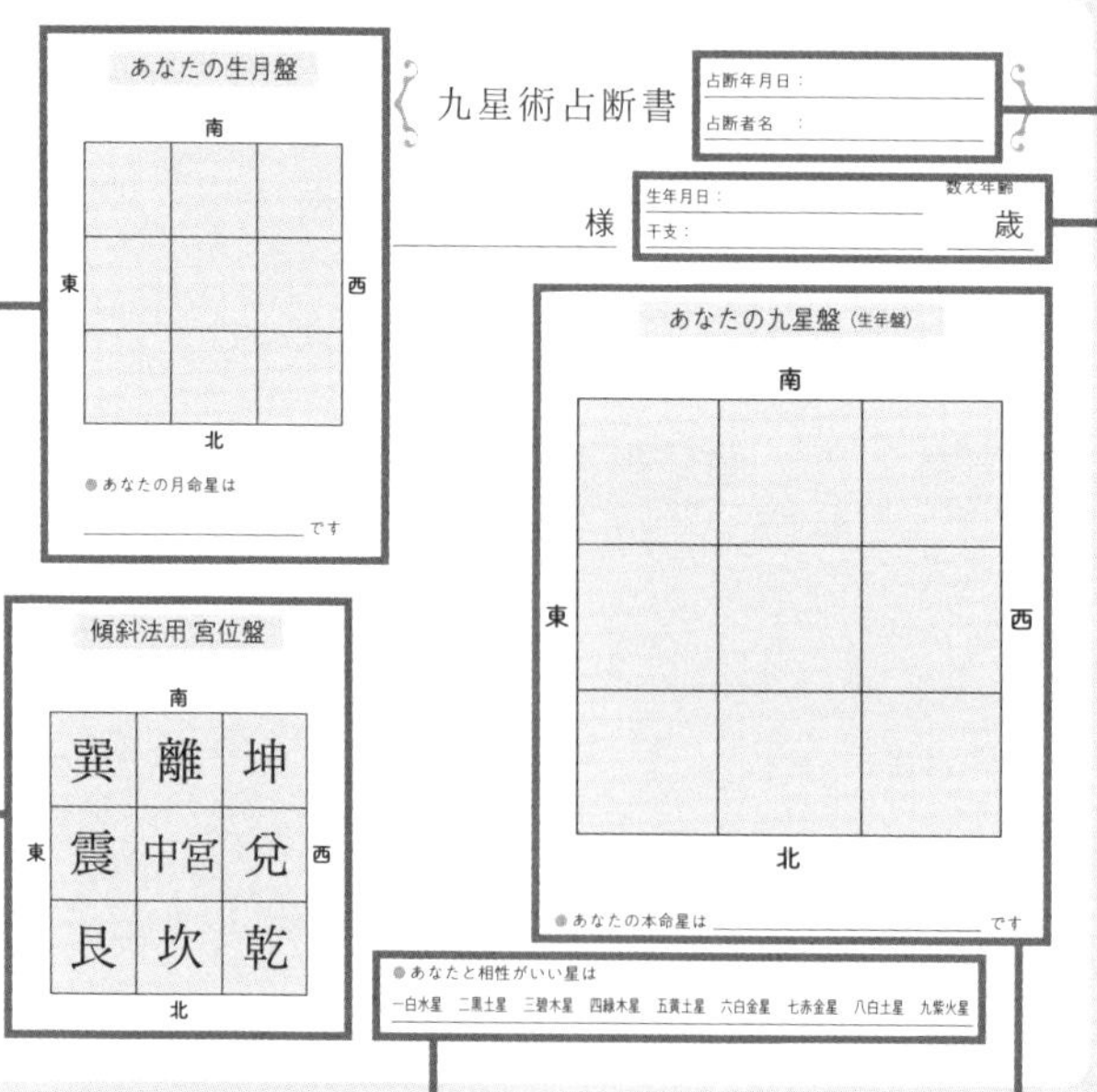

1 占断日と占断者の名前を記入しましょう

九星術は暦が基本になるため、占いを行った日は必ず記しましょう。占う日時を変えたり、毎年決まった日に占うのもおすすめです。名前を書くのは占う相手への礼儀からですが、身近な方を占う場合は省略してもらって構いません

2 占う方の生年月日、干支、年齢（数え年）を記入しましょう

命占術で本命星を出し、後天九星盤を作成するには生年月日が欠かせません。必ず記入してください。干支と年齢（数え年）も記入しておくといいでしょう

3 九星盤を作成しましょう

本命星が出せたら、9つのマス目に数字を書き入れて九星盤を完成させましょう（52～53ページ参照）。また下の欄に、本命星の名前を記入しておきましょう

4 相性がいい九星にマルを付けましょう

126～127ページを見て、命占術で占う方の本命星と相性がいい星が、ひと目でわかるようにマルを付けましょう

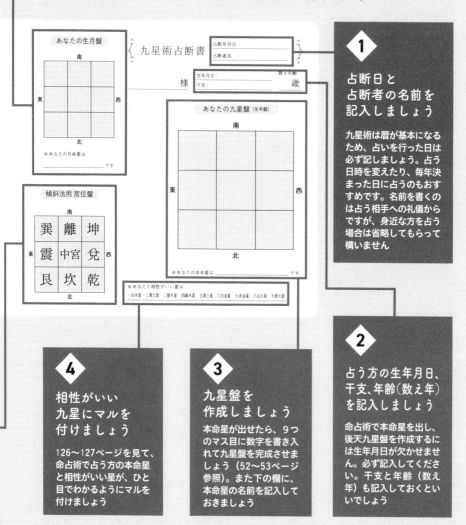

後天九星盤の９つの星を記入しましょう

方位盤は八角形のデザインになっていますが、９つの星を書き入れる方角は変わりません。中央には本命星を表わす数字を記入してください

５ 生月盤を作成しましょう

万年暦を参照して生まれた月の本命星を出し、数字を書き入れて生月盤を作成しましょう。命占術の傾斜法では、右の後天九星盤（生年盤）と生月盤を使います

方角はここを見ましょう

９つの星が表わす８つの方角はここを見ればOKです。占う相手に見せながら説明するときは、相手から見て南が上になるようにしましょう

十干、十二支と八卦の方位はここで

方位を24に分けた十干、十二支と八卦は、ここを見ればわかります。より細かい方位が知りたい場合に活用してください

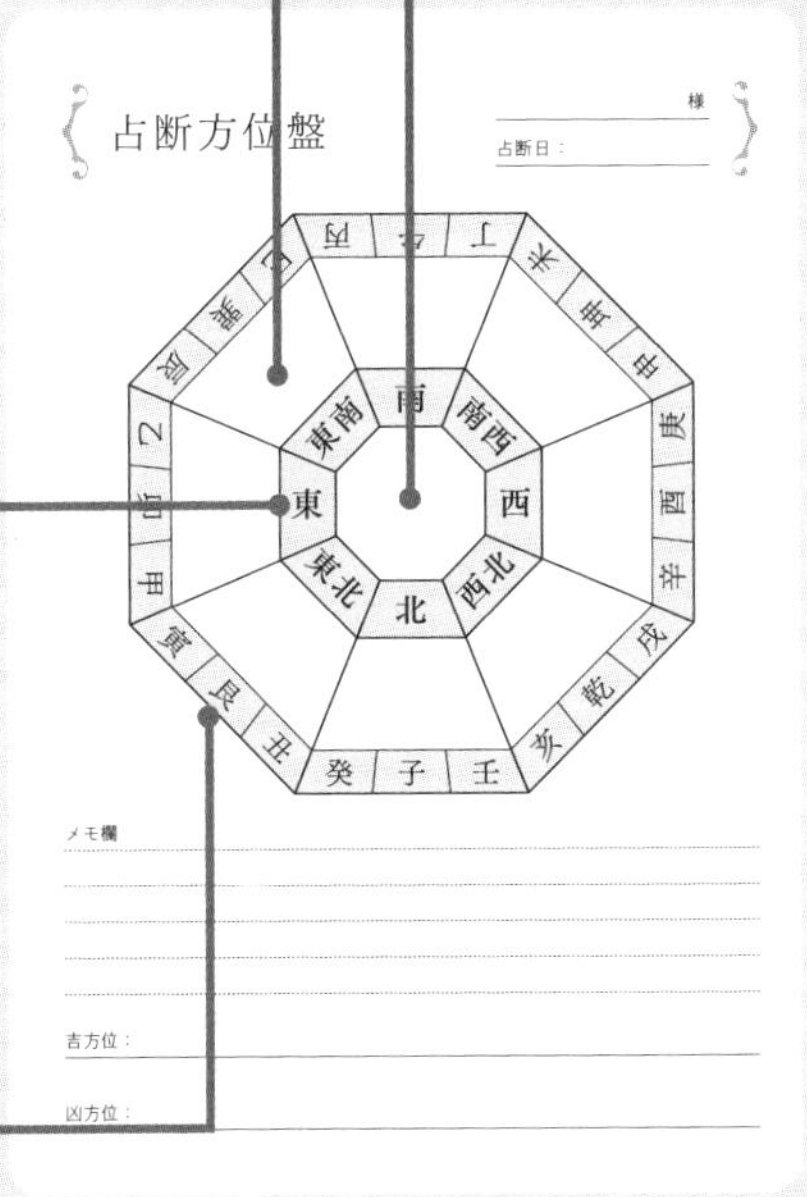

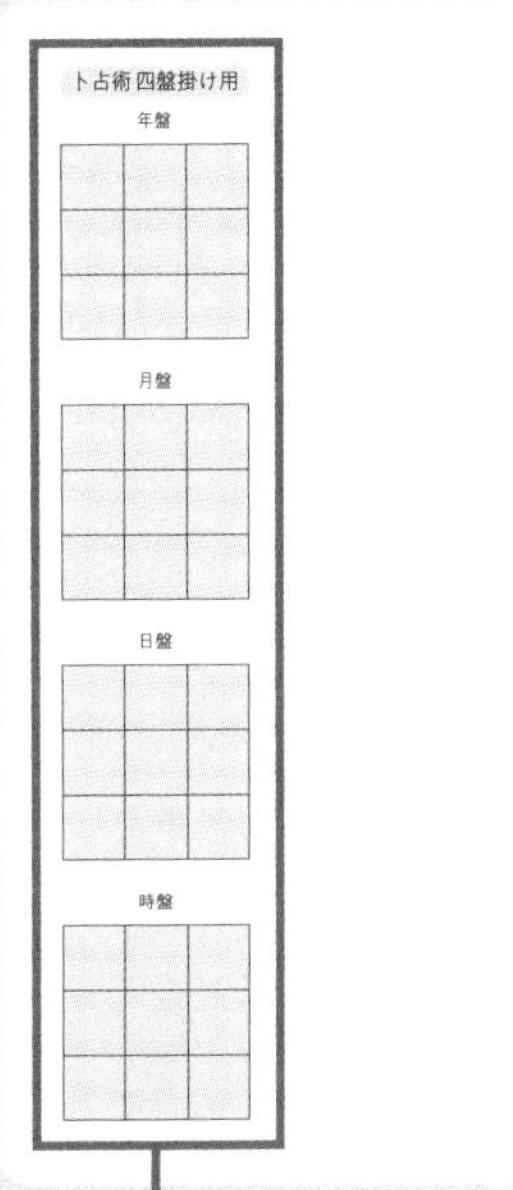

７ 卜占術の四盤掛けで使う４つの盤はここに

四盤掛けで使う年盤、月盤、日盤、時盤を作成しましょう（１～４段掛けの手順は234ページからを参照）

６ 傾斜法で使う宮位盤です

命占術の傾斜法で、後天九星盤の本命星が生月盤のどの場所に入っているかを見た後、八卦の宮に置き換えます。占う方の本命星が入った宮にマルを付けておきましょう

九星術占断書

占断年月日：

占断者名　：

様

生年月日：

干支：

数え年齢

歳

あなたの九星盤（生年盤）

南

東				西

北

● あなたの本命星は ＿＿＿＿＿＿＿＿ です

● あなたと相性がいい星は

一白水星　二黒土星　三碧木星　四緑木星　五黄土星　六白金星　七赤金星　八白土星　九紫火星

ト占術 四盤掛け用

年盤

月盤

日盤

時盤

あなたの生月盤

南

東				西

北

● あなたの月命星は

＿＿＿＿＿＿＿＿＿＿ です

傾斜法用 宮位盤

南

	巽	離	坤	
東	震	中宮	兌	西
	艮	坎	乾	

北

占断方位盤

様

占断日：

メモ欄

吉方位：

凶方位：

参考文献

●九星術、九星気学、奇門遁甲関連

『密教占星術Ⅰ』 桐山靖雄著 平河出版社
『密教占星術Ⅱ』 桐山靖雄著 平河出版社
『密教占星術入門』 桐山靖男著 平河出版社
『秘伝元空占術』 内藤文穏著 潮文社
『独楽兵法の妙』 内藤文穏著 東洋書院
『文穏流遁甲風水術秘談』 内藤文穏著 三祐堂
『三元奇門遁甲秘伝』 内藤文穏著 三祐堂
『奇門遁甲行動術』 内藤文穏著 修学社
『気学即断要覧』 東海林秀樹、水沢 有著 東洋書院
『四盤掛け秘法』 東海林秀樹著 東洋書院
『日盤鑑定法入門』 角山素天著 東洋書院
『九星日盤鑑定要法』 斎藤擁道著 東洋書院
『気学占い方入門』 中村文聰著 東洋書院
『気学密義－七大凶殺篇－』 中村文聰著 悠久書閣
『スパイラル占ト法』 植野治台著 講談社
『精解 吉象 万年暦』 鐘の会編 東洋書院
『中国標準 万年暦』 鮑黎明編 東洋書院
『大気現象干支九星 鑑定実録』 望月 実著 鴨書店
『現代九星占い』 井田成明著 明治書院
『本当の方位学・気学教えます』
柴山壽子著 幻冬舎ルネッサンス
『干支九星術』 月恩会
『気学の事典』 平木場泰義著 東京堂出版
『活盤奇門遁甲精義』 高根黒門著 東洋書院
『用気術』 横井伯典著 日本開運学会
『新用気術』 横井伯典著 東洋書院
『もっともわかりやすい九星気学』
神野紗千子著 説話社
『幸せガイドブック傾斜宮占い入門』
中津川りえ著 中央公論新社
『いちばんやさしい九星方位気学入門』
栗原すみ子著 ナツメ社
『シンプルでよくわかる開運法 九星気学』
エミール・シェラザード著 説話社
『九つの星で運命を知る 九星術』
鎗田宗准著 説話社

●易関連

『現代易入門』 井田成明著 明治書院
『易－中国古典選－』 本田 濟著 朝日新聞社
『周易本義』 中村璋八、古藤友子著 明徳出版社
『易学通変』 加藤大岳著 紀元書房
『五行易入門』 易 八大著 東洋書院
『五行易活用秘儀』 佐藤六龍著 香草社
『梅花易数』 邵 康節著 竹林書局（台湾）
『梅花心易精義』 鎗田宗准著 東洋書院
『秘伝梅花心易入門』 鎗田宗准著 たま出版

●風水関連

『三元羅盤綱要』 劉 育才、伍源徳共著 東洋書院
『定本 地理風水大全』 御堂龍児著 国書刊行会
『玄妙風水大全』 坂内瑞祥著 太玄社
『黒門八宅風水』 黒門著 主婦と生活社
『幸せを呼ぶ黒門風水』 黒門著 主婦と生活社
『林 秀靜の ハッピー八宅風水』
林 秀靜著 カナリア書房

あとがき

本書の執筆をさせていただいて、再度私は「九星術の難しさ」を実感しております。九星術は9つの星だけで、人となりやその人の人生をかなりさらけ出すことができるのですが、九星術と兄弟である八卦の力を借りればもっと人の人生の細部まで細かに見ることができるのだと改めて実感できました。

本書で私自身の病気のことも紹介しましたが、九星術とて完璧ではありません。それは四柱推命術でも紫微斗数推命術でも奇門遁甲術でも同じだと考えています。九星術は命占術、卜占術、方位術まで使って、やっと95％まで人間を観察できるのではないかと思いますが、人間である限り95％が限界でしょう。そこから先は神の領域です。人間としてけっして立ち入ってはならない分野ではないでしょうか。科学がどれだけ進歩しても、わからないことは地球上にいくらでも存在します。その最たるものが我々人間なのでしょう。

本書を手にされた皆さんはきっと占いが大好きな方でしょう。上達のコツはいろいろあると思いますが、飽きずにコツコツやること。これに尽きると思います。どうぞ皆さま、1日も早く鑑定を試してみてください。九星術で鑑定されているお姿を拝見できれば、私の望外の幸せにございます。

最後になりましたが、本書を執筆するにあたり㈱日本文芸社の河合美和様、㈱シーオーツーの山本克典様には格別に恩情を賜りました。ここに御礼を申し上げます。

ありがとうございました。

令和4年3月吉日　記

東洋占術研究所・確占会主宰

鎗田宗准　拝

著者 鎗田宗准《やりたそうじゅん》

1960年生まれ。東洋占術研究家。高校生の頃から易を中心に四柱推命術《しちゅうすいめいじゅつ》や紫微斗数推命術《しびとすうすいめいじゅつ》などを習得。以来、東洋占術を研究する第一人者。九星術のほかに梅花心易《ばいかしんえき》も得意とする。個別鑑定、占術講義なども行っている。

- 個別鑑定はhttps://pro.form-mailer.jp/fms/e794438151824
- 鎗田宗准ブログhttps://ameblo.jp/yarita-aikido/

STAFF

デザイン　黒田海太郎
DTP　株式会社アド・クレール
校正　有限会社玄冬書林
編集協力　株式会社シーオーツー　山本克典

基礎《きそ》からわかる
九星術《きゅうせいじゅつ》の完全独習《かんぜんどくしゅう》

2022年3月20日 第1刷発行

著　者　鎗田宗准《やりたそうじゅん》
発行者　吉田芳史
印刷所　図書印刷株式会社
製本所　図書印刷株式会社
発行所　株式会社日本文芸社
〒135-0001　東京都江東区毛利2-10-18 OCMビル
TEL 03-5638-1660（代表）

Printed in Japan　112220310-112220310 Ⓝ01（310077）
ISBN978-4-537-21974-6

編集担当：河合